Emil König ist das Pseudonym eines erfolgreichen Autors, der als Sohn griechischer Gastarbeiter 1964 nach Deutschland zog. Er schreibt Bücher für Kinder und Erwachsene, arbeitet aber auch als Drehbuchautor fürs Fernsehen. Er lebt in Düsseldorf.

Besuchen Sie uns auf www.penguin-verlag.de
und Facebook.

Emil König

Die kiffende Elster

Geschichten aus dem Stadtpark

PENGUIN VERLAG

Sollte diese Publikation Links auf Webseiten Dritter enthalten, so übernehmen wir für deren Inhalte keine Haftung, da wir uns diese nicht zu eigen machen, sondern lediglich auf deren Stand zum Zeitpunkt der Erstveröffentlichung verweisen.

MIX
Papier aus verantwortungsvollen Quellen
FSC® C014496

Verlagsgruppe Random House FSC® N001967

PENGUIN VERLAG

1. Auflage, 2019

Neumarkter Str. 28, 81673 München
Covergestaltung und -motiv: www.buerosued.de
Redaktion: Manuela Knetsch
Satz: Uhl + Massopust, Aalen
Druck und Bindung: GGP Media GmbH, Pößneck
Printed in Germany
ISBN 978-3-328-10238-0
www.penguin-verlag.de

Dieses Buch ist auch als E-Book erhältlich.

Inhalt

Gassigehen für Fortgeschrittene

Ich heiße Emil und habe Freunde, die wissen gar nicht, dass sie meine Freunde sind.

Sie kennen mich auch nicht persönlich. Trotzdem fühle ich mich gut bei ihnen aufgehoben. Ohne sie wäre mein Leben ärmer.

Ihr Zuhause ist der kleine Park in meiner Nachbarschaft. Und meine Freunde, das sind die Elstern, die Kaninchen, der Fuchs und die Igel – um nur einige zu nennen.

Jetzt hätte ich fast die Bäume und Sträucher vergessen, als da sind die Linde, die Trauerbuche, die Brennnesseln und all die anderen Pflanzen. Auch sie zähle ich zu meinen Freunden.

Als ich meinen Freunden das erste Mal begegnete, konnte man jedoch nicht gerade vom »Beginn einer wunderbaren Freundschaft« sprechen, im Gegenteil.

An jenem Tag zog ich in meine neue Wohnung ein. Vorausgegangen waren einige unappetitliche Wochen mit meiner Freundin Alexandra, die in meinem Auszug aus unserem gemeinsamen Zuhause gipfelten. Meine neue Bleibe lag in direkter Nachbarschaft zu einem kleinen Park, was nicht mit meiner Liebe für die Natur zusammenhing, sondern reiner

Zufall war – ich hatte einfach die erstbeste bezahlbare Dreizimmerwohnung in der Innenstadt ausgesucht. Den Park auf der gegenüberliegenden Straßenseite nahm ich gerne mit, weil meine kleine Hündin Pippa es liebte, ausdauernd Gassi zu gehen.

Insofern rechnete ich es ihr hoch an, dass sie sich während des Umzugs ruhig und geduldig verhielt und mehrere Stunden auf ihren Auslauf verzichtete. Mit einer fast stoischen Gelassenheit beobachtete sie die tätowierte Packerbrigade, die ich mit den Möbeln von einem Zimmer ins andere scheuchte, da ich keinen Plan hatte, wie die Wohnung eingerichtet werden sollte. Obendrein hatte ich es versäumt, die Umzugskartons zu beschriften, was das Chaos nur vergrößerte. Meine Faulheit resultierte aus der Tatsache, dass ich bis zuletzt auf eine Versöhnung mit Alexandra gehofft hatte, die aber an ihrem Veto gescheitert war. Und erst jetzt, als ich mit meinem ganzen Krempel in dieser leeren neuen Wohnung stand, realisierte ich, dass ich umgezogen war und drei Zimmer darauf warteten, eingerichtet zu werden. »Das Sofa doch mehr ans Fenster und den Schrank näher an die Tür, oder doch lieber das Sofa neben die Tür, den Schrank ans Fenster …«

Irgendwann wurde es dem bulligen Chef der Truppe zu bunt, und er zog die Notbremse: »Sechzehn Uhr! Feierabend!« Wie auf Kommando ließen die Muskelmänner alles stehen und liegen – und weg waren sie. Angesichts des verbliebenen Chaos wollte ich schon Protest einlegen, aber da sah ich Pippa, die schwanzwedelnd am Balkon stand und sehnsüchtig auf den kleinen Park auf der gegenüberliegenden Straßenseite schaute. Sie wollte raus, und ich tat ihr den Gefallen.

Am Eingang des Parks empfing uns ein Begrüßungskomitee, auf das ich gerne verzichtet hätte: Ein Dutzend Tauben chillte auf einem Trafohäuschen und gurrte uns im Halbschlaf monoton an.

Von dieser Basis hier flogen sie bestimmt auf die nahe gelegenen Häuser, um sie mit Kot zu bombardieren, schoss es mir durch den Kopf. Pippa erriet meine Gedanken und bellte die Tauben laut aus ihrem Wachkoma. Irritiert flatterten sie davon, wobei es Taubenscheiße auf mich herabregnete. Fluchend versuchte ich auszuweichen und eilte in den Park. Das Erste, was ich erblickte, war eine weite Rasenfläche mit zahlreichen Erdlöchern, ein gutes Dutzend Bäume und mittendrin eine riesige Trauerbuche, die einen wahrhaft deprimierenden Eindruck hinterließ – genau wie die Parkbänke, vollgekritzelt mit Graffiti, die Legastheniker verfasst haben mussten. Von irgendwoher wehte ein Gestank herüber, der mich an Gülle erinnerte, aber wo sollte es hier, mitten in der Stadt, einen Bauernhof geben? Ich ging schnell weiter, vorbei an einem Spielplatz, der von einem Unkrautdschungel flankiert wurde. Dieses Gestrüpp schrie förmlich nach einem Kahlschlag, und das einzige Grünzeug, das ich identifizieren konnte, waren die Brennnesseln. Der Rest blieb mir ein Rätsel. Obwohl meine Bücherwand mehrere Meter breit war, hielt ich Flora zu diesem Zeitpunkt noch für einen Mädchennamen und konnte gerade einmal Brennnesseln von Tulpen unterscheiden, was mich aber gar nicht weiter störte – Hauptsache, Pippa konnte rumschnüffeln und ihr Geschäft erledigen. Als dies geschehen war, wollte ich endlich wieder in meine Wohnung und dort halbwegs Ordnung schaffen, doch ein dreistes Kaninchen machte mir einen Strich durch die Rechnung. Mit seinem weißen, flauschigen Schwänzchen posierte es kokett mitten auf der Wiese und brachte Pippa sofort zur Weißglut. Sie war zwar eine Promenadenmischung, aber in ihrer DNA steckten auch die Gene eines Terriers. Sofort warf die kleine Hündin ihren Jagdmodus an und schoss auf das Kaninchen los. In Sekundenbruchteilen war die Leine so hart gespannt wie ein Drahtseil, mir wurde fast der Arm ausgerissen. »Pippa! Nein!«, brüllte ich, aber die weiße Rakete raste mit Überschallgeschwindigkeit auf das Kaninchen zu, das in allerletzter Sekunde von einem dunklen Erdloch verschluckt wurde. Blöderweise trat ich in diesem Moment ebenfalls in eines dieser Erdlöcher, und mein Fußgelenk gab nach wie Gummi. Ich brüllte vor Schmerzen. Mitleidig schnüffelte Pippa an meinem lädierten Fuß. »Schon gut, Pippa. Alles gut.« Ich kraulte ihre Öhrchen und war ihr überhaupt nicht gram. Ein Drittelterrier konnte eben nicht aus seiner Haut! Hatte ich mir etwas gebrochen? Es tat jedenfalls höllisch weh, und mein Knöchel schwoll an, als hätte ich Hefe geschluckt. Vorsorglich rief ich den medizinischen Notdienst an. Eine Stunde später, während bei mir zu Hause die Umzugskartons aufs Auspacken warteten, wurde ich in der orthopädischen Abteilung der städtischen Klinik geröntgt. Zum Glück handelte es sich nur um eine Prellung, aber ich sollte den Fuß schonen und auf weitere schnelle Bewegungen verzichten: »Halten Sie sich von Kaninchen fern!«, scherzte der Arzt. Ich hatte Glück, dass der Krankenpfleger noch eine Krücke auftreiben konnte. Sie war zwar pink, schonte aber immerhin meinen Fuß.

In meinem angeschlagenen Zustand war ans Auspacken nicht zu denken. Allerdings musste ich vor dem Schlafengehen noch einmal mit Pippa raus. »Lass bitte die Kaninchen in Ruhe«, flehte ich sie an und humpelte mit ihr erneut in die Höhle des Löwen. Links stützte ich mich auf die pinke Krücke, rechts hielt ich Pippas Leine – nach Murphys Gesetz konnte das nicht gut gehen.

Ich sollte die Erfahrung machen, dass es spätabends im Park nicht anders zuging als in dem Film *Nachts im Museum*: geheimnisvoll und turbulent. Zunächst lief alles gut. Pippa hatte die Laterne getauft, und ich wollte mich gerade wieder auf den Rückweg machen, da huschte etwas an meinem Gesicht vorbei. War es ein Luftzug oder ein Papierflieger? Ein riesiges Insekt? Reflexartig wischte ich mir mit meiner rechten Hand vor dem Gesicht herum und schlug dabei blöderweise meine Brille weg, die im hohen Bogen in die Dunkelheit flog.

»Meine Brille, meine Brille! Ich muss sie suchen! Bleib bitte ganz ruhig, Pippa«, flehte ich die kleine Hündin an, legte Krücke und Leine ab und kroch auf allen vieren los, um den Rasen abzutasten. Pippa wurde von der Dunkelheit verschluckt, und ich hoffte inständig, dass die Kaninchen schon schlafen würden. »Pippa, komm her! Sofort!«, rief ich, aber da hörte ich sie schon gefährlich knurren. Um weiteres Unheil abzuwenden, wollte ich in ihre Richtung kriechen, da vernahm ich ein leises Knirschen. Ich ahnte Böses und sollte recht behalten: Mein rechtes Knie hatte die Brille zermalmt. Bevor ich wie das berühmte HB-Männchen in die Luft gehen konnte, begann Pippa noch lauter zu knurren.

»Was ist los, verdammt noch mal?« Wie eine Schildkröte auf Speed kroch ich weiter und griff mit der linken Hand in tausend Nägel – so jedenfalls fühlte es sich an. Vor Schmerzen biss ich mir die Lippen wund. Endlich fiel mir ein, dass mein Handy mit einer Taschenlampe ausgestattet war. Der Lichtstrahl öffnete mir die Augen: Ich hatte nicht in einen Haufen Nägel gegriffen, sondern in einen Igel, der sich in Abwehrhaltung wie ein riesiger Trüffel vor Pippa zusammengerollt hatte. Obwohl meine Hand stark blutete, schnappte ich mir die Hundeleine und zog die knurrende Pippa von der stacheligen Kugel weg.

Im Nachhinein erscheint es mir wie ein Wunder, dass ich heil wieder nach Hause kam. Einbeinig humpelnd, halb blind und mit einer vorlauten Hündin an der Leine – eine paralympische Meisterleistung!

Dummerweise blieben Krücke und Brille in der Dunkelheit zurück.

Zu Hause, verloren inmitten von Umzugskartons und verwaisten Möbeln, suchte ich – vergeblich – nach meiner Ersatzbrille. Ich hatte keine Ahnung, in welcher Kiste ich sie verstaut hatte.

Als ich später völlig übermüdet auf einer Matratze lag, beschloss ich, den ganzen dämlichen Tag zu vergessen und einfach einzuschlafen. Ohne Erfolg. Auch auf einen Anruf von Alexandra hatte ich heute vergebens gehofft. Sie hätte fragen können, wie der Umzug verlaufen war. Hatte sie aber nicht. Warum meldete sie sich nicht? Ausgemacht hatten wir doch nur eine räumliche Trennung, um Abstand zu gewinnen, keine endgültige. Ich war einverstanden gewesen, weil die letzten drei, vier Monate für uns beide eine Qual gewesen waren. Allein schon durch unsere unterschiedlichen Arbeitszeiten war unser gemeinsamer Alltag auf der Strecke geblieben. Als Anwältin arbeitete sie tagsüber, während ich mir als Drehbuchautor so manche Nacht kreativ um die Ohren schlug. Die Wochenenden nutzte sie für Seminare und Fortbildungen. Hinzu gesellten sich kulturelle Unterschiede. Sie stand auf Opern, ich auf Rock. Sie mochte das Theater, ich das Kino. Anstatt dass jeder einen Schritt auf den anderen zuging, blieben wir stur, wie so viele andere Paare vor uns.

»Wir brauchen Abstand!«, resümierte sie schließlich nach einem besonders heftigen Wortwechsel und schlug eine »räumliche Trennung« vor. Ich stimmte dem zu, aber je näher der Tag des Auszugs rückte, desto unruhiger wurde ich. »Nachher ist das der Anfang vom Ende«, prophezeite ich ihr, aber Alexandra bestand auf ihrem Plan.

»Ich bin Scheidungsanwältin, glaub mir, ich weiß, woran viele Beziehungen scheitern.«

»Und ich bin Drehbuchautor und habe mir schon unzählige Happy Ends einfallen lassen. Aber keines davon kam durch eine ›räumliche Trennung‹ zustande!«

An all das dachte ich, während ich versuchte einzuschlafen.

Schwarz-weiß ist die Elster

Anstatt die Wohnung einzurichten, suchte ich am nächsten Tag drei Ärzte auf: einen Orthopäden, einen Internisten und einen Augenarzt. Ein Psychiater würde folgen, wenn es so weiterginge. Ich verfluchte den Umzug, die neue Wohnung, den Park, seine Erdlöcher und alles, was dazugehörte.

Alexandra ließ weiterhin nichts von sich hören, und das ärgerte mich. Sollte ich sie anrufen? Nein, offenbar brauchte sie Abstand und Zeit, um in Ruhe über uns nachzudenken. Und die sollte sie natürlich bekommen. Ich würde ihr keinerlei Druck machen. In der Zwischenzeit musste mein eigenes Leben weitergehen, und das tat es auch. Die Verstauchung heilte schneller als erwartet, und die vielen Umzugskartons warteten darauf, ausgepackt zu werden.

»Papa, wenn du willst, setze ich mich in den Bus und komme dir helfen«, bot sich mein Sohn Nik an, der in der Schweiz studierte. Er stammte aus meiner ersten Ehe und lebte in Genf. Ich lehnte dankend an, weil sich meine Freunde Jojo und Grabowski bereits diesbezüglich gemeldet hatten. Mit ihrer Hilfe gelangten die Möbel schließlich dorthin, wo ich sie hinhaben wollte. Nur die Lampen brachte ich nicht an, weil ich immer noch auf einen Wiedereinzug bei Alexandra hoffte – die Hoffnung starb bekanntlich zuletzt. Aber noch wohnte ich hier, und noch lag der Park auf der anderen Straßenseite. Um weiteren Katastrophen dort aus dem Wege zu gehen, wollte ich vorgehen wie die amerikanischen SEALS. Das Motto lautete: Schnell vorbei an den Taubenwächtern ins Feindesland eindringen, Mission erfüllen und heil wieder rauskommen! Leider spielte Pippa nicht mit. Ehe sie ihr Geschäft erledigte und wir uns auf den Heimweg machen konnten, nahm sie sich ausreichend Zeit, jeden Strauch und jede Laterne zu beschnüffeln. Zeit genug für mich, die Grünanlage näher unter die Lupe zu nehmen.

Mir war das alles hier zu ungepflegt. Die Sträucher wuchsen wild um die Wette, die Abfalleimer quollen über, und viele der Hundebesitzer schienen noch nie etwas von Kotbeuteln gehört zu haben. Obwohl die Stadt Düsseldorf beileibe nicht am Hungertuch nagte und im Vergleich zu anderen Kommunen finanziell bestens dastand, wurde der Großteil des städtischen Etats offenbar in die repräsentativen Grünanlagen des Hofgartens gepumpt, in Sichtweite der Königsallee, wo die Herren in Bentleys und Ferraris protzten und die Damen sich bei Dior, Chanel und Prada die Klinke in die Hand gaben. Im kleinen Park dagegen hatten die städtischen Gärtner offenbar Hausverbot. Die Menschen des Viertels schien das nicht zu stören, da sie trotzdem ausgiebig Gebrauch von diesem grünen Flecken machten. Vormittags war weniger los, meist bevölkerten Senioren und schulschwänzende Jugendliche die Bänke. Am Nachmittag tauchten dann die Mütter mit ihren Kleinkindern auf, die den Spielplatz in Beschlag nahmen. Was sich nach Einbruch der Dunkelheit dort abspielte, interessierte mich nicht; mir reichte das nächtliche Desaster mit dem Igel. Kurzum, ich hatte diese Grünfläche abgeschrieben. Für meine Zukunft dort sah ich schwarz, und ich sollte recht behalten.

Genau genommen sah ich schwarz-weiß: Elstern! Elstern sind diese Vögel mit bläulich-schwarzen und weißen Federn, die bei den meisten Menschen keinen guten Ruf genießen. Ich selbst hatte bis dato keine Meinung zu Elstern, mich störte nur ihr lautes, rauchiges Krächzen.

Ihre erste Kontaktaufnahme werde ich nicht vergessen. Ich ging gerade mit Pippa Gassi, als mich plötzlich eine Walnuss auf den Kopf traf. Nach einer Schrecksekunde strich ich mir vorsichtig über die Glatze und war beruhigt, dass ich nicht blutete. Wer hatte mir die Nuss auf den Kopf geworfen? Kein Mensch weit und breit. Bevor ich weitergehen konnte, schoss eine weitere Nuss herunter, die mich aber knapp verfehlte. Keine Sekunde später glitten zwei schwarz-weiß gefiederte Vögel auf den Boden. Sie hackten die Schale auf, die durch den harten Aufprall angeknackst war, und pickten geschickt den Nusskern heraus. Beeindruckt beobachtete ich, wie sie eine weitere Nuss auf den Boden warfen und knackten. Die beiden schnatterten miteinander und gluckten laut, als würden sie sich gegenseitig Witze erzählen. Das imponierte sogar Pippa, die keinen Mucks von sich gab und aufmerksam zuhörte. Leider verstanden wir nicht, was die beiden sich zu sagen hatten, während sie sich an den Nüssen labten. Am liebsten hätte ich den Elstern stundenlang zugeschaut, aber nach der vierten oder fünften Nuss flogen sie davon. Es war das erste Mal, dass ich freiwillig länger als unbedingt notwendig im Park geblieben war.

Es dauerte nicht lange, bis ich den beiden Vögeln wiederbegegnete. Diesmal spielten sie die Oper »Die diebische

Elster« nach. Tatort war der Rasen neben dem Spielplatz, wo die Taschen und Körbe einiger Eltern standen, die mit ihren Kindern spielten. Es war unglaublich: Die beiden Elstern flogen herbei und landeten direkt vor einem Korb, der etwas abseits stand. Ich wurde Zeuge einer raffinierten Arbeitsteilung: Eine Elster schob den Deckel des Korbs beiseite, die andere leerte den Inhalt auf dem Rasen aus. Anschließend machten sich beide ans Mittagessen. Vorspeise: Goldbären und Schokoküsse. Hauptgang: Fleischwurst und Gouda. Dessert: Chips und Flips. Sofort googelte ich mit meinem Smartphone nach einigen Infos über Elstern und erfuhr, dass diese Rabenvögel äußerst clever und wissbegierig waren. In einer wissenschaftlichen Zeitschrift wurden sie sogar »neunmalklug« genannt. Ihr Gehirn zählte zu den höchstentwickelten unter den Singvögeln, und als Indiz dafür wurde angeführt, dass sie ihr eigenes Spiegelbild erkannten und komplexe Probleme schnell lösen konnten. So benutzten sie in Experimenten beispielsweise Hölzchen oder Steine als Werkzeug, um an ihr Futter zu kommen. Forscher kamen zu dem Schluss, dass Elstern es in geistiger Hinsicht mit einem zweijährigen Kind aufnehmen konnten. Interessant auch ihre emotionale Kompetenz: Elsternpaare blieben ein ganzes Leben lang zusammen und zogen gemeinsam und »liebevoll« ihre Kinder auf. Die Rabenvögel waren genauso intelligent wie etwa Delfine oder Schimpansen, galten aber, anders als diese Tiere, im Allgemeinen nicht als Sympathieträger. Stattdessen brachten viele Menschen sie mit Hexen, Zauberern und Magiern in Verbindung, und sie hatten selbst in diesem Themenspektrum keine positive Besetzung wie zum Beispiel das Einhorn, das ja seit Jahren wieder voll im

Trend ist und als Motiv von der Untertasse bis zur Unterhose quasi alles ziert. Rabenvögel rangierten in der menschlichen Sympathieskala auf den unteren Rängen.

Just in diesem Moment rief mich völlig überraschend Alexandra an.

»Emil, wir müssen uns treffen«, sagte sie barsch. Kein freundliches »Hallo«, kein »Wie geht es dir?«, überhaupt kein Wort der Begrüßung.

»Um was geht es?«, fragte ich betont sachlich, weil ich nicht zugeben wollte, dass ich seit Tagen auf ihren Anruf gewartet hatte.

»Nicht am Telefon!«, machte sie mir patzig klar.

»Was ist denn los? Ist dir nicht gut?«, fragte ich besorgt. Ihr unfreundlicher Befehlston passte gar nicht zu ihr, im Gegenteil: Wenn sie telefonierte, war sie immer die Höflichkeit in Person.

»Ich habe doch gesagt, nicht am Telefon. Hörst du nicht zu?«

»Meine Güte, entschuldige. Ich habe mir einfach Sorgen gemacht!«

»Hast du morgen um acht Uhr abends Zeit?«

»Ich denke schon.«

»Dann sehen wir uns in der Palme!«

Sie beendete das Telefonat genauso grußlos, wie sie es begonnen hatte. Ich konnte mir ihre Unfreundlichkeit nicht erklären. War ich in irgendein unsichtbares Fettnäpfchen getreten? Ich war mir keiner Schuld bewusst.

Auf dem Rückweg hatte ich eine seltsame Begegnung mit einem schmächtigen Jungen, den ich auf vierzehn, fünfzehn, vielleicht auch schon sechzehn Jahre schätzte. Er trug Jeans, ein T-Shirt mit Mickymaus-Motiv und ein viel zu großes Baseball-Cap. Freundlich lächelnd kam er auf mich zu.

»Einen wunderschönen guten Tag! Wollen Sie Cannabis?«, fragte er mit rheinischem Akzent.

Ich traute meinen Augen und Ohren nicht. Dieser Milchbubi fragte einen Mittfünfziger mit Hund, ob er kiffen wollte!

»Willst du mich verarschen, Junge?«, knallte ich ihm an den Kopf. Meine Laune befand seit dem Telefonat mit Alexandra ohnehin im Keller.

»Nein! Ich habe guten Stoff!«, beteuerte er und holte aus seiner Tasche ein durchsichtiges Plastiktütchen, das mit einem kleinen dunklen Barren gefüllt war.

»Musst du nicht zur Schule? Hast du nichts Besseres zu tun, als Drogen zu verkaufen?« Ich gebe zu, dass ich ihn ziemlich anblaffte, aber in diesem Moment konnte ich nicht anders.

»Ich bin schon sechzehn! Fragen Sie meine Mutter!«, antwortete er allen Ernstes.

»Lass den Unsinn sein, und mach, dass du wegkommst, bevor dich die Polizei erwischt!«, fuhr ich ihn an, obwohl er mir mittlerweile ein wenig leidtat. Natürlich fand ich es völlig dämlich, dass er Drogen verkaufte, aber das rechtfertigte nicht meine Grobheit.

»Vielen Dank für die Warnung«, erwiderte er höflich und entfernte sich schnell. Ich wunderte mich über ihn. War er sich überhaupt im Klaren darüber, dass er Drogen verkaufte? Offenbar nicht, denn ich sah nun wirklich nicht aus wie ein Kiffer – oder doch? Von wem hatte er die Drogen überhaupt? Sicher nutzte irgendjemand seine Naivität aus.

Da mir Alexandras Anruf nicht aus dem Kopf ging, hielt ich mich allerdings nicht lange mit Spekulationen über das Schicksal des Jungen auf. Was wollte sie? Warum tat sie so geheimnisvoll? Nach reiflicher Überlegung kam ich zu dem Schluss, dass sie auf Versöhnungskurs war, es mir aber nicht allzu leicht machen wollte. Anscheinend erwartete sie, dass ich meine Fehler und Versäumnisse der Vergangenheit eingestehen sollte. Dass sie etwas falsch gemacht haben könnte, kam ihr bestimmt nicht in den Sinn. Selbstkritik war ein Fremdwort für sie. Trotzdem. Asche auf mein Haupt, wenn es der Versöhnung dienen sollte. Der Klügere gibt nach. Ich wollte Alexandra entgegenkommen und holte sogar meinen blauen Anzug aus der Mottenkiste, um ihr zu beweisen, dass sie mir wichtig war. Der Dreitagebart verschwand, und ich krönte meine Vorbereitungen für das Treffen mit einem Bad – dem ersten seit Monaten.

Gestopfte Gänseleber

Das Treffen fand in Alexandras Lieblingsrestaurant statt. Es hieß Blaue Palme und war von einem mexikanischen Designer entworfen worden. Nichts an der Einrichtung war blau, und auch eine Palme suchte man vergebens. Stattdessen hatte man vor den Fenstern Kakteen und Yuccas aus grünem Plastik aufgestellt und hielt das für besonders kreativ. Hinzu kamen Wandlampen, gebastelt aus Plastiktüten, die grünes Licht spendeten. Aus den Lautsprechern, die Mülltonnen glichen, ertönte unsäglich schlechte Musik, die an Urwaldklänge erinnern sollte. Dieses geschmacklose Biotop galt unter den Gourmets der Stadt als Hotspot. Für mich, der am liebsten im »Hellas«-Grill oder im China-Imbiss »Hongkong« einkehrte, war das die falsche Adresse, doch Alexandra, die auf Schickimicki und hippes Design stand, wäre dort am liebsten eingezogen. Egal. Wenn es der Versöhnung diente, war ich gerne zu Kompromissen bereit. Um ihr zu beweisen, dass ich unser Treffen ernst nahm, orderte ich sogar die Spezialität des Hauses: gerupften Algensalat auf Fischeierrisotto, wobei es kein Geheimnis war, dass ich Seegräser und anderes Meeresgedöns verabscheute. Alexandra bestellte wie üblich Gänsestopfleber.

»Du siehst sehr gut aus!«, eröffnete ich nach der Bestellung optimistisch schwungvoll das Gespräch und setzte mein charmantestes Lächeln auf. Alexandra wehrte mein Kompliment wie eine lästige Fliege ab: »Lass das bitte!«

»Ich meine es ernst«, versicherte ich und strich so behutsam über ihre Hand, als wäre sie aus Nitroglyzerin. Alexandra reagierte trotzdem explosiv: »Hör auf damit!«

Warum diese harsche Reaktion? Wie viele Tonnen Läuse waren ihr über die (Gänse-)Leber gelaufen?

»Schlechte Laune?«, fragte ich mit sonorer Stimme und setzte die Miene eines verständnisvollen Psychologen auf.

»Wie geht es Pippa?«, entgegnete sie kühl.

»Sie lässt dich grüßen.« Meinen verlegen vorgetragenen Scherz kommentierte sie mit einem genervten Seufzen. Aber ich ließ nicht locker: »Sie mag den kleinen Park und hat schon jeden Strauch markiert. Die Brennnesseln haben gestern bereits eine Initiative gegen sie gegründet.«

Mein Witz kam nicht gut an. Alexandra rollte genervt mit den Augen. Okay, sagte ich mir, dann soll sie doch mal den Ball ins Spiel bringen. Und so hielt ich laut hörbar den Mund. Dummerweise folgte sie meinem Beispiel, sodass die Konversation zum Erliegen kam, bevor sie richtig begonnen hatte. Wir schwiegen uns eine Weile an. Erst der Kellner, der die Speisen brachte, unterbrach die Stille.

»Gänsestopfleber für die Dame, gerupfter Algensalat für den Herrn«, flötete er in gedämpfter Zimmerlautstärke und stellte die Teller auf den Tisch.

Alexandra begann mit ihrem Messer, die Gänseleber in akkurate Quadrate zu zerteilen. Als Juristin liebte sie klare Strukturen. Mein Blick dagegen blieb an den giftgrünen Algen hängen, die meiner Ansicht nach noch lebten. Und das

Fischeierrisotto erinnerte mich an Pippas Hundefutter, was allerdings nur einen Bruchteil kostete. Dieser Fraß hier gehörte eindeutig ins Dschungelcamp und nicht auf meinen Teller. Aber ich machte gute Miene zum bösen Spiel und streichelte lustvoll mit der Gabel über das Glitschzeug.

Alexandra nahm den Gesprächsfaden wieder auf: »Wo waren wir stehen geblieben?«

»Beim Park. Soll ich dir mal was sagen? Da leben zwei Elstern, die sind derart cool … Du glaubst nicht, was die alles treiben …«, begann ich zu schwärmen, kam aber nicht weit, weil Alexandra mich unterbrach.

»Elstern?«, fragte sie erstaunt und hob den Blick von ihren Leberwürfeln.

Ich nickte und erzählte, was ich mit den beiden schwarzweißen Vögeln erlebt hatte.

»Schon mal davon gehört, dass Elstern in Mülltonnen rumwühlen?«, fragte sie scharf und begann sich wieder ihren Würfeln zu widmen. Einer nach dem anderen landete in ihrem Mund.

»Keine Ahnung, meine beiden stehen eher auf Goldbären!« Ich musste daran denken, wie sie die Tüte mit dem Fruchtgummi geplündert hatten, was ich auch im Nachhinein sehr clever fand.

»Das ist wieder typisch für dich. Jeder normale Mensch liebt Singvögel, aber du suchst dir ausgerechnet die Elstern aus!« Sie schüttelte ärgerlich den Kopf und schnaufte dabei, als ob sie von einem Asthma-Anfall heimgesucht würde.

Na, das konnte ja heiter werden, schoss es mir durch den Kopf. Und das wurde es auch.

»Kommen wir lieber zum Anlass meines Anrufs«, sagte sie

kühl, ohne noch einmal von ihrem Teller aufzublicken. »Ich wollte dir etwas sagen, bevor du es von anderen erfährst. Ich werde mir einen lang gehegten Traum erfüllen und eine ausgiebige Kreuzfahrt machen. In achtzig Tagen um die Welt!«

»Und die Kanzlei?«

»Meine Kollegen sind schon informiert, kein Problem«, winkte sie ab und begann die ohnehin schon winzigen Leberwürfel in noch kleinere zu schneiden. Bald würde sie eine Lupe brauchen, um sie noch zu erkennen. Ich schloss daraus, dass sie nervös war, was ich mir aber nicht erklären konnte.

»Ich wusste gar nicht, dass du um die Welt reisen wolltest!« Ich war verwundert – unsere längste Reise hatte ins Allgäu geführt. Alexandra war alles andere als ein Globetrotter, vor allem aber war sie eine Landratte. Dutzende Male hatte sie meine Bitte um eine Bootsfahrt mit dem Argument abgewehrt, dass sie schon beim Anblick eines Schiffs seekrank wurde. Warum nun um Himmels willen dieser Sinneswandel?

»In zwei Wochen geht es los«, verkündete sie und fügte dann fast beiläufig hinzu: »Übrigens werde ich nicht alleine reisen.«

»Ach, du fährst mit deiner Mutter?« Ich konnte mir nicht vorstellen, dass eine ihrer Freundinnen knapp drei Monate Zeit für eine Kreuzfahrt hatte.

»Das ist keine Reise, die man mit der Mutter macht«, belehrte sie mich altklug, als hätte ich behauptet, die Erde sei eine Scheibe.

»Sondern?« Unweigerlich näherte ich mich der Katastrophe.

»Vielleicht mit einem Mann?«, fragte sie keck und schaute mich dabei frech an.

Was hatte sie gerade gesagt? Mit einem Mann? Was meinte sie damit? Ich verstand nur Bahnhof. Dann endlich fiel bei mir der Groschen. Mensch, war ich naiv! Von wegen Versöhnungstreffen. Sie wollte mich noch einmal sehen, um mir endgültig den Laufpass zu geben. Und das auch noch wegen eines anderen Mannes! Magensäure stieg in mir auf, und mir wurde übel.

»Denk nur nicht, dass ich dich mit ihm betrogen habe. Ich habe ihn erst nach deinem Umzug kennengelernt«, schob sie erklärend hinterher.

Sie log – hundertprozentig! An ihrer Stelle wäre ich vor Scham tiefdunkelrot geworden, aber ihr Teint blieb blass. »Du sagst mir nicht die Wahrheit!«

»Natürlich sage ich die Wahrheit! Du weißt, dass ich immer für Ehrlichkeit in einer Beziehung bin.« Ihre Dreistigkeit setzte mich schachmatt.

Sie hatte mich eiskalt erwischt. Wäre es ein Film gewesen, hätte ich ihr einen coolen Spruch serviert, aber das hier war beinharte Realität. Ich, der als Drehbuchautor für schlagfertige Dialoge bekannt war, brachte in diesem Augenblick nicht einmal ein primitives »Scheiße« heraus. Von wegen Screwball-Dialog. Ich war im Abseits gelandet, meine Stimme versagte. Ich schluckte mehrmals, setzte an, um etwas zu sagen, wusste aber nicht, was. Der Stuhl unter mir wankte, mir wurde schwindelig. Ich hatte mich nicht mehr im Griff, und das störte mich kolossal. Was sollte ich tun? Ihr die Algen ins Gesicht donnern? Hilflos suchte ich ihren Blick, in der Hoffnung, sie würde sagen: »Reingelegt! Alles nur Spaß!« Aber den Gefallen tat sie mir nicht. Sie konzentrierte sich lieber auf ihr Gänsepuzzle.

»Willst du nicht wissen, welche Länder wir bereisen werden?«

Es reichte. Bevor sie mich endgültig zum Deppen machen konnte, stand ich wortlos auf und verließ beleidigt und gekränkt die Blaue Palme. Einfach so. Ein schlechter Abgang, das war mir klar, wie der Geschmack eines billigen Rieslings: schal und ranzig.

In dieser Nacht tat ich kein Auge zu. Immer wieder kreiste dieselbe Frage in meinem Kopf: Für wie blöd hielt sie mich? Sie hatte mir in den letzten Monaten eine Beziehungskrisen-Schmierenkomödie vorgespielt, frei nach dem Motto »Wir brauchen mehr Abstand«. Dabei hatte sie längst einen anderen Kerl gehabt. Jetzt im Bett fielen mir endlich geistreiche Kommentare dazu ein, die ich ihr per WhatsApp schicken wollte. Aber immer, wenn ich etwas Passendes getippt hatte, drückte ich auf die Löschtaste. Auf keinen Fall wollte ich wie die beleidigte Leberwurst dastehen. Obendrein hoffte ich, dass sie sich doch noch bei mir melden würde, um ihr Bedauern auszudrücken: »Ist schon gut, Schatz, das war alles nur ein Missverständnis! Wenn ich eine Weltreise mache, dann nur mit dir.«

Pustekuchen.

Kiffende Elstern

Am darauffolgenden Tag war an Arbeit nicht zu denken. Wie ein seelenloser Zombie wandelte ich mit Pippa durch den kleinen, blöden Park und dachte buchstäblich an nichts. Alexandra hatte mir wirklich einen emotionalen Punch verpasst. Erst nach einer Weile konnte ich wieder halbwegs klar denken. War es Trauer oder gekränkte Eitelkeit? Diese Frage schwirrte mir durch den Kopf, als ich das Elsternpärchen entdeckte und in die Realität und Gegenwart zurückgeholt wurde. Die beiden verhielten sich sehr seltsam. Sie hopsten rauf und runter wie auf einem Trampolin, torkelten wie betrunken über den Boden, kreisten um ihre eigene Achse. In diesem Moment vergaß ich alle Probleme mit Alexandra, ja, ich vergaß meine gesamte Umgebung und war nur auf diese beiden Vögel fokussiert. Mit etwas Fantasie sah es so aus, als ob sie tanzen würden. An was erinnerte mich das? An einen Walzer? Oder einen Pogo? Es war eine Mischung aus beidem. Ich konnte mir ihr sonderbares Verhalten nicht erklären und ging auf die beiden zu. Sie drehten noch einige Pirouetten und flatterten dann krächzend davon. Ein etwas süßlicher Geruch empfing mich, der mir irgendwie bekannt vorkam. Ich hob eine noch glimmende Zigarettenkippe auf und roch daran: Cannabis! Ich hatte das Zeug zwar seit mehr als dreißig Jahren nicht mehr gerochen, aber solch einen Duft vergaß man nicht. Ein paar Meter weiter lag auf dem Boden ein kleines leeres Plastiktütchen mit einem Hanfblattsymbol. Auch das hob ich auf. Langsam ging mir ein Licht auf – hier auf der Bank hatten wohl einige Jugendliche gekifft. Automatisch steckte ich das Tütchen ein und wollte gerade wieder nach den Elstern schauen, als ich von zwei Männern mittleren Alters angesprochen wurde. Ihre Klamotten waren abgetragen, sie sahen durchtrainiert aus und schauten recht finster drein. Der eine lächelte immerzu, und sein Kopf ähnelte einem Hokkaido-Kürbis. Der andere hatte eine Botox-glatte Stirn und trug einen Sechstagebart. Ich sollte die Erfahrung machen, dass sie ein Spiel namens »Bad Cop – Good Cop« spielten.

»Kripo Düsseldorf, Drogendezernat!«, rief Mr. Botox und hielt mir ein kleines Plastikkärtchen so nah vor die Nase, dass ich nichts darauf erkennen konnte.

»Wir müssen eine Leibesvisitation machen, treten Sie bitte etwas zurück, Beine auseinander, Hände auch!«, forderte mich der Kürbis streng auf. Ich befolgte die Anweisungen wie ferngesteuert und hatte nicht den leisesten Schimmer, was die beiden von mir wollten. Oder war ich gerade in irgendwelche Dreharbeiten für *Kobra 11* geraten?

»Aha, was haben wir hier?«, fragte Mr. Botox, als er das Tütchen aus meiner Tasche fischte.

»Keine Ahnung, habe ich gerade gefunden. Was ist hier eigentlich los?« Langsam verschwand der Nebel aus meinem Hirn. Es waren keine Dreharbeiten. Es war Realität.

»Wir haben Sie beobachtet und gesehen, wie Sie das Tütchen in der Hand hielten«, erklärte Mr. Botox.

»Kommen Sie bitte mit aufs Präsidium, damit wir Ihre Daten aufnehmen können«, forderte mich der Kürbis auf.

»Warum das denn?«

»Warum wohl? Da war Cannabis drin«, erklärte Mr. Botox mit Blick auf das leere Tütchen.

»Ja, und? Das hatte ich gerade hier gefunden!«

»Das können Sie uns alles im Präsidium erklären«, brummte er und ergriff meine Hand.

»Okay, okay«, versuchte ich ihn zu beschwichtigen und schüttelte ihn ab. Der Kerl war wohl zu oft in der Muckibude gewesen.

»Aber der Hund kann nicht mitkommen«, sagte der Kürbis mit Bedauern in der Stimme.

»Wo soll er denn sonst hin?«, fragte ich perplex.

»Ist nicht unser Problem!«, bellte Mr. Botox.

Scheinbar verständnisvoll holte ich meinen Schlüsselbund aus der Tasche und zeigte ihn Pippa, die mich fragend anschaute: »Okay, Pippa. Hier hast du den Schlüssel. Lauf nach Hause und mach es dir schon mal gemütlich, du weißt ja, wo die Mikrowelle ist.«

Pippa wedelte erwartungsvoll mit dem Schwanz. Gab es jetzt ein Leckerli?

»Der Hund kommt nicht mit!«, wiederholte der Kürbis.

»Mich gibt es nur im Doppelpack. Andernfalls müssen Sie einen Mannschaftswagen kommen lassen.« Ich konnte den Hund nicht alleine lassen.

Mr. Botox gab seinen Widerstand auf. »Dann nehmen wir den Pudel eben mit.«

»Wenn schon, dann Terrier-Mix«, berichtigte ich ihn.

»Thermomix?«, sagte der Kürbis verwundert. Entweder

hatte er einen Clown gefrühstückt, oder er war schwer von Begriff.

Auf dem Weg zum Polizeiwagen mussten wir an dem Trafohäuschen mit den Tauben vorbei. Wieder bellte Pippa die Tauben weg, und wieder stoben sie auseinander. Diesmal war ich vorbereitet und machte einen Schritt zurück, während die nichts ahnenden Oberschnüffler in den Genuss des Kothagels kamen.

»Scheiße!«, riefen Mr. Botox und der Kürbis wie aus einem Mund und wischten sich den Taubenschiss von den Klamotten.

Mit einem Mal begann ich die Tauben zu mögen. Man musste sie halt nur zu nehmen wissen …

Im Präsidium saß ich dann zusammen mit Pippa und den Hütern des Gesetzes in einer Art Besenkammer mit Computer und gab meine Personalien durch.

»Wir würden gerne wissen, von wem Sie den Stoff beziehen und wie viel Sie verkauft haben«, eröffnete der Kürbis das Gespräch.

»Sie halten mich für einen Dealer?«, fragte ich ungläubig. »Wegen eines leeren Plastiktütchens?«

Beide nickten unisono.

»Meinen letzten Joint habe ich mir vor dreißig Jahren genehmigt. Ich denke, dass dürfte mittlerweile verjährt sein, nicht wahr?« Ich freute mich, dass ich meinen Humor nicht verloren hatte. Die Situation war einfach zu absurd.

Leider erwiesen sich die beiden als ziemlich spaßbefreit, sie schüttelten die Köpfe.

»Hören Sie mal, wir können Sie auch in U-Haft nehmen, unsere Geduld ist nicht endlos«, drohte Mr. Botox.

»Okay, ich denke, ich beende das Gespräch an dieser Stelle und verlange einen Anwalt. Darauf habe ich ja ein Recht«, erklärte ich mit ernster Miene.

Erneutes Nicken meiner Gegenüber.

»Dann rufe ich gleich mal einen an.« Ich fackelte nicht lange und griff zum Handy.

»Ich brauche deine Hilfe. Sofort«, sagte ich, sobald Alexandra sich gemeldet hatte.

»Geht gerade nicht, habe Besuch!«, keuchte sie durchs Telefon. Hörte sich nicht nach einem platonischen Besucher an, aber darauf konnte ich jetzt keine Rücksicht nehmen.

»Ich bin verhaftet worden und sitze im Polizeipräsidium!« Meine Stimme muss wohl sehr ernst geklungen haben, denn eine halbe Stunde später gesellte sich Alexandra zu unserem Quartett. Ihre Haare waren irgendwie zerwühlt, und sie roch nach Rasierwasser, aber natürlich verzichtete ich auf eine Szene – erstens hatte sie sich von mir getrennt, zweitens brauchte ich jetzt ihre juristische Kompetenz.

»Um was geht es?«, fragte sie in die Runde.

Bevor Mr. Botox und der Kürbis antworten konnten, ergriff ich das Wort: »Die beiden Agenten halten mich für einen Drogendealer, weil ich heute im Park zwei Elstern beim Kiffen beobachtet habe«, erklärte ich wahrheitsgemäß.

Alexandra sah mich an, als ob ich mitgekifft hätte. »Wie bitte?«

Ich erklärte genauer, was vorgefallen war, und dass ich zufällig das leere Tütchen gefunden hatte.

»Mit Sicherheit kann ich sagen, dass ich Herrn König noch nie mit Drogen gesehen habe, aber das spielt hier ohnehin keine Rolle«, sagte sie und ließ auf die Polizisten einen Platzregen juristischer Fachbegriffe niedergehen, der sich gewaschen hatte. Sie belehrte die beiden, dass ein leeres Tütchen kein strafrechtliches Ermittlungsverfahren nach sich ziehen würde, dass Freiheitsberaubung mit bis zu fünf Jahren geahndet werden konnte und, und, und. Schließlich hatte sie mit ihrer lautstarken juristischen Intervention Erfolg, und ich konnte mit Pippa das Präsidium als freier Mann verlassen.

»Die Nummer mit den Elstern war doch erfunden?«, fragte Alexandra mich draußen.

»So weit reicht nicht einmal meine Fantasie«, antwortete ich wahrheitsgemäß.

Alexandra glaubte mir trotzdem nicht. Sie schien anzunehmen, dass unsere Trennung mich psychisch arg aus der Bahn geworfen hatte: »Mal ganz ehrlich, wenn dir das so nahegeht, dass du Drogen nimmst, dann sollten wir noch einmal über alles sprechen!«

Plötzlich flatterten die beiden Elstern in meinem Kopf herum. »Die beiden machen es richtig. Wir machen es falsch«, sagte ich geistesabwesend.

»Was meinst du?«, fragte sie irritiert.

»Kiffen, Kinderkriegen, Klauen! Das sind die drei Ks der Elstern. Das Erfolgsrezept für eine lebenslange Partnerschaft. Leider trifft keins dieser Ks auf uns zu. Deswegen passen wir auch nicht zusammen.« Ich merkte sofort, dass sie mir nicht folgen konnte. Egal. Sollte sie doch auf ihrer Weltreise glücklich werden! Ich gab ihr einen Abschiedskuss und dankte ihr, dass sie mich aus dem Gefängnis befreit hatte.

Dann kehrte ich mit Pippa zum Park zurück.

Die beiden Vögel hatten mir die Augen geöffnet. Ihre Beziehung hielt ein Leben lang, und warum? Weil sie als perfektes Team agierten und es in ihrer Partnerschaft nie langweilig wurde. Neid kam auf. Eine Frau, mit der ich durch dick und dünn gehen könnte, das wär's. Während ich mit Pippa durch den Park schlenderte, wurde mir eines klar: Ich musste mein Leben neu ordnen. Doch wo waren die beiden Elstern nur? Plötzlich traf mich eine Nuss – wieder genau auf die Glatze. Sie war sozusagen der Startschuss für mein neues Leben. Eine halbe Stunde später begann ich, die Lampen anzubringen, dann packte ich den allerletzten Karton aus. Es gab kein Zurück mehr.

Mein neues Nest

Ich habe auch menschliche Freunde. Meine zwei besten sind so unterschiedlich wie Yin und Yang und heißen Grabowski und Jojo. Eher passt ein Kamel durch ein Nadelöhr, als dass ich mit den beiden mal einer Meinung wäre. Anderseits sind sich die beiden untereinander auch nicht grün. Um die Unterschiede auf eine kurze Formel zu bringen: Jojo fährt ausschließlich Fahrrad, Grabowski träumt von einem Porsche. Jojo hat einen Weinkeller, Grabowski seine Eckkneipe. Jojo schwört auf Yoga, Grabowski trägt stolz seinen Bierbauch durch die Gegend. Ich persönlich pendle meist zwischen diesen extremen Charakteren. Da ich beide seit Jahrzehnten kenne, komme ich nicht von ihnen los. Die Diskussionen und Gespräche mit Jojo und Grabowski können viel Spaß machen, sie können aber auch verdammt nervig sein. Trotz aller Differenzen kann ich mich auf beide zu einhundert Prozent verlassen, und natürlich gilt das auch umgekehrt. Genau genommen sind sie nicht meine Freunde, sondern eher meine Brüder.

»Sei selbstkritisch und entschuldige dich bei ihr. Das mögen Frauen; ich weiß, wovon ich rede«, riet mir Jojo, der Frauenversteher. Dumm nur, dass er schon drei Ehen hinter sich hatte und keine längere Beziehung zustande brachte.

»Lösch sie von deiner Festplatte! Man darf einer Frau niemals nachgeben«, philosophierte Grabowski, der seinerseits seit vierundzwanzig Jahren mit einer Frau verheiratet war, die er seit dreiundzwanzig Jahren verlassen wollte.

»Alexandra hat sich für einen anderen Mann entschieden, und ich muss das akzeptieren. Komplett aus meinem Leben löschen will ich sie deswegen aber auch nicht«, erklärte ich. Ich hatte die beiden auf ein Bier zu mir eingeladen, weil sie mir beim Auspacken geholfen hatten.

»Männer und Frauen können keine Freunde werden. Das ist so wie mit Schalke und Dortmund«, analysierte Grabowski, bekennender Bayern-Fan.

»Was ist das denn für ein bescheuerter Vergleich?«, entgegnete Jojo.

»Dann beweis mir das Gegenteil!«, forderte ihn Grabowski auf.

»Das tust du doch selbst täglich. Bist seit zig Jahren verheiratet«, erinnerte ich ihn.

»Weil bei uns die Rollen klar verteilt sind. Ich bin der Koch, sie der Kellner«, rief er im Brustton der Überzeugung und schaute grimmig wie ein Gorillamännchen.

Dummerweise meldete sich in diesen Moment sein Handy.

»Hallo, Schatz, wie geht's? Alles klar bei dir?«, flötete er zuckersüß. Er entfernte sich und ging in mein Schlafzimmer, damit wir nicht Zeuge seiner Unterhaltung wurden. Doch unsere Neugierde war größer, als ihm lieb sein konnte. Wir schlichen ihm einfach heimlich hinterher.

»Nein, Schatz, ich habe den Kasten Wasser noch nicht abgeholt … Ja, ja, ich weiß, dass ich das versprochen habe.

Natürlich mache ich das heute noch … kein Problem«, sagte ein kleinlauter Koch, der von seinem Kellner zurechtgestutzt wurde. Wir hatten genug gehört. Schnell eilten wir wieder ins Wohnzimmer und warteten gespannt auf das, was noch folgen sollte.

»Sorry, Jungs, ich muss nach Hause«, verkündete Grabowski und griff nach seiner Jacke.

»Ärger mit dem Kellner?«, fragte Jojo spitz.

»Meine Güte, die kriegt überhaupt nichts geregelt. Frauen und Organisation, sage ich nur. Sie wollte die Getränke holen, hat's aber verschwitzt und schafft es zeitlich nicht mehr. Aber okay, ich will mal großzügig sein und ihr ausnahmsweise helfen!«

Und schon huschte er davon.

»So weit die Legende von Koch und Kellner«, sagte Jojo. Er amüsierte sich köstlich.

»Immerhin klappt es aber irgendwie mit den beiden!«, gab ich durchaus neidisch zu bedenken.

Ich hoffte insgeheim darauf, dass Alexandra einen Rückzieher machen würde, glaubte aber selbst nicht daran. Die Trennung setzte mir mehr zu, als ich wahrhaben wollte, aber ich musste da durch und das Beste daraus machen. Meine Wohnung durfte ich nicht länger als Provisorium betrachten, sondern musste sie als dauerhafte Bleibe akzeptieren. Und so beschloss ich, sie nach meinem Geschmack zu renovieren. Dazu gehörten ein neuer Anstrich, neue Kacheln im Bad und eine anständige Küche. Mithilfe von Grabowski engagierte ich einige moldawische Handwerker, die sich sofort an die Arbeit machten. Ich selbst räumte für die nächsten

Tage das Feld beziehungsweise die Baustelle. Statt Homeoffice hieß es nun Parkoffice: Eine Parkbank ersetzte den Bürostuhl, und mein Laptop ruhte nicht auf dem Schreibtisch, sondern auf meinen Knien. Pippa war begeistert und genoss die frische Luft. Während meiner Schreibpausen beobachtete ich immer wieder die Elstern, die es mir wirklich angetan hatten. Kiffen war gestern. Jetzt bauten sie auf einer Baumkrone mitten im Park ein Nest und sammelten geschickt Holzstückchen und Zweige dafür. Manchmal teilten sie sich auch die Arbeit: Eine kratzte Moos von der Baumrinde ab und warf es auf den Boden, die andere pickte das Moos auf und flog zum Nest, um es damit abzudichten. Dabei gab es keine Diskussionen oder Streit. Jeder kannte die Stärke des anderen und die eigene Schwäche. Ein perfektes Paar. Ich wurde richtig neidisch. Nicht nur, weil die beiden gemeinsame Sache machten, sondern auch weil ich selber handwerklich nichts auf die Reihe bekam und mein Nest von anderen bauen ließ.

Dass die Renovierung mich in den Park zwang, hatte zur Folge, dass ich mein neues Revier näher unter die Lupe nahm. Im Internet kam der kleine Park nicht gut weg. In einem Bewertungsportal der Stadt wurde kritisiert, dass er »zu klein und ungepflegt« sei und dass er sich nicht zum »Gay-Cruising« eignen würde. Aha. Offenbar war er auch der schwulen Szene nicht attraktiv genug. Nun denn, ich wollte mir ein eigenes Bild machen.

Zunächst fiel mir ein langer Weg auf, der von Brennnesseln gesäumt war. Ich taufte ihn Brennnessel-Boulevard. Ins Auge sprang mir auch ein kleiner Pfad, den ich Pissblumen-Gasse nannte, weil sich hier der Löwenzahn breitmachte.

Weiter hinten erstreckte sich die Stechpalmen-Allee, um die ich einen weiten Bogen machte. Und last, but not least gab es da noch den Horrorwald. Letzterer war ungefähr 300 Quadratmeter groß und bestand zum überwiegenden Teil aus Eiben, einer der ganz wenigen Bäume, die ich kannte. Man konnte nicht in das Wäldchen schauen, weil eine dichte Mauer aus Gestrüpp die Sicht versperrte. Wollte man hinein, musste man sich zwischen dichten Sträuchern hindurchzwängen, doch hatte man dieses Hindernis erst überwunden, befand man sich in einer ganz eigenen kleinen Welt. Da die Eiben vom städtischen Gartenamt nicht auf Form geschnitten wurden, wuchsen sie wild durcheinander. Die Sonne drang nicht durch das Geäst, wodurch ein schummeriges Licht und eine frostige Atmosphäre herrschten. Als ich das erste Mal in dieses verborgene Areal trat, dachte ich unweigerlich an die Filmkulisse für einen Horrorfilm. Zwischen den skurril verzweigten Ästen spannten sich dicke Spinnweben. Mäuse flitzten über den Teppich aus verfaulten und vermoderten Blättern. Es fehlten nur noch die von den Zweigen baumelnden Fledermäuse. Rasch stellte ich fest, dass dieses kleine Stück Urwald besonders gern von Menschen aufgesucht wurde, die keine Zeugen brauchten. Entweder von Männern, die sich erleichterten, oder von Kindern, die ungestört auf Bäume klettern wollten. Ich persönlich mied das Wäldchen, weil meine Nase rebellierte: Es miefte nach Hundekot und Urin. Und da viele Vierbeiner dort in Ruhe ihr Geschäft erledigten, wusste man nie, ob man nicht auf eine eklige Kotmine treten würde.

So weit zu dem sogenannten Horrorwald, der wie gesagt aus Eiben bestand. Welche Bäume gab es sonst noch im Park?

Mich ärgerte es, dass ich außer der Trauerbuche und den Eiben keinen anderen Baum identifizieren konnte. Genauso ärgerlich fand ich es, dass ich die vielen Vogelstimmen morgens beim Gassigehen nicht auseinanderhalten konnte. Ich fragte mich also nicht nur, welcher Baum da wuchs, sondern auch, welcher Vogel da sang! Obwohl ich täglich im Park war, kannte ich seine Bewohner nicht, und so führte mir diese kleine Grünfläche meine Ignoranz gegenüber meiner Umwelt vor Augen. Dabei wollte ich gar nicht so oberflächlich sein und war immer stolz auf meine »gesunde Neugier« gewesen. Andererseits musste ich mir zu meiner Schande eingestehen, dass ich auch über meine neuen Nachbarn im Haus so gar nichts wusste. Ich nahm mir vor, meine Augen zu öffnen.

Es ging mir nicht um neue Freundschaften, sondern darum, auszuschließen, dass ich neben einem bereits toten Nachbarn wohnte; man las ja diesbezüglich die eine oder andere Schreckensmeldung. Soweit ich es überschauen konnte, lebten die unterschiedlichsten Menschen in meinem Haus. Sie erwiesen sich als durchaus hilfsbereit, wie das Ehepaar Ladi aus dem Erdgeschoss, das mich vor den Tauben gewarnt hatte, die unsere Balkone regelmäßig mit ihrem Kot tünchten. Meine direkte Nachbarin kam aus Spanien. Sie hieß Maria, war etwa Mitte vierzig und telefonierte sehr laut mit der Heimat – danach hörte es sich jedenfalls an, wenn die Balkontür offen stand. Sie mochte Pippa gern und hatte immer etwas Leckeres für sie, wenn wir uns im Hausflur begegneten. Von ihr erfuhr ich alles, was ich über meine Mitbewohner nicht wissen wollte: wer mit wem verheiratet war und weswegen, wer welches Auto fuhr und wann er damit einen Unfall gebaut hatte, und so weiter und so unwichtig. Woher wusste Maria das alles? Hatte sie früher bei der spanischen Stasi gearbeitet? Als ich sie fragte, welche Bäume im Park wuchsen und welche Vögel morgens sangen, gab sie mir eine – für eine Ex-Stasi-Agentin – überraschende Antwort: »Ich war noch nie dort. Diese zwanzig Bäume sind doch kein Park!«

Ich nahm ihr diese Ignoranz und Unwissenheit nicht übel, weil ich auch nicht besser war. Auch ich behandelte die Bäume wie seelenlose Laternenpfähle. Buche, Eiche, Ahorn kannte ich nur in Parkettform. Aber wie sahen sie brutto aus, unverarbeitet?

»Ich denke nicht, dass es wichtig ist, Bäume auseinanderhalten zu können. Wichtig ist doch, dass man sich für sie einsetzt«, meinte Jojo, als ich ihn fragte, ob er mir in Sachen Bäume weiterhelfen könnte. Er spendete zwar für den Erhalt des brasilianischen Regenwaldes, hatte aber keinen Schimmer von den heimischen Hölzern.

Da fand ich die Antwort von Grabowski überzeugender: »Mir reicht es, wenn ich Automarken und Biersorten unterscheiden kann!«

Ich hatte die beiden zu einem kleinen Umtrunk in meine frisch renovierte Wohnung eingeladen.

»Es ist wissenschaftlich erwiesen, dass man nach dem dritten Glas Bier die Sorten nicht mehr unterscheiden kann«, belehrte ihn Jojo.

»Ich schon, du Nichtalkoholiker!«, konterte Grabowski und leerte seine Bierflasche auf ex.

»Aber würde es euch nicht gefallen, ein bisschen mehr über eure Umwelt zu erfahren? Sollen wir mal einen Spaziergang durch den Park machen?«

Beide schauten mich an, als wenn ich einen Besuch auf einer Müllkippe vorgeschlagen hätte. Grabowskis Reaktion war zu erwarten gewesen, aber was war mit Jojo?

»Magst du keine Grünflächen, Jojo?«

»Natürlich. Ich würde jederzeit mit euch durch den Hyde Park in London oder den New Yorker Central Park streunen, aber der hier …?!«

»In London würde ich mir lieber die Pubs angucken«, kommentierte Grabowski. »In Sachen englisches Bier macht mir keiner was vor!«

»Es ist schade, dass dein Kleinhirn sich nur Sachen merkt, die mit Bier zu tun haben. Bei dir ist sozusagen Hopfen und Malz verloren«, sagte Jojo bedauernd.

»Was hast du davon, wenn du weißt, wie die Bäume heißen? Für mich fällt das unter die Kategorie ›Nutzloses Wissen‹«, kanzelte ihn Grabowski ab.

»Na, na, tu mal nicht so. Du holst doch jedes Jahr zu Weihnachten auch einen astreinen Tannenbaum nach Hause, keine Birke«, sagte Jojo.

»Aus Plastik!«, stellte Grabowski klar.

Es hatte keinen Zweck, wir kamen auf keinen grünen Zweig. Meine Freunde teilten meine Neugierde nicht, und mein kleiner Park interessierte sie herzlich wenig. Schwamm drüber. Ich würde mich trotzdem schlaumachen, weil ich zumindest wissen wollte, auf welchem Baum die beiden Elstern ihr Nest gebaut hatten.

Der Baumflüsterer

Der einzige Baum, den ich neben der Eibe identifizieren konnte, war auch der auffälligste: die mächtige Trauerbuche, deren weit ausladende Äste bis zum Boden herabhingen und einem geschlossenen Vorhang ähnelten. Hinter dem Blättervorhang trafen sich Menschen in konspirativer Absicht. Mein kleiner Drogenbubi empfing dort seine Kunden. Dass auch junge Liebespaare von dem Sichtschutz mitten im Park profitierten, erschien mir nur logisch.

Die anderen Bäume im Park blieben erst einmal anonym. Auf den ersten Blick sahen sie alle mehr oder weniger gleich aus. Aber wenn man sich etwas Zeit nahm und nicht dauernd auf sein Smartphone starrte, konnte man Unterschiede feststellen. Jeder Baum hatte etwas Individuelles an sich. Einer erinnerte mich an einen starken Mann, der seine zwei muskelbepackten Arme ausstreckte. Ein anderer Baum stand wie ein Fels in der Brandung, wuchtig und mit rotbraunem Teint. Die Wurzeln eines weiteren ragten hoch aus der Erde und luden wie ein Designer-Sessel zum Hineinsetzen ein. Auch die Rinden unterschieden sich: Es gab knorrige, es gab glatte, gefurchte, wulstige, gefleckte und so weiter. Verschieden auch die Blätter: Einige sahen aus wie ein Herz, andere wie eine kleine Pizza oder das Pik einer Spielkarte.

Je länger ich die Bäume betrachtete, desto mehr ärgerte es mich, dass ich sie nicht bestimmen konnte. Da kam mir der Zufall zu Hilfe. Ein Mann fiel mir auf, der mit seinem Golden Retriever eine Runde durch den Park lief. Der Hund wurde nicht an einer Leine geführt, sondern an einem Geschirr mit auffälligem, orange-rotem Emblem. Offenbar handelte es sich um einen Blindenhund, der seinem sehbehinderten beziehungsweise blinden Herrn den Weg wies. Der Mann, der eine Sonnenbrille trug, nahm schließlich neben mir auf der Bank Platz. Sein Hund setzte sich brav daneben. Ich schätzte seinen Besitzer auf Mitte sechzig. Er trug einen Anzug mit Nelke im Knopfloch. Obendrein duftete er nach einem Eau de Cologne, auf dessen Namen ich nicht kam, das ich mir aber schon immer hatte kaufen wollen.

»Stören wir?«, fragte er höflich, den Blick starr geradeaus gerichtet.

»Aber nein, hier ist genug Platz für uns vier«, antwortete ich mit Blick auf Pippa. Sie schnüffelte gerade ausgiebig an dem Blindenhund, der sich alles mit stoischer Ruhe gefallen ließ.

»Sie können ruhig weiterarbeiten«, versicherte mir der Mann schmunzelnd, als ich den Laptop zuklappte.

»Ach, ich denke, ich mache mal eine Pause.« Das war seltsam. Konnte er doch etwas sehen? Woher wusste er, dass ich gearbeitet hatte? Ich musterte ihn neugierig von der Seite, unsicher, ob er etwas davon mitbekam.

»Ich bin zu etwa 90 Prozent blind«, sagte der Mann plötzlich, als habe er meine Gedanken gelesen.

Ich fühlte mich, als wäre ich vor dem Schaufenster eines Sexshops ertappt worden, und wurde rot.

»Seit ich in Köln lebe, bin ich nur noch selten in Düsseldorf. Aber wenn ich hier bin, dann suche ich immer diesen kleinen Park auf«, erzählte er und streichelte das Fell seines Hundes. »Ich kenne ihn wie meine Westentasche, nicht wahr, Artur?«

»Wie meinen Sie das?«

»Wie ich es sage. Ich kann zwar nicht sehen, aber ich habe Hände, Nase und ein sehr gutes Gedächtnis! Ich war als Kind in einer Blindenschule, und unser Lehrer ist oft mit uns in diesem Park gewesen. Wir lernten die Bäume durch unseren Tastsinn kennen.«

»Sie können die Bäume erfühlen?«, fragte ich skeptisch.

»Ich denke schon.« Wieder spielte ein Lächeln um seine Lippen.

»Sie könnten mir sagen, welche Bäume hier wachsen!?«

»Natürlich. Ich kann mich an alle erinnern, vorausgesetzt man hat sie in der Zwischenzeit nicht gefällt!«

»Wissen Sie was? Sie kommen wie gerufen!« Ich erklärte ihm, dass es mir einfach nicht gelang, die einzelnen Bäume zu bestimmen.

»Kein Problem! Haben Sie was zu schreiben?«

»Zur Stelle!« Ich klappte meinen Laptop hoch, und schon legte er los.

»Wenn Sie geradeaus auf die Wiese schauen, sehen Sie drei Bäume.«

Die sah ich.

»Der rechte Baum, der mit der knorrigen Rinde, ist eine Eiche. Daneben steht ein Ahorn, davor eine Rotbuche.«

Ich schrieb fleißig mit und hing fasziniert an seinen Lippen. Er beschrieb detailliert die Beschaffenheit der einzelnen

Blätter und wie man sie auseinanderhalten konnte. Während ich mir Notizen machte, versuchte ich bereits, mir alles zu merken.

Nach wenigen Minuten hatte der Mann sämtliche Bäume beschrieben. »Ich hoffe, ich habe alle an Bord geholt und keinen vergessen. Das wäre nicht gut, denn Bäume sind sensibel!«

Ich wusste nicht, ob er es ironisch meinte oder nicht. »Sie haben alle Bäume berücksichtigt«, sagte ich mit Blick auf meine Liste: Buche, Linde, Ahorn, Platane und Eiche. Jetzt, da ich die Merkmale der einzelnen Bäume kannte, konnte ich leicht auch die bestimmen, die wir von unserer Bank aus nicht sehen konnten.

»Bäume haben meinen Horizont erweitert. Bei Wind rauschen Pappeln und Birken wie das Meer, eine Reise an die Nordsee kann ich mir sparen. Überhaupt brauchen Sie, um die Magie eines Baumes zu spüren, nicht in die Ferne schweifen. Bleiben Sie in diesem kleinen Park hier und berühren Sie die knorrigen, verwachsenen Rinden, die Stürmen und Blitzeinschlägen trotzen. Ich bin mir sicher, dass Noah damals auch die unterschiedlichsten Baumsetzlinge in seine Arche geholt hat«, sagte der Mann und nickte leise.

Ich konnte nicht anders, als ihn zu bewundern. Er strahlte eine Weisheit und eine innere Ruhe aus, die mich neidisch machten. »Das hat er bestimmt, Bäume sind ja auch Lebewesen.«

»Natürlich. Jeder Baum ist fest mit der Erde verwachsen. Sie gibt ihm Halt und Nahrung. Er bedankt sich dadurch, dass er uns Sauerstoff schenkt. Ein wenig Respekt unsererseits wäre also angebracht!«

Ich konnte ihm nur zustimmen. Bis dato waren Bäume

für mich nur Holz mit Blättern gewesen. Jetzt bekamen sie einen Namen, Charakter und eine Seele.

»Wir Menschen vergehen, aber die Bäume bleiben. Hier im kleinen Park haben sie viele Schicksale mitverfolgt. Sie wissen alles von uns. Sie sind stumme Zeugen unserer Probleme und Nöte. Jeder Baum hat Ohren und Augen. Manchmal, wenn es mir schlecht geht oder wenn ich jemanden brauche, dem ich mein Herz ausschütten kann, gehe ich einfach zu einem Baum.«

»Vielleicht sollte ich das auch mal versuchen!«

»Ja, machen Sie das. Bäume behalten alles für sich. Sie sind nicht so geschwätzig wie wir Menschen.«

Er machte eine Pause, in der nur noch das leise Rauschen der Blätter zu hören war. Dann fuhr er fort.

»Ich erinnere mich, dass ich vor vielen Jahren vor einer Linde stand und mich ihr anvertraute. Es ging um eine bestimmte Dame, die mein Herz gewonnen hatte – was ich aber jetzt nicht weiter ausführen möchte. Jedenfalls strich ich über den Stamm der Linde und ertastete plötzlich ein in die Rinde geritztes Herz … Dieser Baum hatte also ein Liebespaar angezogen!«

»In die Rinde ritzen – schadet das nicht dem Baum?«

»Ein einzelnes Herz kann er schon vertragen. Ich fragte mich damals, was aus der Liebe der beiden geworden war. Die Linde verriet es mir nicht. Und schauen Sie sich nur die Trauerbuche an. Sie sieht alles, was Liebespaare unter dem Schutz ihrer hängenden Äste treiben und sagen. Aber sie bleibt diskret!«

Ich blickte zu der Trauerbuche hinüber und sah gerade noch ein junges Pärchen hinter der dichten Blätterwand verschwinden. Ja. Nur die Trauerbuche wusste, was die beiden taten und sagten.

»Früher haben die Menschen die Bäume geachtet und ihnen eine bestimmte Bedeutung gegeben: Die Eiche war das Sinnbild für Standfestigkeit, Stärke und Wahrheit. Die Buche galt als Trostbaum. Wenn man Probleme hatte, konnte man sich an ihren Stamm lehnen und wurde allmählich ganz ruhig. Oder die Linde: Sie stand für Liebe, Güte und Gastfreundschaft. Nicht umsonst hat ihr Blatt die Form eines Herzens … Sie sehen, in diesem kleinen Park stehen Bäume zum Lieben und zum Trösten – was will man mehr? Ich bin mir sicher, dass die Gärtner ihn damals ganz bewusst so angelegt haben …«

Ich war beeindruckt und hätte dem Mann stundenlang zuhören können. Was er sagte, klang altmodisch und modern zugleich. Altmodisch, weil er das Gute der alten Zeit hervorhob. Modern, weil wir endlich kapieren mussten, dass wir unsere Natur lieben und ehren sollten.

»Bäume sind viel gelassener als wir Menschen. Sie haben nichts dagegen, dass die Vögel in ihren Ästen Nester bauen oder Eichhörnchen an ihnen hochklettern. Andere lassen sich gefallen, dass sie von Hunden angepinkelt werden, nicht wahr, Artur?«

Sein Hund antwortete mit einem freundlichen Bellen, was der Mann zum Anlass nahm, aufzustehen und sich höflich zu verabschieden.

»Ich hoffe, ich habe Sie nicht zu sehr mit meinen Vorträgen gelangweilt«, sagte er schmunzelnd.

»Überhaupt nicht. Sie haben mir im wahrsten Sinne des Wortes die Augen geöffnet!«, erwiderte ich ohne jede Ironie.

»Ein Tipp noch zum Schluss. Schauen Sie sich in Ruhe die Rinden der einzelnen Bäume an. Sie werden feststellen, dass jeder Baum seinen individuellen Fingerabdruck hat. Keine Buche oder Linde gleicht der anderen. Und wenn Sie möchten, können Sie die unterschiedlichen Borken auch mit geschlossenen Augen studieren: Manche sind glatt, andere rau oder geriffelt oder wulstig … So trainieren Sie Ihren Tastsinn.« Der Vorschlag des Mannes gefiel mir. Ich nahm es mir vor.

Während ich noch über seine Worte nachdachte, ertönte das heisere Krächzen der Elstern. Ich schaute nach oben und sah ihr Nest oben in der Baumkrone schaukeln. Ich wusste jetzt, dass sie sich eine Linde ausgesucht hatten. Unwillkürlich musste ich an eine Situation mit Alexandra denken. Sie hatte sich einmal über den alten Schlager »Mein Freund, der Baum« lustig gemacht, den ihre Namensvetterin Alexandra gesungen hatte, und ich hatte damals kräftig mitgelacht.

Am Abend, ich saß zu Hause und dachte wieder über den blinden Mann nach, rief ich das Lied über YouTube auf und achtete auf den Text. Und plötzlich fand ich ihn überhaupt nicht mehr albern. Alexandra sang von dem Baum ihrer Kindheit wie von einem Freund, und sie war ihrer Zeit voraus gewesen, oder etwa nicht?

Der geile Fuchs

Obwohl die Renovierungsarbeiten in meiner Wohnung längst beendet waren, verbrachte ich dank der Elstern immer mehr Zeit im Park. Sie hatten als Türöffner fungiert, für eine neue, kleine Welt direkt in meiner Nachbarschaft. Die ersten Erfolge machten mich stolz. Im Unterschied zu den meisten Menschen meiner Umgebung konnte ich nun eine Buche von einer Platane unterscheiden und wusste, dass die Linde der Baum der Liebe war. Im Vergleich zu den Problemen der Welt erschien das mehr als banal, aber ich freute mich trotzdem wie Kolumbus bei der Entdeckung Amerikas. Die Elstern hatten mir gezeigt, wie eine Beziehung funktionieren konnte – auch zwischen Menschen. Meine knorrigen Lehrer, die Bäume, brachten mir bei, dass Gelassenheit die beste Medizin gegen Stress und Ärger war. Ich war neugierig, was ich von dieser unscheinbaren Grünfläche noch würde lernen können, und verbrachte jede freie Minute dort.

Aber der kleine Park zog nicht nur mich, sondern auch sämtliche Hundehalter der Nachbarschaft an. Ich sollte voranschicken, dass ich, obwohl selbst im Besitz eines Hundes, nicht gut auf Hundehalter zu sprechen war. Meiner Ansicht nach handelten sehr viele von ihnen äußerst egoistisch und interessierten sich nur für ihre eigenen Vierbeiner. Wenn sich die Herrchen und Frauchen der Nachbarschaft beispielsweise zu einem Plausch trafen, und das passierte oft, sprach fast jeder fast ausschließlich über den eigenen Hund: welche Wehwehchen ihn plagten, welche Frisur ihm am besten stand oder wie ihm der Hunde-Yogakurs bekam. Am meisten jedoch störte es mich, dass die meisten Hundehalter das Horrorwäldchen, also das einzige Stück »Urwald« des Parks, als öffentliches Hundeklo benutzten. So auch Frau Tauber, eine gut siebzigjährige Dame, die oft mit ihrem Corgi namens Amalia Gassi ging. Corgis, das sind diese kurzbeinigen Hunde mit massivem Kopf und spitzen Ohren, besser bekannt als die Hunde von Queen Elisabeth. Frau Tauber, immer elegant gekleidet und mit einem beinah aristokratischen Habitus, stand über dem Gesetz, genauer gesagt, sie hielt nichts von der städtischen Leinenpflicht für Hunde. Die achtzig Euro Ordnungsgeld hielten sie nicht davon ab, ihre Amalia frei herumlaufen zu lassen. Und so kam es, dass Amalia eines Abends leinenlos auf Entdeckungstour ging und ihre neugierige Nase durch einen Metallzaun steckte, der den Spielplatz von dem Gebüsch trennte. Offenbar wollte sie erschnüffeln, was sich hinter dem Gitter befand. Nach einer Weile beschloss sie, sich wieder anderen Gerüchen zu widmen. Sie legte den Rückwärtsgang ein, merkte dabei aber leider, dass ihr Kopf feststeckte. Sosehr die Hündin auch zappelte, es half nichts. Als nun Frauchen um die Ecke kam, wurde diese Zeuge einer ruchlosen Tat. Ein Fuchs war gerade dabei, die wehrlose Amalia in schamloser Art und Weise zu missbrauchen! Offensichtlich hatte Amalias Popo, der wie bei allen reinrassigen Corgies die Form eines Herzens hatte, Begehrlichkeiten bei dem paarungswilligen Wildtier geweckt! Nur mit Mühe konnte Frau Tauber den geilen Fuchs vertreiben und ihre Amalia aus der Bredouille retten.

Als ich beim Gassigehen von dieser Story hörte, dachte ich zunächst an einen verspäteten Aprilscherz. Ein Fuchs sollte eine Hündin vergewaltigt haben? Die Hundehalter hatten plötzlich ein gemeinsames Thema, und zum ersten Mal sah ich auch Frau Tauber mit den anderen sprechen. Sie, die sonst immer hochnäsig an den Besitzern der »Promenadenmischungen« vorbeilief, war geschockt und machte sich große Sorgen um den psychischen Zustand von Amalia, die ihrer Meinung nach ein Trauma erlitten haben musste. Das Schicksal ihrer Corgi-Dame ging mir ehrlich gesagt nicht sonderlich unter die Haut. Die Hündin sah nicht aus, als ob sie einen Knacks davongetragen hätte, obendrein glaubte ich sowieso nicht an die Story. Wahrscheinlich steckte ein anderer Hund hinter der unfreiwilligen Kopulation, wenn da überhaupt etwas gelaufen sein sollte.

Auch die anderen Hundebesitzer zeigten wenig Mitgefühl mit Amalia. »Eine Doggy-Stellung im wahren Sinne des Wortes!«, stellte einer von ihnen amüsiert fest, und ein anderer nahm das Stichwort auf und lästerte kräftig: »Ersetze Doggy durch Foxxy!« Es gab nur wenige, die nicht an einen Irrtum der alten Dame glaubten.

»Es ist aber doch allgemein bekannt, dass es Füchse in der Stadt gibt!«, bemerkte eine andere Dame, die einen belgischen Schäferhund namens Fridolin besaß. Davon war auch Frau Tauber felsenfest überzeugt und deswegen fest entschlossen, ihre Amalia vom Tierarzt untersuchen zu lassen.

Bei einer möglichen Schwangerschaft sollte die »Brut« abgetrieben werden.

Zu Hause recherchierte ich im Internet und erfuhr, dass Füchse mit Hunden verwandt waren, eine Kreuzung aber ausgeschlossen wurde. Auch ich tendierte zu der Theorie, dass Frau Tauber den Fuchs mit einem Hunderüden verwechselt hatte. Andererseits hörte ich kurz darauf von unserem Hausmeister, dass ihm schon öfter der eine oder andere Fuchs begegnet war. Unwahrscheinlich schien mir das nicht, da Füchse und andere wild lebende Tiere ja mittlerweile in vielen Städten Einzug gehalten hatten. Die Vorstellung, dass in meinem kleinen Park ein Fuchs sein Unwesen trieb, faszinierte mich. Fragen drängten sich auf: Hatte er seinen Bau im Park, oder kam er nur zum Dinner hierher, beziehungsweise zu seinen Schäferstündchen?

Als ich mit meinen Freunden darüber sprach, reagierten die relativ gelassen, so als würde ein Fuchs zum Straßenbild der Stadt gehören wie ein Laternenpfahl.

»In Berlin gibt es zigtausend Füchse, ich weiß gar nicht, warum du so ein Buhei machst«, sagte Grabowski, und wie so oft folgte ein Konter von Jojo: »Er macht kein Buhei! Ich finde es auch spannend, ein Wildtier vor der Haustür zu haben! Hast du überhaupt schon mal einen echten Fuchs gesehen?«

»Was denkst du denn? Früher habe ich einen Opel Manta gefahren. Rate mal, was an meiner Antenne hing? Ein echter Fuchsschwanz!«

»Und wer sagt, dass es ein echter Fuchs war?«

»Ich habe es gerochen, du Zoowärter!«

Das Thema Fuchs blieb weiter aktuell, denn wenige Tage später kam es zu einer Begegnung der besonderen Art.

Bei einer abendlichen Gassirunde sah ich für den Bruchteil einer Sekunde einen Vierbeiner mit rötlichem Fell über die Wiese huschen. Weit und breit war kein Halter zu sehen. Plötzlich warf Pippa sich wie wild von einer Seite zur anderen und riss sich von der Leine los. »Pippa! Wirst du wohl!«, schimpfte ich und rannte der Hündin nach, die in einem Gebüsch verschwand. Hätte ich nur die Leine fester gehalten, ärgerte ich mich und versuchte sie im dichten Gestrüpp zu orten. Eine Firewall aus Brennnesseln und Stechpalmen versperrte mir den Weg. Aufgeregtes Hundewinseln interpretierte ich als eindeutigen Beweis dafür, dass hier buchstäblich irgendetwas im Busch war. Die Alarmglocken schrillten, denn ich kannte Pippas Repertoire an Geräuschen. Dieses Fiepen klang eindeutig hormongesteuert: Rüden-Alarm! Dass sie sterilisiert war und sich folglich nicht fortpflanzen konnte, hinderte sie nicht daran, ihrer Erregung akustisch Ausdruck zu verleihen.

»Pippa, lass das sein! Komm her!«, schrie ich und versuchte mit der Funzel des Handys Licht in die pikante Angelegenheit zu bringen. Aber der Lichtschein drang nicht zu ihr durch.

Was ging da nur vor? Lustvolle Kopulation oder Vergewaltigung? Bildete ich mir das Ganze ein? Andererseits hatte ich doch diesen roten Hund gesehen! Moment: War das etwa der Fuchs gewesen? Die Vorstellung, dass meine Hündin es mit einem Fuchs trieb, schockierte mich. Über das angebliche Schäferstündchen zwischen dem Corgi und dem Fuchs hatte ich ja noch lachen können, aber hier lagen die Dinge ganz anders!

»Pippa! Wirst du wohl«, brüllte ich noch lauter. Brennnesseln hin oder her, ich wagte mich ins Gestrüpp hinein. Irgendwie gelang es mir, Pippas Halsband zu greifen. Schnell legte ich ihr die Leine um und zog sie aus dem Dickicht. Von dem anderen vierbeinigen Lebewesen sah und hörte ich nichts. Versteckte es sich vor mir, oder war es blitzschnell getürmt? Ich machte mich mit Pippa auf den Heimweg. Zu Hause angekommen, behandelte ich meine Brennnesselpusteln mit Essig und suchte – soweit ich als medizinischer Analphabet das überhaupt konnte – bei Pippa nach möglichen Spuren einer Vergewaltigung. Ich sah keine Bissspuren, alles schien in Ordnung zu sein, ja mehr noch, Pippa schien es prächtig zu gehen. Ihr Schwanz jedenfalls schlug hin und her wie ein Scheibenwischer bei Platzregen. Was war da nur gelaufen? War sie den Reizen eines geilen Fuchses erlegen?

Als ich mit meinem Sohn Nik telefonierte und ihm von der Sache berichtete, bekam ich Folgendes zu hören: »Papa, kann es sein, dass du ein Spießer bist?«

»Warum das denn?«

»Frag dich mal, wie du reagieren würdest, wenn ich schwul wäre.«

»Das ist was anderes. Dann wärst du immer noch mit einem Menschen zusammen! Aber ein Hund und ein Fuchs?«

»Du denkst also, so etwas wäre Sodomie?«, entgegnete er lachend.

Nach dem Telefonat dachte ich über seine Worte nach. Ja, wahrscheinlich war ich ein Spießer. Ich nahm mir vor, die ganze Angelegenheit sachlich anzugehen und meine Vorurteile gegenüber dem Fuchs zu bekämpfen. Wo war das

Problem? Wenn es tatsächlich einen Fuchs im Park geben sollte, dann hielt er sich nur nachts dort auf, das heißt, er stellte keine Bedrohung für Menschen dar. Ganz abgesehen davon, dass Füchse im Gegensatz zu Krokodilen auch tagsüber ziemlich ungefährlich waren. Bekanntlich ernährten sich die Stadtfüchse von Essensresten in den Abfalleimern, fungierten also als wandelnde Biotonnen. Tollwut verbreiteten sie auch nicht, wenn ich den Infos der Stadtverwaltung Glauben schenken konnte. Kamen wir nun zum sexuellen Aspekt der Geschichte: Sollte es zu einem Austausch von Intimitäten zwischen Hund und Fuchs kommen – was übrigens laut meiner Recherche ziemlich unwahrscheinlich war –, würde keiner der beiden einen psychischen oder physischen Schaden davontragen. Wohl oder übel musste ich es akzeptieren, wenn Pippa sich zu Reineke Fuchs hingezogen fühlte. Es gab Schlimmeres. Und warum störte es mich eigentlich? Ich fand zunächst keine Antwort darauf, aber dann fiel mir ein, dass ich vielleicht einfach zu wenig über Füchse wusste. Ich musste mehr über sie erfahren. Wieder ein Geheimnis, dass ich dem Park entlocken würde!

Zwar konnte ich mir nicht tagelang die Nächte um die Ohren schlagen, beobachten wollte ich aber trotzdem. Ich legte mir also eine Infrarotkamera zu, wie sie Jäger zur Sichtung von Wild benutzen. Mit der Frage, ob so etwas im Park erlaubt war oder nicht, hielt ich mich gar nicht erst auf. Ich brachte die Kamera hinter der Pissblumen-Gasse an, da, wo der Löwenzahn den Boden bedeckte, befestigte sie an einem Ast und aktivierte sie. Sobald ein Tier in der Nacht in die Fotofalle tappte, würde sie mich per Mail informieren. Ich freute mich wie ein kleiner Junge, der ein ferngesteuertes Auto zu Weihnachten bekam.

Um es gleich vorwegzusagen: Die Mailfunktion hatte ihren Geist aufgegeben – oder ich war zu blöd gewesen, um sie zu aktivieren. Am nächsten Morgen musste ich deshalb die Datei selbst nach Fotos durchsuchen. Das Resultat der ersten Nacht war ernüchternd: Es gab überhaupt nichts zu sehen! Ich ärgerte mich maßlos. Jetzt hatte ich mir dieses nicht gerade billige Spielzeug für nichts und wieder nichts angeschafft! Oder hatte ich mir vielleicht die falsche Stelle ausgesucht? Am nächsten Abend brachte ich die Kamera an einer anderen Stelle an, diesmal in der Nähe des Spielplatzes, unweit eines Abfalleimers. Wieder herrschte beim Betrachten am nächsten Morgen nur gähnende Leere! Kein Fuchs, kein Igel, kein Kaninchen, rein gar nichts. Nur nicht aufgeben, sagte ich mir und veränderte erneut die Position der Kamera. Jetzt wurde sie im Horrorwald aufgehängt.

Bingo! Am nächsten Morgen, bei der Auswertung der Fotodatei, hingen ein paar Fische an der Angel! Zunächst entdeckte ich den Kopf einer Katze am Bildrand. Dann fielen mir einige merkwürdige Schatten auf, die sich bei näherer Betrachtung als Fledermäuse entpuppten. Im Park flogen nachts also Fledermäuse herum! Nun konnte ich mir auch die »Schatten« erklären, die manchmal um meinen Kopf schwirrten und mich am ersten Tag die Brille gekostet hatten! Obwohl kein Fuchs mit der Pfote in die Kamera gewinkt hatte, war ich sehr zufrieden mit meiner Arbeit. Meiner Karriere als weltberühmter Tierfilmer stand nichts mehr im Wege. Die etwas unscharfen Mini-Schwarz-Weiß-Bilder im typischen Infrarot-Look hatten ein kleines Geheimnis des Parks gelüftet.

Ein weitaus größeres sollte am nächsten Tag offenbart werden – und das hatte nichts mit Tieren zu tun. Aber der Reihe nach.

Ich hatte morgens, etwas entfernt von der Kamera, einen goldenen Ring auf dem Waldboden gefunden, den offenbar jemand verloren hatte. Bevor ich zu Hause die Fotodatei auswertete, nahm ich im wahrsten Sinn des Wortes den Ring unter die Lupe und konnte die Gravur deutlich lesen: »Sybille und Edwin, 18.05.2002«. Natürlich sollte der Ring seinen Besitzer wiederfinden, und ich beschloss, einige Zettel in der Nachbarschaft anzubringen. Zunächst aber hieß es, die Bilddateien auszuwerten. Und die hatten es in sich: Was ich sah, erinnerte mich an Frau Taubers Corgi Amalia, Stichwort Doggy-Stellung. Doch diesmal nicht buchstäblich – zwischen Doggy und Foxxy –, sondern menschlich: zwischen Mann und Frau. Genauer gesagt zwischen meinem netten Nachbarn Herrn Ladi und einer weiblichen Person, die keinerlei Ähnlichkeit mit seiner ebenfalls netten Ehefrau aufwies.

Ich gestehe, dass mich diese eindeutigen Szenen sprachlos machten. Ich warf nur einen flüchtigen Blick auf die vier, fünf Bilder, dann schloss ich die Datei sofort wieder. Ich hielt mich beileibe nicht für verklemmt, aber ich war kein Spanner und wollte auch keiner werden. Es ärgerte mich, dass sich die beiden ausgerechnet vor meiner Kamera hatten treffen müssen. Nun konnte ich nicht einfach zur Tagesordnung übergehen. Das geheime Leben des Fuchses interessierte mich plötzlich nicht mehr, ich war raus aus der Geschichte. Keine Kamerabilder mehr! Eins meiner Prinzipien hatte immer gelautet, dass mich das Privatleben meiner

Mitmenschen nichts anging. Das änderte aber nichts an der Tatsache, dass ich Zeuge eines offensichtlichen Ehebruchs geworden war. Ich wollte darüber nicht richten, denn mir reichten meine eigenen Probleme. Blöd war nur, dass ich Frau und Herrn Ladi mehrmals die Woche begegnete und von nun an immer so tun müsste, als hätte ich von Tuten und Blasen keine Ahnung.

Auf jeden Fall wollte ich die Kamera loswerden und schaltete dazu eine Anzeige bei eBay. Dann machte ich mich daran, die kompromittierenden Bilder des Schäferstündchens zu löschen. Dabei fiel mir auf, dass ich noch nicht die Bilder gesichtet hatte, die nach den sexuellen Aktivitäten geschossen worden waren. Und tatsächlich – ich entdeckte ein Tier. Es hatte spitze Ohren und einen langen, buschigen Schwanz. War es ein Fuchs? Nein! Es hatte ein Halsband um und sah aus wie Fridolin, der belgische Schäferhund. Offenbar machte der Rüde, der von Weitem wirklich einem Fuchs ähnelte, sich nachts selbstständig und lief ohne Leine herum – und er hatte es, wie ich messerscharf kombinierte, wohl nicht nur auf Amalia, sondern auch auf Pippa abgesehen.

Als ich am Nachmittag an den Laternenpfählen im Park einige Suchzettel für den Ring anbrachte, begegnete ich Fridolin nebst Frauchen.

»Sie wissen schon, dass sich Ihr Hund nachts im Park rumtreibt?«, kam ich direkt zur Sache. Sie schaute mich erschrocken an und wollte dann weitergehen, aber ich ließ nicht locker. »Er ist uns vor einigen Tagen begegnet.« Sie nickte schuldbewusst. Offensichtlich war ihr die Angelegenheit äußerst peinlich.

»Das … das passiert, wenn mein Sohn mit ihm spazieren geht. Dann lässt er Fridolin ohne Leine laufen.«

»Lassen Sie das nur nicht Frau Tauber wissen«, ermahnte ich sie und ging weiter. Das Thema Fuchs hatte sich für mich erledigt.

Zum Glück gibt's Elstern

Am nächsten Tag stellte ich beim Gassigehen fest, dass die beiden Elstern ihr Nest verlassen hatten und sich einen neuen Nistplatz in der Krone eines Ahorns bauten. Was war passiert? Ich googelte und las, dass ein Nestwechsel bei Elstern durchaus vorkommen konnte. Mir fiel auf, dass der Ahorn in Sichtweite eines Reihenhauses stand, das am Ende der Straße lag. Von den oberen Etagen aus konnte man doch bestimmt direkt ins Nest sehen! Ein Blick in das Schlafzimmer der beiden Vögel reizte mich ungemein – ich musste in dieses Haus! Da die Eingangstür nicht abgeschlossen war, betrat ich ohne zu zögern das Treppenhaus und lief mit Pippa hinauf in die oberste Etage. Jetzt erst wurde mir klar, was für eine idiotische Idee das gewesen war, denn ich hätte niemals bei einem Fremden geklingelt, um ihn zu bitten, aus dem Fenster schauen zu dürfen. Plötzlich entdeckte ich, dass wir vor einer Tür mit der Aufschrift »Dachboden« standen – und diese Tür war nur angelehnt. Ich nutzte die Gunst der Stunde und trat ein, Pippa folgte mir auf dem Fuß. Der Speicher war nicht ausgebaut und wurde von den Hausbewohnern augenscheinlich zum Trocknen der Wäsche benutzt. Und tatsächlich: Von dem kleinen Dachfenster aus konnte ich auf den Ahorn sehen! Beim Öffnen des Fensters schlug ein Windstoß die Speichertür zu, was ich aber nicht weiter beachtete. Meine Aufmerksamkeit galt dem Nest! Leider machten mir die Ahornblätter letztlich einen Strich durch die Rechnung. Das Elsternpärchen hatte sozusagen den Vorhang zugezogen und legte Wert auf Intimität. Das akzeptierte ich natürlich. Als ich wieder nach unten wollte, bemerkte ich, dass der Innengriff der Speichertür fehlte. Na toll. Nun stand ich mit Pippa auf dem Dachboden eines fremden Hauses inmitten von Bettlaken, Unterhosen und T-Shirts – ironischerweise prangte auf einem der Shirts ein Einhorn!

Eine geschlagene Stunde später befreite uns eine ältere Bewohnerin, die ihre Wäsche aufhängen wollte. »Vielen Dank! Ich bin an einer der Wohnungen hier im Haus interessiert und wollte schon mal den Speicher besichtigen«, log ich ihr vor und suchte mit Pippa das Weite.

Am Abend bekam ich unerwartet Besuch. Frau Ladi hatte meinen Suchzettel gelesen. »Das muss der Ring meines Mannes sein«, erklärte sie und beschrieb mir die Details der Gravur. Schnell rechnete ich eins und eins zusammen: Herr Ladi musste den Ring beim Stelldichein mit der anderen Dame verloren haben. Ich behielt meine Rechnung für mich und überreichte Frau Ladi den Ring.

»Wo genau haben Sie ihn eigentlich gefunden?«, wollte sie dummerweise noch von mir wissen.

»Im Park … auf der Wiese!«, schwindelte ich, da ich ihren untreuen Gatten nicht in die Pfanne hauen wollte. Sein Seitensprung ging mich nichts an. Ich würde mich hier komplett heraushalten, keinesfalls wollte ich für eine Ehekrise verantwortlich sein.

Mein Kalkül ging nicht auf. Einen Tag später stand Frau Ladi erneut vor meiner Tür, diesmal in Begleitung ihres Gatten. Sofort fiel mir sein grimmiger Gesichtsausdruck auf. Mir schwante Übles.

»Mein Mann glaubt nicht, dass Sie den Ring im Park gefunden haben!«, kam sie ohne Umschweife zur Sache.

Bevor ich antworten konnte, stellte sich Herr Ladi breitbeinig vor mir auf – was ziemlich ulkig aussah, weil er einen halben Kopf kleiner war als ich.

»Hören Sie«, blaffte er mich an, »ich habe den Ring während einer Dienstreise in Köln verloren, also können Sie ihn nicht im Park gefunden haben!«

Er wurde nicht einmal rot dabei. Seine Dreistigkeit war fast bewundernswert.

»Aber ich habe ihn im Park gefunden! Daran besteht kein Zweifel«, wiederholte ich leise und bestimmt.

»Na … dann muss es wohl doch so gewesen sein …«, gab er erstaunlich schnell und sehr kleinlaut zu und biss sich verlegen auf die Lippen. Was für ein Wicht, schoss es mir durch den Kopf.

»Das heißt, du warst am Mittwoch gar nicht in Köln?!«

»Natürlich war ich in Köln! Ruf doch meine Kollegen an!«

»Dann bist du nach deiner Rückkehr noch mitten in der Nacht im Park gewesen?«

»Ja, um ein wenig frische Luft zu schnappen, ist doch nichts dabei!«

»Und dabei hast du den Ring ausgezogen?«, fragte sie ungläubig.

»Keine Ahnung, ich hatte wohl schwitzige Hände … und na ja …«, stammelte er irgendeinen Nonsens zusammen.

»Du hast sie wieder getroffen! Das ist ja unglaublich!«, entfuhr es Frau Ladi.

Er verneinte laut, sie wiederholte ihren Vorwurf, und schon begannen beide lautstark zu diskutieren.

»Wo habt ihr es getrieben, he? Im Gebüsch?«

»Quatsch!«, rief der ertappte Gatte mit empörter Miene.

»Natürlich, damit euch keiner sehen kann!«

»Du und deine Fantasie!«

»Du bist rückfällig geworden! Dabei hattest du mir versprochen, dass das nie mehr vorkommt!«

Der Disput überschritt nun deutlich Zimmerlautstärke, und Pippa versteckte sich ängstlich unter dem Tisch. Zeit für mich, den Stecker zu ziehen.

»Ruhe, verdammt! Wenn Sie sich unbedingt anbrüllen wollen, dann suchen Sie sich einen anderen Ort dafür aus. Hier ist jetzt Feierabend!« Ich schob die beiden unsanft in den Hausflur. Pippa, wieder mutig geworden, assistierte mir durch unfreundliches Knurren.

Als sie endlich gegangen waren, fragte ich mich, ob es nicht besser gewesen wäre, den Ring in den Müll zu werfen. Andererseits: Wäre sein Seitensprung nicht früher oder später ohnehin ans Licht gekommen? Ach, was gingen mich die Probleme anderer Leute an, mir hatte auch noch niemand bei meinen Beziehungsproblemen geholfen. Ich wollte einfach meine Ruhe!

Leider kam ich aber aus der Nummer so schnell nicht heraus, denn kurz vor Mitternacht erhielt ich wieder Besuch. Eine völlig verheulte Frau Ladi begehrte Einlass.

»Darf ich reinkommen?«, fragte sie mit rot geweinten Augen.

»Was ist denn?« Mittlerweile war ich ungemein genervt. »Ich bin kein Ehe-Therapeut!«

Der Frau ging es so schlecht, dass sie sich auch von meiner patzigen Bemerkung nicht abschrecken ließ. »Entschuldigen Sie die Störung, aber das hier ist für mich sehr wichtig. Wissen Sie, mein Mann und ich sind in einer Krise. Ich weiß nicht mehr, ob ich ihm vertrauen kann. Er hat mich schon mal betrogen …«

»Das soll in den besten Familien vorkommen, da kann ich auch nichts machen.«

»Ich muss die Wahrheit wissen. Bitte, sagen Sie mir: Wo haben Sie den Ring gefunden?«

»Im Park«, wiederholte ich und wünschte mir, dass dieses Verhör endlich ein Ende fand.

Leider tat mir die gehörnte Ehefrau den Gefallen nicht. »Ja, aber wo genau? Er sagt, dass er nur ein wenig spazieren gegangen ist.«

»Dann wird es wohl so gewesen sein«, antwortete ich schnell.

»Nein, das stimmt nicht. Sie haben ihn nicht einfach so auf der Wiese gefunden! War es vielleicht da, wo es … wie soll ich sagen … im Gebüsch?« Sie schaute mich durchdringend an.

Was sollte ich machen? Das Ende der Ehe einläuten? Offensichtlich hing die Zukunft der beiden von mir ab. Sollte ich spalten oder versöhnen? Ich entschied mich für Letzteres. Und meine Elstern sollten die Kuh vom Eis holen.

»Ich habe den Ring in einem Nest gefunden. Genauer gesagt war es ein Elsternnest«, erklärte ich und holte weiter aus. »Ich interessiere mich für die Vögel im Park, speziell für die

Lebensweise der Elster.« Meine Geschichte klang abenteuerlich, aber ich hatte sie sehr seriös vorgetragen.

»Und warum haben Sie mir das nicht gleich gesagt?«

»Elstern stehen zwar nicht unter Naturschutz, aber man sieht es nicht gerne, wenn die Leute an ihre Nester gehen!«

Das klang nachvollziehbar. Frau Ladi nahm mir die Story ab. »Das bedeutet, dass die Elstern den Ring irgendwo im Park gefunden haben müssen!«

»Richtig! Nur sie kennen die Antwort«, erwiderte ich mit gespieltem Bedauern und führte die Frau zur Tür. Zu guter Letzt konnte ich mir eine kleine Ermahnung nicht verkneifen: »Sie sollten vielleicht wissen, dass Elsternpaare ihr ganzes Leben lang zusammenbleiben und miteinander durch dick und dünn gehen, wenn Sie verstehen, was ich meine.«

Sie nickte verständnisvoll und ging.

Als ich Tage später Herrn Ladi vor den Mülltonnen traf, nahm ich ihn beiseite. »Passen Sie mal auf: Am Bahnhof gibt es Hotels, die kosten pro Nacht nicht mehr als sechzig Euro. Das kommt Sie billiger als eine Scheidung!«

»Was meinen Sie damit?«, fragte er scheinheilig, war aber merklich zusammengezuckt.

»Soll ich Ihnen verraten, wo ›die Elster‹ Ihren Ring in Wirklichkeit gefunden hat? Soll ich?«

Er schrumpfte mehr und mehr in sich zusammen, bis nichts mehr von ihm zu sehen war.

Die Ehe hielt offenbar, denn weder Herr noch Frau Ladi haben sich wieder bei mir gemeldet. Ich nahm das als gutes Zeichen und war mir sicher, dass meine Elstern die Ehe der beiden gerettet hatten.

Die Nilgänse wandern aus

Bei heftigem Regen war der kleine Park unausstehlich, und diesmal wollte der Regen gar nicht mehr aufhören. Tagelang schon kamen Sturzbäche vom Himmel, und je mehr ich mich darüber aufregte, desto heftiger wurden die Schauer. Sogar die regenfeste Pippa weigerte sich, ihre Pfoten dem Matsch auszusetzen. Ich fragte mich, wie meine Elstern diese Dauerberieselung ertrugen. Die restlichen Parkbewohner saßen die Regenzeit aus: Die Kaninchen verharrten in ihren unterirdischen Bauten, wärmten sich gegenseitig und glotzten Fernsehen. Die Eichhörnchen machten es sich in ihren Kobeln bequem und lasen die Abenteuer von A- und B-Hörnchen. Auch die Bäume trotzten stur und unbeeindruckt dem Regen, sie brauchten ja keinen Regenschirm. Für mich aber waren die Wege im Park ohne Gummistiefel nicht mehr begehbar. Die kleine Grünfläche, ohnehin keine Schönheit, zeigte nun ihre hässlichste Fratze. Die Zweige der Sträucher schienen sich mit Wasser vollgesogen zu haben und brachen unter ihrer Last fast zusammen. Die Wiese war schon längst ertrunken, weil der überforderte Boden keinen Tropfen mehr aufsaugen konnte. In der Pissblumen-Gasse herrschte Hochwasser, und den Spielplatz konnte man vergessen, da die Sandkästen sich in Schlammlöcher verwandelt hatten.

Ein einziges tierisches Lebewesen ließ sich blicken: Mitten auf der Wiese saß ein großer Vogel, der von Weitem einer Gans ähnelte. Ihm schien der Regen egal zu sein.

Bei diesem Wetter blieb der Park natürlich menschenleer, und auch ich arbeitete wieder im Homeoffice-Modus – wenn ich nicht gerade, gezwungenermaßen, auf Gassitour war. Eines Morgens sah ich einen Mann auf einer Parkbank sitzen, dem Dauerregen mit einem Schirm trotzend. Sein Gesicht konnte ich nicht erkennen, aber im Vorbeigehen fiel mir auf, dass er einen Anzug trug. Natürlich fragte ich mich, warum er sich freiwillig dem Regen aussetzte, zumal der Schirm keinen wirklichen Schutz bot – Duschen konnte man doch besser zu Hause!

Etwas Gutes hatte das Sauwetter: Es kam zu mehr Gesprächen mit den Nachbarn, die sich alle über Petrus beschwerten. Maria wäre am liebsten wieder zurück in ihre spanische Heimat gezogen. Ich konnte das nachvollziehen, denn auch ich wusste gar nicht mehr, wie ein blauer, wolkenloser Himmel aussah. Es gab eine Million schönere Plätze auf der Erde. Wer zwang mich hierzubleiben? Dank Internet ließ sich meine Arbeit auch von südlicheren Regionen aus erledigen. Familiäre Bindungen hatte ich nicht. Mein Sohn war erwachsen und lebte weit weg, und Alexandra schipperte irgendwo in der Karibik umher, während ihr neuer Freund ihr den Nacken massierte. Früher war ich viel flexibler. Ich liebte das Reisen und hatte schon die halbe Welt gesehen. Und jetzt klebte ich hier fest wie Kaugummi auf dem Asphalt und näherte mich einer Depression. Ich musste schleunigst meinen Hintern in Bewegung setzen und die große, weite Welt entdecken. Einen besseren Anlass als diese Dauerdusche gab es doch nicht!

»Du willst weg? Wohin denn?«, fragte mich Jojo, als wir zu dritt bei einem Bier saßen.

»Keine Ahnung, aber mir fällt schon noch was ein«, antwortete ich optimistisch, während ich Google Earth aufrief.

»Wie wär's mit Afrika, da warst du doch bestimmt noch nicht«, schlug Jojo vor.

»Ja, da wirst du sicher ein Plätzchen finden. Wie wäre es mit der Sahara? Sandstrand satt!«, scherzte Grabowski auf seine eigene Art.

»Hast du denn nie den Drang verspürt auszuwandern? Ein neues Leben anfangen? Alles auf null stellen?«, fragte ich ihn.

Grabowski klopfte mir freundschaftlich auf die Schulter: »Schon verstanden. Dir geht's nicht gut. Brauchst eine Renovierung. Da hätte ich was für dich: eine Woche Malle!«

»Wenn es mir nicht gut geht, dann mache ich eine Reise ins Ich. Ich faste zum Beispiel eine Woche und lerne mich besser kennen! Ich liebe diese innere Einkehr«, erklärte Jojo mit ernstem Gesicht.

»Keiner dieser Vorschläge überzeugt mich. Auf Mallorca ist zu viel Alkohol im Spiel, beim Fasten zu wenig Essen«, resümierte ich und wechselte lieber das Thema.

Auch wenn die beiden mich offenbar nicht verstanden, reifte mein Plan trotzdem weiter. Die Frage war nur, wohin die Reise gehen und wie lange sie dauern sollte. Auswandern oder nur einen langen Urlaub nehmen? Ich dachte an die Leute, die wie moderne Nomaden durch die Welt zogen und Reiseblogs verfassten. Im Urlaub seinen Lebensunterhalt bestreiten – wäre das ein Geschäftsmodell? Ich hatte zwar noch nie einen Reisebericht verfasst, es erschien mir aber auch nicht komplizierter, als ein Drehbuch zu schreiben. Doch warum sollte ich überhaupt arbeiten? Auch wenn ich mir eine Kreuzfahrt um die ganze Welt nicht hätte leisten können, könnte ich sicher eine Weile von meinem Ersparten leben. Wenn schon Urlaub, dann richtig, ohne Druck, ohne Termine. Es musste ein Landstrich sein, den ich noch nicht bereist hatte. Und dort musste ein angenehmes Klima herrschen, also nicht zu kalt und nicht zu nass.

Fieberhaft beackerte ich die Weltkarte und wägte ab, wo es mir am besten gefallen würde. In Subsahara-Afrika? Politische und klimatische Gründe sprachen dagegen. Asien hatte ich fast durch, Nordamerika ebenfalls, Neuseeland auch. Blieben noch die Pole und Südamerika übrig.

Mitten in meinen Planungen dann das Wunder: Am Morgen des achten Tages nach dem Beginn der Regenzeit grüßte mich ein Regenbogen, der sich weit über den Park spannte. Der plötzlich wolkenlose Himmel glänzte azurblau. Ich riss fast die Balkontür von der Zarge, um die betörend klare Luft einatmen zu können! Die Sonne lachte mich an und lud mich nach draußen ein, und ich sagte nicht Nein. »Komm, Pippa! Ab in den Park, bevor uns der Regen wieder gefangen nimmt!« Pippa bellte vor Freude. Sie war ja kein Stubenhocker und wollte unbedingt in die Sonne – in die Freiheit!

Nicht nur wir kamen aus unseren Löchern gekrochen, sondern auch die üblichen Verdächtigen. So viele Tiere auf einmal hatte ich im Park noch nie gesehen. Ein Eichhörnchen hangelte sich von Ast zu Ast auf der Suche nach Essbarem. Ein kleiner Star badete genüsslich in einer Pfütze am Wegesrand und ließ sich nicht von uns stören. Die Kaninchen hoppelten wieder provozierend über die Wiese und brachten Pippa mit ihren weißen Puschel-Popos zur Weißglut. Auch die Elstern mischten bei der Parkparty mit. Sie hopsten über das feuchte Gras und machten zahlreichen Regenwürmern den Garaus. Die vielen Pfützen auf dem Weg störten mich nicht. Hauptsache, es kam kein Wasser mehr von oben. Sogar der kleine Dealer tauchte auf und hielt Ausschau nach Kundschaft. Als er mich und Pippa sah, machte er auf dem Absatz kehrt und verschwand.

Nur einer hatte dem Park auch während des Regens die Treue gehalten: der einsame Mann auf der Bank. Heute konnte ich auch sein Gesicht sehen – er kam offensichtlich aus Afrika. Sein Interesse galt der Gans, die mir vor einigen Tagen aufgefallen war. Heute schwamm sie in einem kleinen Tümpel, der durch den lang andauernden Regen entstanden war, weil das Wasser im lehmigen Boden nicht abfließen konnte. Nun konnte ich sie besser erkennen. Um ihre Augen hatte sie auffällige Ringe, die einer Brille ähnelten. Dieser Vogel sah wirklich interessant aus.

»Das ist eine Nilgans!«, hörte ich den Unbekannten sagen, der meinen fragenden Blick richtig gedeutet hatte.

»Eine Nilgans?« Erstaunt schaute ich ihn an. Er kam mir bekannt vor. Irgendwo hatte ich ihn schon einmal gesehen.

»Nilgänse stammen ursprünglich aus Afrika, haben sich aber hier angesiedelt. Ich kenne sie noch aus meiner Kindheit!«

»Ein Zugvogel?«, fragte ich verwundert.

»Nein, er lebt hier. Normalerweise im Hofgarten, aber im Moment treibt er sich lieber im kleinen Park rum!«

»Das klingt ja so, als ob Sie ihn verfolgt haben!«

»So ist es. Ich beobachte diese Nilgans seit Tagen!«

Nun wurde mir klar, warum der Fremde die Regentage im Park verbracht hatte. Das Ganze kam mir seltsam vor, und ich wollte gern mehr darüber wissen, aber noch bevor ich nachhaken konnte, erzählte der Mann von sich aus weiter.

»Wie gesagt: Nilgänse kommen ursprünglich aus Afrika und lieben subtropisches Klima. Die Europäer haben sie wohl hierhergeholt, weil ihnen die heimischen Enten und Gänse zu langweilig waren. Insofern sind sie nicht freiwillig hier.« Er wandte den Blick nicht von der Nilgans.

»Wieso kennen Sie sich so gut aus, wenn ich fragen darf?«

»Ich muss mich mit diesen Tieren auskennen. Das erwartet meine Nation von mir!«, antwortete er ernst.

Ich verstand nicht ganz, was er damit meinte.

»Ich bin der Sohn des Königs. Man hat mich hierhergeschickt, um zu studieren und mich fortzubilden.«

»Aus welchem Land stammen Sie denn?«

»Das darf ich leider nicht sagen, sonst bekomme ich Ärger. Aber es liegt südlich des Äquators. Waren Sie schon mal in Afrika?«

»Nein.«

»Warum nicht?«

»Na ja … ich glaube, es wäre mir dort zu heiß«, versuchte ich mich herauszureden.

»… und dann diese Bürgerkriege und der Hunger …«, ergänzte er ironisch. Der Unbekannte hatte mich durchschaut.

»Sie haben recht. Diese Vorurteile haben dabei in der Tat eine Rolle gespielt, aber was nicht ist, kann ja noch werden! Vielleicht reise ich bald dorthin.« Ich ärgerte mich über meine Ignoranz einem ganzen Kontinent gegenüber.

»Ich musste mich auch erst an das Leben in Deutschland gewöhnen. Früher dachte ich, dass es hier immer kalt ist und dass die Leute nur Kartoffeln essen würden«, berichtete er amüsiert.

»Das stimmt doch zum größten Teil«, pflichtete ich ihm bei.

»Ich liebe Kartoffeln und das deutsche Essen.« Der Mann begann Pippa zu streicheln, die ihn zu mögen schien und gefällig knurrte. »Sie sind mir schon früher aufgefallen. Sie gehen immer mit Ihrem Hund hier spazieren, auch bei strömendem Regen. Der Park muss Ihnen sehr gefallen.«

»Das war beileibe keine Liebe auf den ersten Blick! Aber mittlerweile habe ich gelernt, dieses Plätzchen zu schätzen«, sagte ich und begann den kleinen grünen Kosmos in den höchsten Tönen zu loben. Der Mann schien meine Zunge gelöst zu haben, denn ich hörte gar nicht mehr auf zu erzählen, ja, ich ging ins Detail, beschrieb ihm die unterschiedlichen Bäume und erwähnte sogar die Anekdote mit dem angeblichen Fuchs und dem Corgi. Zu guter Letzt erzählte ich von dem meiner Ansicht nach idyllischen Leben der Elstern, die ich früher nur als schwarz-weiße Räuber wahrgenommen hatte. Ich redete und redete, und plötzlich fragte ich mich besorgt, ob ihn das überhaupt alles interessierte.

»Habe ich Sie gelangweilt?«

»Aber nein! Das war eine sehr gute Bewerbungsrede.« Er klopfte mir anerkennend auf die Schulter, was mich etwas irritierte. Machte er sich über mich lustig?

»Bewerbung als was? Als Parkwächter?«

»Als Minister! Wenn ich zurück in meine Heimat fliege, dann richte ich ein Ministerium gegen Vorurteile ein. Das würde meinen Leuten gefallen. Afrikaner hören gerne auf die Deutschen.«

»Danke für das Angebot, aber ich glaube nicht, dass ich dafür geeignet wäre«, brummte ich ärgerlich. Da hatte ich jemandem etwas Persönliches anvertraut, und schon machte der sich über mich lustig. »Viel Erfolg in Afrika!«, murmelte ich und ging weiter. Der Mann eilte mir hinterher.

»Ich habe keinen Spaß gemacht. Ich würde mich wirklich freuen, wenn Sie mitkommen würden.«

Er klang ernst. Irritiert schaute ich ihn an.

»Ich brauche ein gutes Team. Ich suche Experten für das wahre Leben. Wir müssen Vorbilder sein!«

Obwohl ich keinerlei Ironie in seiner Stimme heraushörte, nahm ich ihm das alles nicht ab. Hier wollte mich einer zum Narren halten. Ich verabschiedete mich höflich und ging mit Pippa davon.

Zu Hause dachte ich über den seltsamen Mann nach. Was sollte ich von seinen Erzählungen halten? Zu gern hätte ich gewusst, wo er herkam und welche Nation er gemeint hatte. War er wirklich in Afrika geboren? Er sprach ein akzentfreies und fehlerloses Deutsch, was auf einen sehr langen Aufenthalt bei uns hindeutete. Und irgendwo hatte ich ihn schon einmal gesehen. Vielleicht im Fernsehen? War nicht neulich ein Interview mit einem Exilpolitiker aus einem afrikanischen Land gesendet worden?

»Die Afrikaner sehen doch alle gleich aus, genau wie die Asiaten!«, polterte Grabowski am Abend, als wir zum Skat zusammensaßen.

»Das sagen die bestimmt auch über uns«, konterte Jojo.

»Uns kann man besser auseinanderhalten. Wir haben unterschiedliche Haarfarben.« Grabowski lachte und strich über meine Glatze.

Ich erzählte beiden, dass der Unbekannte mich für sein Ministerium engagieren wollte – und dass ich das natürlich für einen Scherz hielt.

»Wenn du als Minister dorthin fliegst, kannst du uns ja als deine Berater mitnehmen. Ich werde Bierminister, und Jojo kann als Hofnarr Karriere machen«, schlug Grabowski vor. Dabei klopfte er Jojo derart heftig auf die Schulter, dass dem die Brille auf den Boden fiel.

»Warum sollte der Mann lügen? Es studieren doch viele Afrikaner hier, um danach in ihre Heimat zurückzukehren und dort tätig zu sein«, erklärte Jojo, während er seine Brille unter dem Tisch suchte.

»Ein Ministerium gegen Vorurteile ist doch ein Witz«, gab ich zu bedenken.

»Aber ein Guter!«, ertönte es unter der Tischplatte.

Am nächsten Tag begegnete ich dem Mann erneut. Wie üblich beobachtete er von der Bank aus die Nilgans, die mittlerweile Gesellschaft bekommen hatte. Zwei Graugänse schnatterten mit ihr um die Wette.

»Heute hat sie sich mit zwei Graugänsen angefreundet«, erklärte er mir, als ich vorbeilief. Ich blieb stehen und war froh, dass er nicht wieder mit dem blöden Ministerium angefangen hatte.

»Aber Graugänse sind doch Zugvögel, oder nicht?«

»Genau. In einigen Tagen werden sie in den Süden fliegen«, erklärte der Mann mit Blick auf den wolkenlosen Himmel.

»Und die Nilgans?«

»Sie hat die Wahl. Entweder hierbleiben oder mitfliegen!«

Ich sah zu der Nilgans hinüber und dachte an meine Situation. Würde ich an ihrer Stelle ein solches Risiko eingehen? Genau darum ging es doch auch bei mir im Moment: Hierbleiben und die Sicherheit wählen oder sich auf etwas Neues einlassen, das Abenteuer suchen.

»Wenn sie neugierig ist auf ihre Ahnen und auf ihre Herkunft, dann fliegt sie mit«, sinnierte der Unbekannte leise. Wieder fragte ich mich, ob das Schicksal der Nilgans etwas mit seiner Situation zu tun hatte. Der Mann hatte mich richtig neugierig gemacht, ich musste jetzt mehr über ihn wissen.

»Darf ich Sie mal was fragen? Wie lange leben Sie schon in Deutschland?« Ich wusste, dass meine Direktheit unhöflich erscheinen konnte, aber das Risiko nahm ich in Kauf.

Zu meinem Glück nahm er mir die Frage nicht übel. »Seit unzähligen Jahren«, erwiderte er lachend, ohne den Blick von dem Gänsetrio zu wenden.

»So lange warten Sie schon auf den Ruf Ihrer Heimat?«

»Ich musste viel lernen. Aber jetzt habe ich genug gelernt. Die Zeit der Rückkehr naht!«

Er schloss die Augen, und sein Gesicht nahm einen sehr entspannten Ausdruck an. Meditierte er? Ich wollte ihn nicht stören und wartete eine Weile, bis ich wieder das Wort ergriff.

»Wann waren Sie das letzte Mal dort?«

»Das ist sehr lange her. Da war ich noch sehr jung«, antwortete er, ohne die Augen zu öffnen.

»Sind Sie denn sicher, dass man Sie dort noch will!?«

»Absolut. Ich stehe in Kontakt mit meinen Leuten! Sie sagen immer: Komm endlich, wir brauchen dich! Aber bisher war ich noch nicht so weit.«

»Wollen Sie denn zurück?«

»Ich könnte hierbleiben, aber eine innere Stimme sagt mir: Du musst zu deinen Wurzeln zurück.«

Er öffnete die Augen und blickte wieder zu der Nilgans hinüber, die einträchtig mit den Graugänsen chillte.

»Ich stehe vor einer ähnlichen Entscheidung«, sagte ich. »Auf mich wartet zwar kein Königreich, aber ich brauche einen Tapetenwechsel. Hier ist alles eingefahren, und ich frage mich oft, was mich eigentlich noch hält.« Mir fiel ein, dass ich einem Unbekannten relativ viel über mich erzählt hatte und dass es nun an der Zeit war, sich vorzustellen.

»Ich heiße übrigens Emil«, sagte ich und reichte ihm die Hand.

»Ich bin Michael.« Er schlug ein.

»Und das ist Pippa.«

Michael lachte Pippa an, strich ihr über den Kopf und kraulte ihre Ohren, was ihr natürlich sehr behagte.

»Du kommst auch mit, Pippa. Ich mache dich zum Wappentier«, versprach er ihr.

»Das würde Pippa gefallen!«, sagte ich lachend und bedankte mich in ihrem Namen.

»Aber warum sollte sie nur ein Wappentier sein? Sie kann doch auch Minister werden. Pippa ist immer freundlich und hat im Gegensatz zu uns Menschen keine schlechten Eigenschaften.«

»Stimmt. Sie ist nicht nachtragend und will auch nicht die Welt beherrschen.«

»Perfekt! Sie wird Ministerin für gutes Auskommen!«

Das klang sehr charmant. Schmunzelnd kraulte ich der zukünftigen Ministerin die Öhrchen.

»Lach bitte nicht. Warum sollten Tiere nicht als Vorbilder dienen?«

Die Frage war so naiv, dass mir nichts dazu einfiel.

»Und was ist mit dir? Hast du über mein Angebot nachgedacht?«

»Na ja, ein Ministerium gegen Vorurteile hätte was ...«, erklärte ich. »Aber woher willst du wissen, dass ich der geeignete Kandidat bin?«

»Weil ich ein drittes Auge habe. Damit kann ich in deine Seele sehen«, antwortete er, als sei es das Selbstverständlichste von der Welt. Er irritierte mich immer mehr.

Als ich Michael am nächsten Tag traf, hatte er neue Ideen parat.

»Ich habe mir noch einmal alles durch den Kopf gehen lassen und würde dir gerne mein zukünftiges Kabinett vorstellen!«

Er holte einen Block heraus und begann vorzulesen: »König bin ich. Du bist Minister gegen Vorurteile und wirst den Leuten vermitteln, dass sie für alles Neue offen sein sollen! Ministerin für Freundschaft und Frieden ist Pippa. Ich will, dass mein Volk endlich Frieden mit den Nachbarn hält. Wer könnte das besser symbolisieren als deine Hündin? Und dann haben wir da noch den Minister für Kinder. Das ist ein Eichhörnchen!«

»Ein Eichhörnchen?«, fragte ich verwundert.

»Es ist niedlich, fleißig und sehr sportlich«, erklärte Michael. »Auf ein Gefängnis verzichten wir. Dafür bauen wir Brennnesseln an. Wer straffällig wird, muss ein Brennnesselbad nehmen!«

»Das klingt gut.«

»Hast du auch einen Vorschlag?«

Ich dachte kurz nach, und natürlich fielen mir die Elstern ein. »Die Elstern sind die Familienminister! Sie zeigen uns, dass man treu sein und auch nach vielen Jahren Ehe noch viel Spaß zusammen haben kann!«

»Das ist eine sehr gute Idee«, kommentierte er meinen Vorschlag und nahm auch die Elstern in seine Ministerliste auf. »Sei mal ehrlich, Emil. Denkst du, ich hätte einen an der Waffel?«, fragte er mich plötzlich unvermittelt. Offenbar hatte sein drittes Auge meine Gedanken gelesen.

»Ich glaube schon, was du mir über deine Heimat erzählt hast und dass du vielleicht zurückkehren willst. Nur die Sache mit den Ministerien, na ja … Aber du hast auf keinen Fall einen an der Waffel. Du machst eben gerne Scherze – wenn auch sehr intelligente!« In der Tat hielt ich ihn nicht für psychisch krank, eher für positiv bekloppt, was für mich ein Kompliment darstellte.

»Mir ist auch bewusst, dass meine Ideen nicht realistisch sind. Und meine Leute werden mich auslachen, wenn sie davon hören. Aber deswegen sind diese Ideen nicht falsch. Es kommt auf einen Versuch an.«

»Genau. Bleiben wir realistisch und fordern das Unmögliche!«

Wir scherzten ausgelassen und erfanden noch mehr Fantasieministerien. In Michaels Gegenwart fühlte ich mich wie ein Kind. Ich wusste im Grunde gar nichts über ihn, und das war auch gut so. Sich einfach mit jemandem zu treffen, Spaß zu haben und die schnöde Realität auszublenden, tat mir gut. Seine Gedankenwelt war zwar naiv, aber nicht falsch. Komplizierte Analysen über die Probleme der Menschheit lieferten mir schon das Fernsehen und die schlauen Bücher. Ein Ministerium gegen Vorurteile klang doch gar nicht so dumm. Und ein Eichhörnchen als Kinderminister hatte auch etwas. Zu klettern, anstatt vor der Glotze zu hängen oder auf das Smartphone zu starren – vielen Kindern würde ein wenig Bewegung ganz guttun.

Im Übrigen hatte Michael mein aktuelles Problem auf den Punkt gebracht: Hierbleiben oder sich auf die lange Reise begeben? Als Alternative boten sich kleine Fluchten im Park an, wo ich ja auch auf andere Gedanken kam und prima abschalten konnte.

Auch am nächsten Tag beobachtete Michael von der Bank aus die Nilgans und ihre Freundinnen. Gut gelaunt wollte ich mit Pippa zu ihm laufen, um ein paar Minuten in seine Fantasiewelt zu flüchten, als am Himmel schlagartig eine Riesenformation von Graugänsen auftauchte. Sie flogen relativ niedrig, sodass ich die Vögel ganz genau erkennen konnte. Sie schnatterten rhythmisch im Chor, es klang wie Musik in meinen Ohren.

»Sie fliegen in den Süden!«, rief Michael aufgeregt und sprang auf.

»Ob ihre Kollegen mitfliegen werden?«, fragte ich mit Blick auf das Trio.

»Die beiden Graugänse werden mitfliegen, aber ich bin mir nicht sicher, ob meine Verwandte sich traut.«

Michael ruderte aufgeregt mit den Armen und tänzelte leichtfüßig wie ein Boxer hin und her. »Sie ist mein Orakel. Ich werde mich nach ihr richten!«

Hunderte von Gänsen bedeckten nun die Sonne. Es war fast dunkel. Die Zeit schien stillzustehen, und auch die Menschen im Park standen wie angewurzelt und beobachteten fasziniert das Spektakel am Himmel. Von dem Schwarm ging eine seltsame Energie aus, ich spürte ein leichtes Beben unter meinen Füßen. Waren es unzählige Gänse, die da langsam vorüberflogen, oder ein mächtiges Raumschiff? Plötzlich begannen die Graugänse am Tümpel zu schnattern, und es schien, als würden sie magnetisch nach oben gezogen. Sie schlossen sich ihren Artgenossen an. Auch die Nilgans begann laut zu schnattern und wurde unruhig. Aufgeregt nahm sie Anlauf und hob ebenfalls ab! Schnell hatte sie die beiden Graugänse eingeholt, und das Trio reihte sich in die riesige Formation ein. Bald war es unter den vielen Gänsen nicht mehr zu erkennen.

Als ich zu Michael hinüberschaute, sah ich, dass er der Gänseformation am Boden folgte. Er rannte über die Wiese, vorbei am Brennnessel-Boulevard, sprang über die Pissblumen-Gasse, und für einen Moment glaubte ich, auch ihn abheben zu sehen. Ich rieb mir die Augen. Wo war er plötzlich? Pippa bellte laut und wollte hinterher, aber ich hielt ihre Leine fest. Wo sollte sie auch hin, wir sahen ihn ja nicht mehr. In diesem Moment dachte ich an eines meiner Lieblingskinderbücher, an Nils Holgersson, der auf dem Rücken einer Gans so manches Abenteuer erlebt hatte.

Mit der Nilgans war auch Michael verschwunden. Nicht einmal der Tümpel blieb erhalten, er trocknete aus. Der Park war wieder der alte.

Ich begrub meine Reisepläne. Aus Angst, aus Bequemlichkeit oder aus der Erkenntnis heraus, dass hier mein Zuhause war? Das größte Experiment der Menschheitsgeschichte – ein Kabinett mit tierischen Ministern – sollte nicht sein.

Gut eine Woche später brachte ein Paketfahrer einige Bücher, die ich bestellt hatte. Als ich den Empfang quittierte, fiel es mir wie Schuppen von den Augen: Jetzt wusste ich, woher ich Michael gekannt hatte!

»Sagen Sie mal, wo ist denn Ihr dunkelhäutiger Kollege, der bisher immer die Pakete geliefert hat?«, fragte ich den neuen Fahrer.

»Meinen Sie Mike? Der ist nicht mehr bei uns«, lautete die knappe Antwort.

»Und wo ist er jetzt?«

»Plemplem!«, sagte der Fahrer und machte eine Wischbewegung vor der Stirn. Dann lief er die Treppe hinunter. Was meinte der Mann mit »plemplem«? War er nicht gut auf Michael zu sprechen? Oder sollte das eine Andeutung auf Michaels psychischen Zustand sein? Definitiv waren Michael und Mike ein und dieselbe Person. Er hatte früher als Paketfahrer gearbeitet, und ich konnte mir beim besten Willen nicht vorstellen, dass er »König« irgendeiner »Nation« in Afrika war.

Wiederum eine Woche später erhielt ich eine Mail mit folgendem Wortlaut:

»Lieber Emil, schade, dass du nicht mein Minister geworden bist. Und schade, dass auch Pippa, das Eichhörnchen und die Elstern keine geworden sind. Aber vielleicht ist es auch besser so. Der Park ist eure Heimat. Mir geht es gut. Ich bin zwar nicht in Afrika, aber woanders kann es auch schön sein!«

Ich antwortete ihm umgehend, erhielt aber die Nachricht, dass es sich um eine ungültige Adresse handeln würde. Offenbar legte Michael keinen Wert auf weitere Kommunikation, dabei hatte ich viele Fragen, die ich ihm stellen wollte.

Trotzdem: Wichtig war, dass es ihm gut ging, was ich gern glauben wollte.

Und wichtig war auch, dass er meine Realität zum Tanzen gebracht hatte, wenn auch nur für eine kurze Weile.

Falke de Sade

Einige Tiere, die sich in der Stadt angesiedelt hatten, konnten sich mangels natürlicher Feinde grenzenlos vermehren. Damit meine ich nicht nur die Kaninchen, die sich einen Spaß daraus machten, meine kleine Hündin zur Weißglut zu bringen. Auch die Tauben, diese Ratten der Lüfte, verbreiteten sich wie die Karnickel und produzierten tonnenweise Kot, den sie gerecht auf Dächer, Balkone und Windschutzscheiben verteilten.

Dass diese fliegenden Dreckschleudern auch Tonnen von Ungeziefer und Krankheiten übertrugen, hätte eigentlich allgemein bekannt sein sollen, trotzdem gab es genug sogenannte Tierliebhaber, die »dem Affen Zucker« gaben. Obwohl das Füttern von Tauben in der Stadt aus gutem Grund verboten war, streute so mancher Idiot kiloweise Vogelfutter und Müsli im Park aus, um die nervigen Viecher zu verwöhnen. Warum musste man die mästen? Sie fanden doch sowieso überall Futter! Meiner Ansicht nach gehörten Tauben in der Stadt dezimiert. Was war nur aus der Friedenstaube geworden, die, mit einem frischen Olivenzweig im Schnabel, Noah das Ende der Sintflut angekündigt hatte? Sie überschwemmte uns mittlerweile mit ihrem Kot, in dem wir zu ertrinken drohten. Ironie des Schicksals …

Ich persönlich hatte kein wirksames Mittel, um die Tauben zu vertreiben, aber mir machte es Spaß, dass Pippa sie manchmal durch lautes Bellen verscheuchte. An diesem Morgen allerdings war alles anders. Auf dem Trafohäuschen am Eingang des Parks, wo sonst immer die Tauben hockten und kackten, saß ein anderer Vogel – mit stechendem Blick und einem krummen Schnabel. »Ein Turmfalke«, erklärte mein Nachbar, der gerade vom Joggen zurückkehrte. Turmfalken, das hatte ich neulich im Fernsehen gesehen, lebten ebenfalls in der Stadt und nisteten oft in Kirchtürmen oder Hochhäusern. Offenbar hatten die Tauben mächtig Respekt vor dem kleinen Falken, der kaum größer war als sie selbst, denn weit und breit war keine von ihnen zu sehen. Das gefiel mir natürlich. Die Natur in Gestalt des kleinen Raubvogels zeigte Krallen und schlug zurück! Meinetwegen konnte er sich hier niederlassen, ein besseres Wappentier für den Park war nicht denkbar. Ich nahm mir Zeit und genoss den Anblick des Vogels. Er schaute recht grimmig und machte mit seinem spitz gekrümmten Schnabel etwas her – eine Art Bonsai-Adler. Auch Pippa zeigte sich beeindruckt, denn sie blieb ruhig und beobachtete ihn voller Ehrfurcht.

»Bitte, bleib hier und flieg nicht weg! Du passt viel besser in den Park als die doofen Tauben«, rief ich ihm zu, bevor ich mit Pippa weiterzog. Leider erhörte er meine Bitte nicht, denn als ich nach der ersten Gassirunde zurückkam, hatte er den nervigen Tauben Platz gemacht. Ärgerlich ging ich nach Hause zurück.

Just an diesem Tag hatte ich einen vollen Terminkalender. Um dreizehn Uhr wartete ein wichtiges Telefonat mit einem Redakteur auf mich; es ging um eine neue Fernsehserie. Um fünfzehn Uhr stand Skat mit Jojo und Grabowski in dessen Garten auf dem Programm. Zunächst aber musste ich mich auf das Telefonat vorbereiten und wollte das Konzept lesen, das der Redakteur mir idiotischerweise erst einen Tag vorher gemailt hatte. Nachdem ich den Text ausgedruckt hatte, begab ich mich wieder in den Park, um ihn in Ruhe lesen zu können. Doch daraus wurde nichts. Hinter dem Rhododendron ertönten seltsame Geräusche; es klang wie eine Mischung aus Rascheln, Knurren und seltsamem Fiepen. Pippa begann sofort zu knurren. Zunächst dachte ich an ein übermütiges Kaninchen und griff die Hundeleine fester. Da die Geräusche zunahmen, wollte ich nach dem Rechten sehen und ging näher an das Gebüsch heran. Neugierig steckte ich meinen Kopf zwischen den Blättern hindurch und traute meinen Augen nicht: Der Turmfalke hockte auf einer Taube und hackte mit seinem scharfen Schnabel auf sie ein. Sie lebte noch und versuchte sich zu befreien, doch der Falke hatte sie mit seinen festen Krallen gepackt. Mit irrem Blick zischte er sie an und versuchte, sie bei lebendigem Leib zu rupfen. Der blanke Horror. Ich konnte mir das nicht ansehen und machte mich sofort auf den Rückweg. Wie sollte ich in Ruhe den Text studieren, wenn hinter meinem Rücken ein Kampf um Leben und Tod stattfand? Ja, um nichts Geringeres ging es hier: Die Taube versuchte sich zu befreien, der Falke versuchte sie zu töten. So einfach war das. Aber bitte nicht in meiner Anwesenheit.

Nur dumm, dass ich mich auch zu Hause nicht auf meine Arbeit konzentrieren konnte. Mir ging das Bild des auf die Taube einhackenden Falken nicht aus den Kopf. Unwillkürlich trat ich auf den Balkon und schaute zum Park hinüber.

Ich suchte mit einem Fernglas das Gebüsch ab, konnte aber nichts erkennen. Ich ärgerte mich über meine Neugierde und wollte mich wieder meiner Arbeit widmen, die dringend auf mich wartete. Sechs Seiten Konzept mussten gelesen und bearbeitet werden, und das bis dreizehn Uhr! Normalerweise wäre das kein Thema für mich gewesen, aber an diesem Tag dachte ich, anstatt mich auf den Text zu konzentrieren, immer wieder an den Todeskampf der Taube. Ähnliche Bilder kannte ich bereits von diversen Tiersendungen im Fernsehen: Krokodile, die Gnus ins Wasser zogen, oder Löwen, die Zebras zerfleischten. Aber das, was ich vorhin gesehen hatte, geschah live und war viel grausamer! Ich ließ die Arbeit liegen und suchte erneut den Park auf. Ich musste wissen, wie der ungleiche Kampf ausgegangen war! Hatte ich eine sadistische Ader, die mich zum Tatort lockte? Oder gar Mitleid mit der Taube – einem Vogel, den ich doch eigentlich verabscheute?

Obwohl mittlerweile bestimmt eine Stunde vergangen war, gab es immer noch keinen Sieger und keinen Besiegten. Unermüdlich versuchte der Falke, die Taube zu reißen, schaffte es aber nicht. Wem galt meine Sympathie? Durfte ich diese Frage überhaupt stellen? Die Natur hatte ihre eigene Logik, und ich hatte mich da rauszuhalten. Andererseits ergriff ich meistens Partei für den Schwächeren, in diesem Fall ausgerechnet die idiotische Taube. Warum konnte der blöde Falke nicht einfach kurzen Prozess mit ihr machen – sie musste doch unsagbare Qualen leiden! Ich merkte, dass die Situation mich überforderte. Aufgewühlt kehrte ich wieder nach Hause zurück.

Dort angekommen, googelte ich nach Turmfalken und

ihrem Jagdverhalten, anstatt mich auf das wichtige Telefonat vorzubereiten. Ich erfuhr, dass ein Turmfalke auch Tauben riss. Was mich überraschte – sie war doch mindestens genauso groß wie er! Wieso schnappte er sich keine Mäuse oder Ratten? Meinetwegen auch ein Eichhörnchen, davon gab es doch genügend im Park. Das Telefonat rückte immer näher, und ich konnte mich immer noch nicht auf den Text konzentrieren. Um den Kopf freizukriegen, schaltete ich das Radio ein. Vielleicht würde mich die Musik ablenken. Der Versuch ging gründlich in die Hose, und ich kam vom Regen in die Traufe. Ich hörte, dass in London eine Bombe explodiert war, es gab mehrere Tote. Man befürchtete, dass die Terroristen noch mehr Bomben hochgehen lassen würden, offenbar herrschte Panik. Während ich gebannt den Nachrichten lauschte, wanderte mein Blick immer wieder gen Park. Das kleine Drama zwischen Falke und Taube ließ mich nicht los. Moment mal, sagte ich mir. Zehn unschuldige Menschen waren zu Tode gekommen, das war doch wohl wichtiger als das Schicksal einer blöden Taube? Es half nichts. Das Leid dieses Vogels berührte mich. Also zurück zum Park.

Erneut bot sich mir dasselbe widerliche Bild. Die Taube – mittlerweile glich sie einem gerupften Huhn – versuchte den Krallen ihres Peinigers zu entkommen, während der weiter rhythmisch auf sie einhackte. Der Schnabel des Vogels bewegte sich in Zeitlupe, ihm schien langsam die Puste auszugehen – Töten konnte offensichtlich sehr anstrengend sein und in richtige Arbeit ausarten. Ich wusste nicht, worüber ich mich mehr ärgern sollte. Über den unfähigen Falken oder über mein Mitgefühl mit der Taube, die ich bis dato samt ihren Artgenossen in die Hölle gewünscht hatte. Wieso bekamen die anderen Parkbesucher, um diese Zeit immerhin ein paar Senioren, nichts von diesem Drama mit? Wo blieben diese sogenannten Tierschützer, die Tauben mästeten?

Wieder zu Hause, schaltete ich das Radio ein, weil mein Gewissen mir sagte, dass der Terroranschlag in London wichtiger war. Nach wenigen Sekunden schaltete ich die Nachrichten wieder aus. Kein Interesse. Kein Mitgefühl. Meine Gedanken kreisten stattdessen um den Todeskampf der Taube. Da klingelte das Telefon. Mein Blick fiel auf die Uhr: Es war kurz nach eins! Shit. Mein Redakteur rief ausnahmsweise pünktlich an und wollte von mir eine Einschätzung zum Konzept – das blöderweise immer noch ungelesen auf dem Schreibtisch lag. Jetzt hieß es improvisieren und so zu tun, als ob ich perfekt vorbereitet war.

»Hallo, Emil, was sagen Sie zu dem Konzept? Können Sie etwas damit anfangen?«

»Äh, ja, also, grundsätzlich schon!« In Lichtgeschwindigkeit überflog ich die Blätter. Um was ging es eigentlich bei dieser Serie?

»Könnten wir es ein wenig genauer haben?«, hörte ich ihn sagen.

»Natürlich, aber mich würde erst einmal interessieren, was Sie davon halten.« Ich spielte den Ball zurück, um Zeit zu gewinnen, las etwas von Eheproblemen, Karriereknick, Wechseljahren und Auswanderungsplänen. Das alles interessierte mich momentan wie der berüchtigte Reissack in China.

»Wenn wir nichts davon halten würden, hätten wir es Ihnen nicht angeboten!«, erwiderte der Redakteur genervt.

Okay, es half nichts, ich musste ins kalte Wasser springen. »Also, ich habe leider nicht die Zeit gehabt, das Konzept ausführlich zu studieren«, begann ich, wobei ich durch die Balkontür Richtung Park sah, »aber es ist mir schon aufgefallen, dass es mehr Dramatik braucht. Ruhig auch einen Todeskampf!«

»Todeskampf? In einer Comedy?«

Aha! Es drehte sich also um Comedy.

»Sind Sie noch dran, Emil? Haben Sie gerade wirklich Todeskampf gesagt?«

»Natürlich. Warum kein Todeskampf? Ich meine das nicht wörtlich, eher im Sinn von schwarzem Humor. Das Lachen kann den Zuschauern ruhig im Halse stecken bleiben«, improvisierte ich. Das kleine Tierdrama ließ sich nicht verdrängen.

»Hm ... klingt spannend ... ich bin ganz Ohr!«

Heureka! Mir kam eine grandiose Idee. Dieser brutale und sinnlose Kampf im Gebüsch, fernab von der Weltöffentlichkeit sozusagen, sollte einen Sinn haben.

»Ich will nicht ins Details gehen, aber wichtig finde ich, dass die Kontrahenten sich quälen. Agonie bis aufs Blut, und zwar im Verborgenen. Die Außenwelt bekommt davon nichts mit. Außerdem sollte dieser brutale Konflikt quälend lange dauern, wenn Sie verstehen, was ich meine.«

»Ich denke schon.« Mein Redakteur schien mich besser zu verstehen als ich mich selbst.

»Der ewige Kampf. Kain und Abel! Raubvogel gegen Friedenstaube!«, faselte ich. Zu meinem Erstaunen versuchte der Redakteur, aus meinem Stuss etwas Sinnvolles zu konstruieren.

»Sie denken also eher an ein Drama als an Comedy!«

»Einen Mix sozusagen. Einen Comedy-Thriller. Lassen Sie uns ein neues Genre kreieren. Unser Alleinstellungsmerkmal!«

Die letzten Worte hatte ich mit Kalkül gewählt. Aufgrund meiner langjährigen Arbeit in der TV-Branche wusste ich, dass sämtliche Medien-Manager, egal ob Redakteure oder Produzenten, nach einem Alleinstellungsmerkmal lechzten – einem Volltreffer, der Erfolg garantierte, weil die Konkurrenz damit nicht aufwarten konnte. Und mein Redakteur tickte da auch nicht anders.

»Wissen Sie was? Sie sprechen mir aus der Seele! So ganz zufrieden war ich nicht mit dem bisherigen Konzept. Ich wollte schon lange etwas ganz Neues machen, etwas, das uns von anderen abhebt.« Sein Enthusiasmus war echt, er jubelte fast.

»Aber irgendwann muss auch mit der Brutalität Schluss sein«, erklärte ich. »Auch wenn das Opfer schuldig ist, muss es Mitleid erwecken.« Mein Blick ging wieder zum Park. Wie ging es der Taube?

»Sie haben mich neugierig gemacht! Ich schlage Folgendes vor. Wir vergessen das vorliegende Exposé, und Sie schreiben ein neues!«

»Ich bin dabei«, versicherte ich ihm.

Nachdem wir uns auf eine achtbare Summe geeinigt hatten, legte ich auf. Ich hatte allen Grund, mich zu freuen. Zum ersten Mal in meinem Leben hatte ich einen Auftrag ergattert, ohne genau zu wissen, um was es eigentlich ging. Und ganz nebenbei ein neues Genre erfunden. Dennoch interessierte mich das in diesem Moment alles nicht.

Zurück am Tatort. Immer noch kämpfte die Taube um ihr Leben, und immer noch versuchte der Falke, sie zu töten. Die Intensität hatte bei beiden stark nachgelassen, und so legten sie während des Kampfes um Leben und Tod die eine oder andere Pause ein. Die Taube dachte nicht daran zu sterben, sie zuckte trotzig mit den arg gerupften Flügeln und glotzte mich mit ihren offenen Augen an. Es wäre ein Leichtes, den Falken mit einem Fußtritt zu verscheuchen. Genauso hätte ich der Taube mit einem dicken Ast den Gnadenstoß geben können. Aber durfte ich das? Da klingelte mein Handy.

»Hey, Emil, wo bist du? Wir stehen unten vorm Haus und wollen dich abholen! Hast du uns vergessen?«, hörte ich Jojo. Mir fiel brühwarm ein, dass ich mit ihm und Grabowski zum Skatspielen verabredet war. Ich eilte zurück und fand die beiden wartend vor meiner Haustür.

»Was hast du alleine im Park gemacht? Hast du zu Hause keine Toilette?«, witzelte Grabowski. Wie lustig.

»Ich habe gerade ziemlich Stress, so was Brutales habe ich noch nicht erlebt.«

»Ist wirklich schlimm, dieser Anschlag. Ich bin in London letztes Jahr auch mit der U-Bahn gefahren«, sagte Jojo mitfühlend.

»Ich meine nicht den Anschlag!«, stellte ich klar und erzählte den beiden von dem ungleichen Kampf zwischen Turmfalke und Taube.

»Da hat sich der Falke aber übernommen«, sagte Grabowski. »Der muss jetzt ganz schön arbeiten für sein Futter!«

»Dafür kann er aber von seiner Beute eine Woche lang zehren«, kommentierte Vogelkenner Jojo.

Grabowski drängte zur Eile: »Nun aber los, Freunde – ich habe mit euch noch ein Hühnchen zu rupfen! Ich verlange Revanche für die Pleite letzte Woche.«

Jojo nickte und folgte ihm zum Wagen, aber ich schüttelte den Kopf.

»Sorry, Leute, aber ich kann nicht weg!«

»Sag nicht, du muss noch arbeiten.«

»Nein, aber ich kann trotzdem nicht weg.«

»Kapiere ich nicht.«

»Na, ich will wissen, wie das mit den beiden Vögeln ausgeht.« Ich war mir darüber im Klaren, dass ich auf wenig bis null Verständnis dafür stoßen würde.

»Na, wie wohl? Der Falke wird die Taube bis zum Abend in tausend Einzelteile zerhacken und sich an ihren Flöhen verschlucken«, erklärte Grabowski.

»Ich finde das nicht witzig!«

»Auch unter ökologischen Gesichtspunkten ist es sinnvoll, wenn der Falke für natürliche Auslese sorgt«, dozierte Jojo, der natürlich nicht ganz unrecht hatte. Trotzdem konnte ich dem Lauf der Natur nicht tatenlos zusehen.

»Aber der Turmfalke schafft es einfach nicht, Jojo. Du hättest die Taube mal sehen sollen, wie sie leidet!«

»Willst du den Falken jetzt bei Amnesty International wegen Folter anzeigen, oder wie?« Grabowski tippte sich an die Stirn, während Jojo weiterhin an meine Vernunft appellierte: »Es gibt Millionen von Tauben! Und du weiß genau, dass sie Krankheiten verbreiten!«

Das stimmte. Wie oft war ich achtlos an platten Taubenkadavern auf dem Asphalt vorbeigefahren – ohne eine Gedenkminute einzulegen oder sie einzusammeln, um ihnen ein würdiges Begräbnis zukommen zu lassen. Trotzdem: »Es geht mir um die arme, leidende Kreatur!«

Grabowski wurde ungeduldig und scharrte mit den Hufen. »Mir geht diese Scheißtaube am Arsch vorbei! Ich will endlich Revanche!«

»Können wir unseren Skatnachmittag nicht verschieben?«, bat ich die beiden.

»Wie bitte? Hast du vergessen, wie schwer es war, einen Termin zu finden, an dem wir alle können?«, herrschte Grabowski mich an.

»Nein, aber es bringt doch nichts, wenn ich nicht bei der Sache bin.«

Nun versuchte Jojo es auf die emotionale Tour und legte seinen Arm um meine Schulter. »Komm, Emil, du brauchst jetzt Ablenkung.«

»Geht nicht. Wirklich nicht. Aber ihr könnt doch zu zweit spielen«, schlug ich vor.

»Und was, bitte schön? Nicht einmal Blackjack oder Pokern bringt zu zweit was.« Grabowski war nun richtig wütend, »Ich habe mir den Arsch aufgerissen, um mir diesen blöden Nachmittag freizuschaufeln!«

Aber ich blieb hart, und Grabowski und Jojo mussten unverrichteter Dinge wieder fahren. Kaum waren die beiden um die Ecke, eilte ich zum vierten Mal zum Tatort. Wieder dasselbe trostlose Bild. Ein müder Falke mit blutverschmiertem Schnabel krallte sich an einer Taube fest, die sich nicht geschlagen gab. Ich verstand den Falken nicht. Warum ließ er nicht von seiner Beute ab? Es war doch klar, dass er sie nicht reißen konnte. Warum quälte er sie unnötig? Aber dann sagte ich mir, dass es in der Natur keinen Sadismus gab – der war ein »Privileg« der Menschen. Irren hingegen war nicht nur menschlich: Offenbar hatte sich der Falke schlicht und ergreifend verhoben.

Ich griff nun doch nach einem Ast und wollte den Falken verscheuchen, aber es war nicht mehr nötig. Er ließ selber von seiner Beute ab. Erschöpft fiepend hechelte er durch das Gebüsch auf die Wiese. Von dort aus erhob er sich in die Lüfte und ward nicht mehr gesehen. Die Taube, oder was von ihr übrig war, versuchte wieder auf die Beine zu kommen, aber es gelang ihr nicht. Was sollte ich machen? Mir fiel niemand ein, den ich um Hilfe bitten konnte. Spontan zog ich meine Jacke aus und wickelte den armen Vogel darin ein. Dann brachte ich ihn in meine Wohnung und legte ihn sanft in die Badewanne. Normalerweise wäre Pippa bei so etwas ausgeflippt, aber sie spürte wohl, dass der arme zerrupfte Kerl Hilfe brauchte. Ungestört konnte ich die lädierte Taube verarzten. Ich streifte mir Plastikhandschuhe über, die ich normalerweise zum Putzen benutzte, und legte los: Zunächst tupfte ich das Blut weg, dann säuberte ich die Wunden. Die ganze Zeit über hielt die Taube still und vertraute mir.

Als sie mir wieder halbwegs fit schien, brachte ich sie auf den Balkon und setzte sie auf die Brüstung. Würde sie jetzt wegfliegen? Sie begann zu flattern, kam mit den lädierten Flügeln aber nicht weit. Die Taube brauchte wohl noch etwas Zeit. Um es ihr bis zum Abflug gemütlich zu machen, kam sie in den Genuss einer Vollpension. Zu fressen gab es Brotkrümel. Ein leerer Schuhkarton diente als Bett. War sie ein Männchen oder ein Weibchen? Jung oder alt? Einen Namen bekam sie nicht, denn so weit ging meine Zuneigung zu ihr dann auch wieder nicht. Es reichte, dass ich ihr das Leben gerettet hatte. Meine Ansicht über Tauben wollte ich auch nicht ändern. Für mich blieben sie weiterhin nervige Parasiten. Als das Tier nach einer Woche wegflog, hielt sich meine Trauer deshalb in Grenzen. Das Einzige, was sie mir hinterließ, war Taubenkacke – natürlich *neben* dem Schuhkarton. Trotzdem wünschte ich ihr alles Gute. »Auf Nimmerwiedersehen!«

Brennnessel-Boulevard Bollywood

Normalerweise verirrte sich kein Fremder in den kleinen Park, warum auch, der Park bot ja keine besonderen Sehenswürdigkeiten oder eine Gartenarchitektur, die einen Abstecher lohnenswert gemacht hätte. Touristen, die ja durchaus in die Stadt kamen, suchten lieber den schön angelegten Hofgarten in der Nähe der Flaniermeile Königsallee auf, wo kunstvoll angelegte Blumenbeete und gepflegte Teiche zum Verweilen luden. Mein kleiner Park konnte diesbezüglich nicht mithalten, und das war auch gut so, denn auf Menschenmassen in meiner direkten Nachbarschaft konnte ich getrost verzichten. Diese Umstände brachten es mit sich, dass ich, als täglicher Besucher der kleinen, ungepflegten Grünanlage, fast jeden anderen Besucher zumindest vom Sehen her kannte. Umso verwunderter reagierte ich auf die drei Inder mit Rollkoffern, die eines Tages dort auftauchten. Während die zwei Männer europäisch gekleidet waren und gebügelte Jeans und akkurat geschneiderte Sakkos trugen, fiel die Frau durch ihren knallroten Sari auf, der die grüne Wiese blass aussehen ließ. Sie hatte wunderschöne Mandelaugen und ein »drittes Auge« auf der Stirn, ein Bindi. Ich schätzte diese Schönheit auf Anfang zwanzig und musste unweigerlich an Bollywood denken, obwohl ich alles andere als ein Fan von indischen Filmen war. Was hatte es mit diesem seltsamen Trio auf sich?

Mein Erstaunen steigerte sich noch, als die drei mir und Pippa später ins Haus folgten und mit uns in den Aufzug stiegen. In der Kabine lachten sie mich freundlich an, und die schöne Inderin streichelte Pippa, die sich das gerne gefallen ließ.

Nach Verlassen des Fahrstuhls wurden sie von meiner spanischen Nachbarin Maria empfangen, die sie mit einem leisen »Hola« begrüßte. Mir kam das alles ein wenig spanisch vor, und ich konnte mir beim besten Willen nicht vorstellen, was Maria mit ihnen zu tun hatte. Normalerweise empfing sie nur ihren Freund oder spanische Bekannte. Ich war neugierig geworden. »Na, Pippa, willst du nicht auch wissen, was es mit dem Trio auf sich hat?«, fragte ich die kleine Hündin, als wir in meine Wohnung kamen. Des Rätsels Lösung verriet uns Maria höchstpersönlich. Keine fünf Minuten später klingelte sie bei mir und bat mich um ein kurzes Gespräch.

»Ich bin für eine Woche unterwegs, okay? Damit jemand auf die Wohnung aufpasst, habe ich drei nette Gäste eingeladen«, erklärte sie mit gedämpfter Stimme, als wäre meine Wohnung verwanzt.

»Aha«, entgegnete ich verwundert.

»Nun ja, sie geben mir auch etwas Geld dafür«, fügte sie leise hinzu. »Es sind sehr nette Leute aus Indien, sie arbeiten in der Filmbranche. Das bleibt unter uns, ja?«

»Wie meinst du das?«, fragte ich in Zimmerlautstärke. Ihre Geheimnistuerei nervte mich.

»Es muss ja nicht an die große Glocke gehängt werden, dass ich untervermiete, oder?« Sprach's und verschwand.

Was hatte sie gesagt? Die drei waren in der Filmbranche tätig? Ich glaubte Maria kein Wort.

Ein Fehler, wie sich herausstellte, denn als ich das Trio später im Park sah, trug einer der Männer ein Stativ und eine Kamera. Während er betont leger angezogen war, hatten sich die zwei anderen extrem in Schale geworfen. Der Mann steckte in einem satinblauen Anzug, und seine schwarzen Haare glänzten mit den Federn meines Elsternpärchens um die Wette. Den Vogel aber schoss die Frau ab. Sie trug einen azurblauen Sari, doch diesmal mit einer bauchfreien Choli aus hellrotem Samt. Auf der kunstvollen Zopffrisur thronte ein goldener Kopfschmuck. Sogar Pippa blieb die Spucke weg. Das extravagante Pärchen, das an ein indisches Prinzenpaar erinnerte, posierte vor verschiedenen Bäumen und folgte den Anweisungen des Kameramanns. Wollten die drei allen Ernstes einen Film in meinem kleinen Park drehen? In diesem Moment flog eine Gruppe Elstern heran und begann Kreise um die riesige Platane zu ziehen. Gruppen von Elstern oder Krähen waren mir schon öfters aufgefallen. Manchmal kamen sie herbeigeflogen und kreisten um bestimmte Bäume, nur um dann wieder weiterzuziehen. Insofern war die kleine Invasion der schwarz-weißen Krachmacher nichts Besonderes für mich. Aber der Kameramann kam damit überhaupt nicht klar, offenbar konnte er sich bei dem Vogellärm nicht konzentrieren. Er begann mit den beiden anderen zu diskutieren. Als er mich entdeckte, kam er auf mich zu und fragte auf Englisch: »Sorry, aber was sind das für Vögel?«

Da ich den englischen Begriff für Elstern nicht kannte, musste ich googeln, bevor ich ihm antworten konnte.

»Es sind sehr schöne Vögel, aber sie machen leider Krach! Es ist schwer, dabei zu drehen!«, klagte er mir sein Leid. Und wie auf Befehl krächzte die Truppe noch lauter.

»Die Elstern fliegen bestimmt gleich weiter, warten Sie noch ein wenig«, riet ich ihm.

Tatsächlich setzten sich die drei geduldig zu mir auf die Bank, wo es langsam etwas eng wurde, und ich nutzte die Situation, um meine Neugierde zu stillen.

»Darf ich fragen, was für einen Film Sie drehen wollen?«

»Natürlich! Wir drehen einen Liebesfilm«, antwortete der Kameramann und verbeugte sich höflich: »Ich bin Balu. Kameramann, Regisseur und Tontechniker.«

»Ich bin Hari. Schauspieler, Autor und Musiker«, ergänzte sein Begleiter.

»Mein Name ist Sita, ich bin Schauspielerin, Kostümbildnerin und für die Finanzen zuständig«, hauchte die wunderschöne Prinzessin.

Ich erfuhr, dass sie aus Mumbai kamen, dem indischen Hollywood sozusagen, wo die Bollywood-Filme produziert wurden. Sie waren extra nach Deutschland gekommen, um ihren Liebesfilm zu drehen. Es sollte eine Low-Budget-Produktion werden, mehr als eine Woche Drehzeit war nicht vorgesehen. Die drei zahlten sich auch keine Gage, sondern arbeiteten quasi umsonst – dafür wollten sie den Gewinn gerecht unter sich aufteilen. Trotz der Einschränkungen sollte es ein typischer Bollywood-Film werden, mit viel Musik, Tanzeinlagen und exotischen Kulissen. Ich wunderte mich über das Vorhaben.

»Es spielen nur zwei Personen mit?«

»Richtig. Es ist eine simple Geschichte. Eine Frau aus einfachen Verhältnissen lernt einen reichen Mann kennen. Sie verbringen ihre Hochzeitsreise in Deutschland.«

»Warum in Deutschland?«

»Weil viele Inder Deutschland lieben!«, antwortete Balu lächelnd.

»Aber warum drehen Sie ausgerechnet in diesem kleinen Park? Es sieht hier ja nicht gerade toll aus.«

»Oh, doch! Der Park ist sehr gepflegt! Kommen Sie mal zu uns, dann werden Sie staunen, wie die Parkanlagen in Mumbai aussehen …«, sagte Sita.

»Dieser Park reicht uns vollkommen, alles nur eine Frage der Kameraeinstellung«, meinte Balu augenzwinkernd. »Ich kann meine beiden Freunde hier vor einem einfachen Gebüsch so geschickt aufnehmen, dass man glaubt, sie befänden sich inmitten eines wunderbaren Gartens.«

Ich wusste zwar, dass man mit Kameraeinstellungen stark manipulieren konnte, hatte aber trotzdem meine Zweifel, ob dieser Park die richtige Kulisse für einen romantischen Spielfilm à la Bollywood bot. Ich hakte nach: »Wenn ich an Bollywood-Filme denke, dann sehe ich das wunderschöne Taj Mahal vor mir oder andere exotische Schauplätze. Blühende Gärten mit Orchideen und anderen prächtigen Pflanzen. Hier ist doch alles eine Spur bescheidener, stört Sie das gar nicht?«

»Der Film soll doch in Deutschland spielen! Und hier gibt es nun einmal kein Taj Mahal«, sagte Sita, und damit hatte sie natürlich recht.

Eine Anregung hatte ich noch: »Kennen Sie den Hofgarten hier in der Stadt? Da gibt es sehr viel mehr Bäume und Büsche.«

»Oh ja, da waren wir auch schon. Aber da sind viele Menschen, und wir wollen in Ruhe unsere Arbeit machen«, sagte Balu lächelnd, während er das Kameraobjektiv polierte.

»Die Hotels in der Innenstadt sind sehr teuer. Wir haben nur ein begrenztes Budget zur Verfügung, und ich muss auf unseren Etat achten«, ergänzte Sita, die noch etwas Rouge auftrug. »Wir haben hier alles, was wir brauchen: Bäume, Büsche … Kaninchen!«

Da ich mich nicht weiter in ihre Arbeit einmischen wollte, ließ ich es gut sein.

»Oh, die Vögel sind weg!«, rief Balu fröhlich und zeigte auf die Bäume. »Wir können weitermachen!«

Seine Freunde standen sofort auf.

»Und dieser Film soll wirklich ins Kino kommen?«, platzte es aus mir heraus.

»Ja, natürlich! Es gibt unzählige kleine Wanderkinos bei uns im Land … Man fährt mit dem Auto von Dorf zu Dorf und zeigt dort den Film.«

»Wir wollen keinen Oscar. Wir wollen Geld verdienen«, erklärte Balu, und seine Freunde nickten zustimmend. Dann verbeugten sie sich synchron und nahmen wieder ihre Arbeit auf. Ich winkte ihnen hinterher. Die drei wussten bestimmt, was sie taten, und ich wollte kein Spielverderber sein.

Die folgenden Dreharbeiten fanden auf der Wiese statt und weckten die Neugierde zweier Kaninchen, die den Indern furchtlos entgegenhoppelten. Als Balu die Mümmelmänner sah, richtete er erfreut seine Kamera auf sie. Ein schönes Motiv!

»Guck mal, Pippa, die Kaninchen kommen ins Kino«,

sagte ich zu meiner kleinen Hündin, die das allerdings nicht so toll fand und wütend knurrte. Ob sie eifersüchtig war? Plötzlich riss sie sich los.

»Hiergeblieben!«, schrie ich ihr hinterher.

Pippa ignorierte meinen Befehl und schoss bellend auf die Kaninchen zu. Ihr war es egal, dass Balu und seine Freunde im Wege standen. Vor Schreck sprangen die drei zur Seite – die Szene war im Eimer! Ärgerlich rannte ich hinter Pippa her und fing sie wieder ein. Sämtliche Mümmelmänner waren natürlich längst in ihren Löchern verschwunden. Die ganze Situation war mir äußerst unangenehm: »Sorry, das war mein Fehler! Ich hätte besser auf den Hund aufpassen müssen!«

Die Filmcrew reagierte sehr verständnisvoll. »Kein Problem! Wir sind Ärger gewohnt. Probleme werden gelöst!«, versuchte Balu mich zu beruhigen und verneigte sich höflich vor mir. Sita ihrerseits begann Pippa zu streicheln: »Du bist ein sehr schöner Hund.«

Ich musste kurz nachdenken. Wie war das bei den Hindus? Rinder galten als heilig, Hunde offensichtlich auch. Und was Tauben anging …

»Oh! Seht ihr die Tauben dort? Lass uns die fünfte Szene da drüben drehen!«, rief Balu mit Blick auf das Trafohäuschen. Dort waren sie wieder versammelt, die fliegenden Dreckschleudern, und gurrten um die Wette. »Ihr nehmt euch an der Hand und geht langsam an den Tauben vorbei, das sieht sehr romantisch aus«, wies er seine Schauspieler an. Ich fand diese Viecher alles andere als romantisch, aber: Andere Länder, andere Vögel.

»Action!«, hieß es dann, und das Liebespaar näherte sich

langsam dem Trafohäuschen, auf dem die Ugly Birds Spalier saßen. Eigentlich hätten diese Viecher froh sein müssen, dass es Menschen gab, die einen Film mit ihnen drehen wollten, aber – »drauf geschissen«. Die undankbaren Viecher flogen wie auf Kommando hoch, und auf die hübsche Prinzessin und ihren Begleiter ging ein Vogelkacke-Regen nieder. Doch auch diese tierische Panne wurde von den drei Indern weggelacht: »Kein Problem! Wir sind Ärger gewohnt. Probleme werden gelöst!«, wiederholte Balu.

»Die Tauben stören uns nicht. Wir behandeln alle Tiere mit Respekt. Wenn wir gestorben sind, könnte unsere Seele in ein anderes Tier wandern«, erklärte Hari mit sanfter Stimme, während er sich den Traubendreck aus den Haaren puhlte.

»Wir nennen es den Kreislauf der Wiedergeburten. Vielleicht werden wir als Taube wiedergeboren«, ergänzte Balu, der sich schon nach einem anderen Drehort umschaute.

»Oder als schöner, weißer Hund.« Lächelnd strich Sita Pippa über den Kopf.

Nach diesem Crashkurs in Hinduismus ging es mit den Dreharbeiten weiter.

Da die bisherigen Szenen an den lieben Tierchen des Parks gescheitert waren, sollte nun die Pflanzenwelt für einen reibungslosen Ablauf sorgen.

»Wir drehen jetzt vor diesem schönen Gebüsch dort«, kündigte Balu an und setzte sich mit seinen Freunden in Bewegung. Aber sie gingen nicht zum Rhododendron, der mit roten Blüten lockte, sondern geradewegs auf den Brennnessel-Boulevard zu.

»Streich sanft über die Blätter und atme ihren Duft ein«, rief Balu.

Mir schwante Schreckliches. Bevor ich mich schützend vor die Prinzessin werfen konnte, kam ihr wunderschönes Gesicht mit den tückischen Brennhaaren der Blätter in Berührung. Allem Anschein nach begann es sofort zu jucken, denn Sita kratzte sich, was aber den Juckreiz noch intensivierte. Ihre Begleiter verstanden nicht, was passiert war, und schauten recht hilflos drein. Breite rote Quaddeln breiteten sich über Sitas Wange aus, was für Panik sorgte.

»Was hat sie, um Gottes willen?«, rief Hari entsetzt.

»Das ist der Kreislauf der Brennnesseln«, erklärte ich und hielt Sitas zarte Hand fest. »Bitte nicht mehr kratzen, das wird sonst noch schlimmer!«

Die arme Sita schaute mich hilflos an und versuchte ihre Tränen zu unterdrücken – es musste fürchterlich brennen …

»Das geht vorbei, am besten, Sie kühlen die Stelle«, riet ich ihr, »das sind Brennnesseln! Bitte nicht mehr kratzen!«

»Kein Problem! Wir sind Ärger gewohnt. Probleme werden gelöst!«, leierte Balu wieder herunter, nur dass es diesmal nicht mehr allzu überzeugend klang.

»Mein Gesicht brennt so!«, jammerte Sita verzweifelt.

»Kommen Sie mit zu mir nach oben, ich helfe Ihnen«, schlug ich vor.

Das Trio nahm mein Angebot an, und wir suchten umgehend meine Wohnung auf. Obwohl medizinischer Laie, wusste ich genau, was bei Brennnesseln half, nämlich gar nichts. Man konnte das Ganze nur aussitzen, das heißt die Stelle kühlen und eine viertel bis halbe Stunde warten, so schwer es auch fiel. Das machte ich den dreien klar. Sie nickten brav und vertrauten mir. Mich wunderte, dass sie keine Brennnesseln kannten, aber offenbar kam dieses Grünzeug in Indien nicht vor. Um den Juckreiz zu lindern, gab ich Sita zwei Kühlpacks aus dem Gefrierfach. Schon nach einigen Minuten ging es ihr wieder besser, und ich hielt ihr einen Spiegel vors Gesicht. Die Quaddeln waren verschwunden – und ich bekam eine Einladung zum Abendessen.

Die Kochkünste der Inder übertrafen ihre cineastischen Fähigkeiten bei Weitem. Es schmeckte nicht nur exotisch, sondern vor allem vorzüglich! Ich verbrachte einen vergnüglichen Abend mit den dreien, die trotz aller Pleiten und Pannen optimistisch waren, ihren Film innerhalb der gesetzten Frist abdrehen zu können.

»Sie sind immer noch sicher, dass der kleine Park die richtige Kulisse für den Liebesfilm ist?«

»Oh ja! Er hat alles, was wir brauchen: ein kleines Stück Deutschland«, lobte Balu, und Hari ergänzte: »Die Bäume hier, das ist wie ein Mini-Schwarzwald.«

»Aber im Schwarzwald stehen Tannen und Fichten«, gab ich zu bedenken.

»Für unsere Zuschauer ist es einfach Deutschland, sie sind keine Botaniker. Es sind arme Leute, die auf dem Land leben, viele von ihnen können nicht einmal lesen!«, erklärte Sita, die sich ausgiebig mit ihrer neuen Freundin Pippa beschäftigte.

»Darf Ihr lieber Hund in unserem Film mitspielen? Wir wollten nämlich auch einen Pudel einbauen«, erklärte Hari mit Blick auf Pippa.

»Natürlich dürfen Sie Pippa filmen, aber sie ist kein Pudel.«

»Ach, das wissen doch unsere Zuschauer nicht.« Sita

lachte und streichelte Pippa über den Kopf. Pippa fand das großartig, legte sich sofort auf den Rücken und zeigte ihren Bauch.

»Oh! Der Hund hat Angst!«, rief Sita erschrocken.

»Aber nein! Sie will nur gestreichelt werden«, sagte ich schmunzelnd und kraulte Pippas Bauch.

»Darf ich auch mal?«, fragte Sita zaghaft, und ich nickte. Was dann folgte, ist unter der Bezeichnung »Streichelorgie« in die Geschichte eingegangen. Pippa knurrte zufrieden das Haus zusammen.

»Warum muss es denn ausgerechnet ein Pudel sein?«, wollte ich von der Filmcrew wissen.

»Weil die Deutschen Pudel mögen«, erklärte Hari und griff nach seinem Tablet, »wir haben alles aufgeschrieben, was die Deutschen mögen.«

Aha! Das interessierte mich jetzt natürlich brennend! »Darf ich mal sehen?«

Ich durfte. Er reichte mir das Tablet, und ich wunderte mich über die Dinge, die ich da las: Bier, Schwarzwald, Lederhose, Kuckucksuhr, Pudel, Würstchen, Hitler, Adidas, Spaghetti.

Was für eine seltsame Mischung, schoss es mir durch den Kopf. Einerseits Dinge aus der Klischeekiste, andererseits Spaghetti? »Aber Spaghetti kommen aus Italien!«

»Das kann sein, aber das wissen ja die meisten unserer Zuschauer nicht«, erklärte Balu, offenbar bestens im Bilde über seine Zielgruppe.

»Und jetzt sollen all diese Dinge in Ihrem Film vorkommen?«, fragte ich verwundert.

»Genau.«

Ich fragte mich, wie die drei all diese Dinge unter einen Hut bringen wollten. Da war Kreativität gefragt. Und ich war gespannt, wie sie Hitler einbauen wollten, wollte das aber nicht weiter kommentieren.

»Wissen Sie, die meisten Inder lieben die Deutschen, viel mehr als die Engländer, die Indien noch oft wie ihre Kolonie behandeln. Die Deutschen sind ehrlich, tüchtig und großzügig, weil sie vielen Flüchtlingen geholfen haben«, erklärte Balu mit ernster Miene. Seine beiden Freunde stimmten ihm zu.

Hari wandte sich an mich: »Wir haben eine Frage. Wo können wir Kostüme kaufen?«

»Aber sie dürfen nicht zu teuer sein!«, ergänzte Sita, die ja nicht nur die Hauptrolle spielte, sondern auch für das Budget verantwortlich war.

»An welche Kostüme denken Sie?«

»Da sind wir offen, wir nehmen das, was wir finden. Eine bayerische Tracht sollte allerdings schon dabei sein.«

Ich war zwar kein Experte für die bayerische Lebensart, wollte ihnen aber trotzdem helfen. Und so googelte ich einfach ein bisschen und wurde fündig. »Es gibt das eine oder andere Geschäft in der Nähe, das bayerische Trachten verkauft.«

Ihre Aufmerksamkeit erregte ein ganz bestimmter Laden, der allerlei Karnevalskostüme verkaufte. Sie notierten sich die Adresse und wollten gleich am nächsten Morgen vorbeigehen.

Obwohl die Inder Pippa in ihren Film einbauen wollten, mied ich am nächsten Vormittag den Park. Die Vorliebe meines Hündchens für Kaninchen hätte den Dreharbeiten nicht gutgetan, und so zog ich es vor, in meiner Wohnung zu arbeiten. Als ich gegen Mittag eine Gassirunde drehte, wurde ich Zeuge eines Gesprächs zwischen einigen Hundebesitzern. Sie standen vor dem Horrorwald und warteten auf ihre Vierbeiner, die zwischen den Eiben ihr Geschäft erledigten.

»Was lungern die drei da herum?«, fragte einer mit Blick auf meine indischen Freunde, die vor der Platane einige Aufnahmen machten. Sita sah in ihrem Sari wieder hinreißend aus. Ihr Partner Hari trug diesmal einen Turban.

»Die sehen wie Zigeuner aus!«, kommentierte ein andererer abschätzig.

»Nee, das sind bestimmt Flüchtlinge«, mutmaßte eine Frau.

»Nicht, dass die Stadt hier irgendwo in der Nähe heimlich ein Asylantenheim gebaut hat. Zuzutrauen ist denen da oben ja alles!«, schimpfte eine andere.

Ich konnte das nicht länger mit anhören und schritt ein: »Die drei kommen aus Indien und drehen einen Film! Wir sollten uns freuen, dass sie den Park als Kulisse benutzen und nicht als Hundeklo!«

Ärgerlich setzte ich meinen Weg fort. Mir fielen auch andere Parkbesucher auf, die misstrauisch die Dreharbeiten beobachteten. Auf den ersten Blick war es tatsächlich ungewöhnlich, eine wunderschöne Frau im Sari und einen Mann im glitzernden Anzug vor den Bäumen herumspazieren zu sehen – bedrohlich aber wirkte es auf keinen Fall.

»Guten Tag! Wir kommen heute gut voran«, grüßte Balu, als er mich und Pippa sah.

»Mit Ihrer Hilfe haben wir auch einige Kostüme kaufen können«, bedankte sich sein Freund. »Das Geschäft war wirklich sehr gut und hatte eine Riesenauswahl!«

Auf einer Parkbank hatten sie einiges ausgebreitet, was sie augenscheinlich in dem Kostümgeschäft gekauft hatten. Ich sah eine Art bayerische Tracht, genauer gesagt ein kariertes Hemd und einen Bayernhut, des Weiteren ein Papstkostüm.

»Wir haben einen Sonderpreis bekommen, weil Karneval vorbei ist«, sagte Sita fröhlich. Beim Anblick der Kostüme fragte ich mich unweigerlich, wer von den drei Indern sie anziehen sollte. Hari schien meine Gedanken zu lesen: »Könnten Sie nicht als Statist mitspielen?«

»Sorry, aber ich habe absolut kein Talent.« Ich winkte höflich ab.

»Bitte! Wir bräuchten noch eine Person. Leider reicht unser Budget nicht aus, um einen Schauspieler zu engagieren«, klagte Prinzessin Sita mit traurigen Augen.

Auch wenn ich das Trio mochte, wollte ich auf keinen Fall diese Klamotten anziehen und mich als Komparse versuchen. Bollywood lockte mich einfach nicht. Andererseits durfte ich die Inder nicht im Stich lassen, was also tun? Zum Glück entdeckte ich plötzlich in einiger Entfernung meinen speziellen Freund, den kleinen Dealer, der offenbar wieder auf der Suche nach Kundschaft war. Sofort eilte ich mit Pippa zu ihm. Als er mich sah, wollte er Fersengeld geben.

»Warte mal! Ich brauche dich!«, rief ich ihm nach.

Er blieb stehen und schaute mich ängstlich an. »Ich gehe hier nur spazieren!«

Ich kam direkt zur Sache: »Willst du vielleicht in einem Film mitspielen?« Dann erklärte ich ihm, dass meine indischen Freunde auf der Suche nach einem Kleindarsteller waren.

»Da muss ich vorher meine Eltern fragen«, wehrte er ab.

»Unsinn. Du fragst sie ja auch nicht, ob du dein Gras verkaufen darfst!«, schimpfte ich und schaute ihn streng an. Er nickte schuldbewusst und folgte mir zögerlich.

»Hier kommt der perfekte Komparse«, erklärte ich dem Trio, während ich ihm einen warnenden Blick zuwarf. Er sollte sich nur nicht verdrücken!

Meine indischen Freunde begrüßten ihn freundlich.

»Okay, ich mache mit. Und was zahlt ihr mir dafür?«, fragte er.

»Du spielst in einem Spielfilm mit und wirst Karriere machen! Andere würden sich die Finger danach lecken«, erklärte ich.

Er zögerte.

Ich zog die Daumenschrauben an: »Du willst doch nicht, dass die Polizei erfährt, was du hier treibst, oder?«

Das zeigte sofort Wirkung. Er willigte ein mitzuspielen.

»Du machst jetzt genau das, was die Filmcrew von dir verlangt. Und wehe, du versuchst ihnen dein Zeugs zu verkaufen!«, warnte ich ihn in scharfem Ton.

»Chillen Sie mal! Ich habe doch schon Ja gesagt.«

Zufrieden und erleichtert drehte ich mit Pippa weiter meine Runden.

Als ich später noch einmal den Park aufsuchte, sah ich, dass der kleine Dealer seine anfängliche Skepsis abgelegt hatte und engagiert an seiner Schauspielkarriere arbeitete. Zuerst lief er als Bayer durchs Bild und danach als Papst. Das würde zwar nicht für eine Oscar-Nominierung reichen, da er sich etwas ungelenk bewegte, aber immerhin schaute er nicht in die Kamera oder stolperte über die eigenen Füße. Was sein Papstkostüm mit dem Liebesfilm zu tun hatte, wusste ich nicht, aber ich war ja auch nicht der Drehbuchautor.

Im Anschluss zog sich der Junge eine Art Uniform an und ließ sich von Sita, die auch als Kostümbildnerin fungierte, seine Haare streng nach rechts scheiteln. Anschließend klebte sie ihm einen kleinen schwarzen Oberlippenbart an. Offenbar sollte mein kleiner Dealer nun »den Führer« darstellen! Ich fand die Verkleidung geschmacklos und fragte mich, welche Rolle Hitler in dem Film spielen sollte. Dann hieß es auch schon »Action!«. Das indische Liebespaar schlenderte Händchen haltend über die Wiese, im Hintergrund eine grüne Hecke. Nach einigen Sekunden lief ihnen »Hitler« mit einer Plastiktüte von Aldi über den Weg und reckte die Hand zum Nazigruß. »Sehr gut«, sagte Balu, nachdem er die Szene im Kasten hatte. Er lobte seinen Komparsen über den grünen Klee und klopfte ihm anerkennend auf die Schulter. Was sollte das dem indischen Publikum zeigen? Dass Hitler noch lebte und gerne günstig einkaufen ging?

Am Abend stattete ich meinen neuen Nachbarn einen Besuch ab und erkundigte mich nach den Dreharbeiten. Sie zeigten sich sehr zufrieden, lobten ihren neuen »Kollegen« in den höchsten Tönen und sagten, sie hätten ihm fünfzig Euro gegeben.

So schön das war, ich musste unbedingt eine Sache loswerden, die mir auf den Nägeln brannte.

»Welche Rolle spielt Hitler in eurem Liebesfilm?«

»Hitler? Gar keine«, antwortete Hari erstaunt.

»Aber euer Komparse stellte doch Hitler dar.«

»Aber nur als Passant … Wir wollen unseren Zuschauern sehr deutlich machen, dass der Film in Deutschland spielt«, erklärte Balu.

Obwohl ich mir vorgenommen hatte, mich nicht in die inhaltliche Arbeit der drei einzumischen, musste ich nun doch intervenieren. »Seien Sie mir nicht böse, aber das heutige Deutschland hat nichts mit Hitler zu tun«, erklärte ich. »Es gibt zwar ein paar Idioten, die ihn noch immer gut finden, aber die sind zum Glück deutlich in der Minderheit.«

»Das wissen wir natürlich! Die Deutschen sind sehr freundlich und keine Nazis«, beeilte sich Balu zu versichern. Seine beiden Kollegen nickten zustimmend.

»Ja, und genau deshalb darf Hitler nicht in Ihrem Film vorkommen. Zeigen Sie Ihren Zuschauern lieber ein freundliches, modernes Deutschland«, schlug ich vor.

Die drei schauten sich schuldbewusst an, dann verbeugten sie sich.

»Sie haben recht. Wir werden die Szene mit Hitler nicht verwenden«, sagte Balu.

»Wir stellen Deutschland von jetzt an nur noch in den besten Farben dar«, ergänzte Sita.

»Zeigen Sie dem Publikum einfach, wie es ist«, bat ich schmunzelnd und fragte mich, was sie unter »beste Farben« verstanden.

Am nächsten Tag sollte ich die Antwort erhalten.

Da ich vormittags einen auswärtigen Termin hatte, konnte

ich erst am Nachmittag in den Park laufen. Als ich mit Pippa über die Wiese ging, fielen mir wieder die Hundebesitzer auf, die sich vor dem Horrorwald versammelt hatten und sich angeregt unterhielten. Was regte sie heute auf? Neugierig ging ich zu ihnen.

»Das gibt's doch nicht! Jetzt campieren die in unserem Park!«, empörte sich einer.

Ich schaute durchs Gebüsch. Das Wäldchen, das von den Parkbesuchern als Hundeklo verwendet wurde, war zur Filmkulisse geworden. Meine indischen Freunde hatten – mit der Hilfe des kleinen Dealers, dessen Namen ich immer noch nicht kannte – ihrer Kreativität freien Lauf gelassen. Da stand ein Klapptisch mit einer blau-weiß karierten Papierdecke, darauf eine Vase mit Tulpen. Bunte Luftballons baumelten zwischen den Eiben, an einem Ast hing eine Kuckucksuhr. Zwei Gartenzwerge rundeten die Idylle ab. Ich fragte mich, wo die drei all diese Dinge, genauer gesagt die Requisiten, organisiert hatten.

»Und Action!«, hieß es auf einmal, und das indische Liebespaar setzte sich an den Tisch. Ein bayerisch aussehender Kellner brachte zwei Bierkrüge. Indische Musik plärrte aus einem Handy-Lautsprecher, und Sita und Hari bewegten die Köpfe und Schultern in typischer Bollywood-Manier. Anschließend begannen sie zu tanzen, und es machte richtig Spaß, den beiden zuzusehen.

Ich hätte noch stundenlang dort stehen können, wenn nicht plötzlich zwei uniformierte Polizisten das »Wäldchen« betreten hätten.

»Hallo, dürfen wir fragen, was Sie hier treiben?«, fragte einer der Beamten die Filmcrew.

Sofort beendeten die beiden Schauspieler ihren Tanz. Balu schaute erschrocken auf und antwortete auf Englisch. Da die Beamten ihn nicht ganz verstanden, trat ich auf den Plan und erzählte, dass meine indischen Freunde einen kleinen Film drehen würden.

»Einige Besucher des Parks haben sich über Asylanten beschwert«, erklärte einer der Beamten.

»Asylanten? Wie kommen die denn darauf?«, fragte ich verwundert.

»Ich weiß es nicht!«, antwortete der Polizist. Dann wandte er sich an die Inder: »Würden Sie uns bitte Ihre Pässe zeigen?«

Die drei reagierten sofort. Nach der Überprüfung verabschiedeten sich die freundlichen Polizisten wieder. Und die um die Sicherheit unseres Landes bangenden Hundefreunde suchten schnellstmöglich das Weite.

Ich ärgerte mich maßlos über diese »besorgten Bürger« und ihre Angst vor dem harmlosen Trio. Anstatt sich bei den Indern zu bedanken, die die kleine trostlose Fläche verschönert hatten, mussten sie die Polizei rufen!

»Warum war die Polizei hier?«, fragte Balu, der den Sinn des Einsatzes nicht ganz verstanden hatte. Was sollte ich ihm antworten? Einerseits wollte ich nicht, dass sich sein Bild von den freundlichen Deutschen änderte. Andererseits wollte ich auch nichts beschönigen.

»Weil einige Idioten sich beschwert haben.«

»Weil wir gestern Hitler in der Szene hatten?«, fragte Balu selbstkritisch.

»Nein, darüber haben sie sich nicht beschwert!«

»Gefällt Ihnen unser kleines Stück Deutschland?«, wollte der Kameramann nun von mir wissen.

»Sehr schön! Schöner als der richtige Schwarzwald!«, antwortete ich und klopfte ihm auf die Schulter.

Am nächsten Tag waren die Dreharbeiten zu Ende.

Ich verabschiedete mich von meinen Freunden und wünschte ihnen gutes Gelingen und vor allem einen erfolgreichen Filmstart. Ich hatte das Trio richtig in mein Herz geschlossen. Sie waren freundlich und höflich und hatten den unscheinbaren Aschenputtel-Park, Brennnesseln und kackenden Tauben zum Trotz, in eine farbenprächtige Märchenwelt verwandelt. Wer weiß? Vielleicht würde mein kleiner Park im zweitbevölkerungsreichsten Land der Erde berühmter werden als der Schwarzwald …

Kaninchen sind die besseren Menschen

Das, was ich vom Park sah – Sträucher, Bäume und Tiere –, war nur die halbe Wahrheit. Die andere Hälfte befand sich unter Tage. Ich spreche nicht nur von den Würmern und Insekten, ich meine die Unterwelt der Kaninchen. Der durchlöcherte Boden unter dem Park glich Schweizer Käse. Die fleißigen Nager hatten Dutzende von Gängen mit diversen Abzweigungen gebuddelt. Ich hatte mich schlaugemacht und erfahren, dass so ein Gang bis zu vier Meter in die Tiefe gehen und Dutzende Meter lang sein konnte. Laut meinen schlauen Büchern waren Kaninchen dämmerungsaktiv, das heißt, sie schwärmten am liebsten am frühen Morgen oder späten Abend aus. Allerdings hatten Pippa und ich die Erfahrung gemacht, dass diese hier auch tagsüber ausschwärmten. Gefahr drohte ihnen nicht, da sie blitzschnell in ihren Löchern verschwinden konnten. Zu Stoßzeiten muss in den engen Gängen reger Verkehr geherrscht haben, und damit meine ich nicht nur, dass die Kaninchen eine rege Fortpflanzung pflegten. In dem unterirdischen Tunnelsystem rücken sich alle Nager eng auf die Pelle. Da blieb es nicht aus, dass sich bestimmte Krankheiten rasch ausbreiten konnten. Diese wiederum sorgten für eine Dezimierung der Population, was sinnvoll schien, da den Kaninchen im Park ein natürlicher Feind fehlte.

Die meisten Parkbesucher ahnten gar nichts von diesen Krankheiten, da tote Kaninchen gewöhnlich nicht ans Tageslicht gelangten. Außerdem sahen die putzigen Schlappohren auf den ersten Blick kerngesund aus. Viele Kinder hätten den einen oder anderen Mümmelmann zu gern mit nach Hause genommen. Ich fand die Kaninchen ebenfalls putzig, was ich allerdings für mich behielt, denn Pippa konnte sehr eifersüchtig werden. Sobald sich ein Langohr blicken ließ, erwachte in ihr (genau wie in anderen Hunden) der Jagdinstinkt.

Doch an diesem Tag war alles anders. Der Moppel mitten auf der Wiese kehrte uns gleichgültig den Rücken zu, als ich mit Pippa um die Ecke kam. Die scharrte schon mit den Hufen und wollte gerade den Turbo einlegen, als sie plötzlich innehielt. »Was ist los, Pippa?«, fragte ich verwundert. Weshalb hatte sie schlagartig das Interesse an der Jagd verloren, obwohl das Kaninchen keine fünf Meter entfernt war? Auch das Objekt der Begierde blieb ungewöhnlich ruhig. Da stimmte doch etwas nicht!

Ich sollte recht behalten. Anstatt schnell das Weite zu suchen, hoppelte das Kaninchen nun in Zeitlupe vorwärts, nur um gleich darauf wieder anzuhalten. Ich nahm Pippa an die kurze Leine und ging näher heran. Unerwartet drehte das Kaninchen plötzlich den Kopf in meine Richtung und schaute mich an. Der Anblick war verstörend. Das sonst so niedliche und putzige Gesicht sah gar nicht mehr niedlich und putzig aus. Ich war irritiert und wusste nicht, wie ich mich verhalten sollte, hinsehen jedenfalls wollte ich nicht mehr. War das Tier verletzt oder krank? Ich verstand nun, warum Pippa kein Interesse an dem Kaninchen zeigte. Sie ignorierte es mittlerweile, selbst als es ganz langsam auf einen Strauch zuhoppelte und im Gebüsch verschwand. Die Deformationen im Gesicht des Tieres und sein auffällig apathisches Verhalten sprachen laut meiner Internet-Recherche für die Seuche Myxomatose, von der Karnickel oft befallen wurden. Die Krankheit verlief tödlich. Ich las weiter, dass manche Kommunen die putzigen Nager zum Abschuss freigaben, um die heimtückische Krankheit einzudämmen, da das Einsammeln und Einschläfern der Tiere aus finanziellen Gründen nicht infrage kam. Myxomatose wurde durch Viren verursacht und war für andere Tiere wie auch für Menschen ungefährlich. Ein mulmiges Gefühl hatte ich trotzdem. Abstand halten hieß die Devise!

Am nächsten Tag fand ich das Kaninchen tot auf dem Brennnessel-Boulevard. Ein unappetitlicher Anblick, da sich bereits hungrige Tiere darüber hergemacht hatten. Pippa allerdings wedelte erfreut mit dem Schwanz und schnalzte mit der Zunge. Ich zog sie lieber weg, bevor sie auf dumme Gedanken kam. Wer hatte das tote Kaninchen derart zugerichtet? Waren es die Elstern, die auch Aas nicht verschmähten? Oder der Fuchs, den ich immer noch nicht gesehen hatte und der offenbar nachts hier herumgeisterte? Auch eine streunende Katze kam infrage.

Ich wusste nicht, wie ich das Tier entsorgen sollte und setzte meinen Weg fort.

Als ich am Nachmittag wieder mit Pippa Gassi ging, war das Kaninchen verschwunden. Etwas weiter, hinter dem Gebüsch, fiel mir eine Frau mit einer Spielzeugschaufel auf. Sie hatte eine kleine Grube gegraben und legte das tote Tier gerade hinein.

»Es wäre nett, wenn Ihr Hund hier nicht buddeln würde«, schnarrte sie mit osteuropäischem Akzent, als sie mich und Pippa entdeckte.

»Alles klar«, erwiderte ich und fragte mich, warum sie das Kaninchen begrub. Ich hatte die Frau noch nie im Park gesehen. Auf den ersten Blick machte sie einen sehr gepflegten Eindruck, auf den zweiten Blick fiel auf, dass ihre Sachen schon bessere Tage gesehen hatten. Ihr Rock war abgetragen und die Bluse zerknittert. Die blonden Haare waren auf eine Art hochgesteckt, die mich an die Siebzigerjahre erinnerte. Ich schätzte die Frau auf Mitte vierzig.

Nachdem sie das Kaninchen begraben hatte, ging sie zu einer Parkbank, vor der ein voller Einkaufswagen vom nahe gelegenen Supermarkt stand. Doch waren die Tüten nicht mit Lebensmitteln gefüllt, sondern mit allerlei Krimskrams. Ich sah Klamotten, Schuhe und mehrere Dosen Haarspray. Die Frau begann ihre Haare zu bürsten. Als sie in meine Richtung schaute und ich ihr Gesicht sah, kam sie mir irgendwie bekannt vor. Waren wir uns nicht schon einmal begegnet?

»Wie heißt du denn?«, sagte sie freundlich lächelnd an meine Hündin gewandt.

»Pippa«, antwortete ich und ging zur Bank hinüber. Die Frau streichelte Pippa, die sich das gerne gefallen ließ. Sie roch stark nach Parfüm, das aber den stechend penetranten Schweißgeruch nicht überdecken konnte.

»Warte mal, Hundchen«, sagte die Frau und wühlte in einer Einkaufstasche, bis sie ein Glas mit Würstchen fand.

»Darf sie eins haben?«

»Sie würden sich damit äußerst beliebt bei ihr machen«,

antwortete ich. Und so kam es auch. Kaum war Pippa in den Genuss des Knackers gekommen, gab sie der Frau die Pfote.

»Darf ich fragen, warum Sie das Kaninchen begraben haben?«

»Es ist ein Lebewesen wie Sie und ich. Wir müssen Tiere mit Respekt behandeln«, erwiderte sie, während sie Pippas Ohren kraulte. »Die Seele der Tiere ist nicht so versaut wie unsere!«

Ich wusste nicht, was ich dazu sagen sollte. Mir war nicht danach, eine Grundsatzdiskussion über das Schlechte im Menschen zu führen.

»Auch wenn es sehr krank war, hat es doch ein schönes Leben geführt. Da bin ich sicher. Es wurde bestimmt nicht betrogen. So was bringen nur wir Menschen fertig«, sagte sie verbittert. »Ich weiß, wovon ich rede. Glauben Sie, ich würde sonst mit dem Einkaufswagen hier rumfahren?«

Sie tat mir zwar leid, aber ich wusste immer noch nicht, was ich sagen sollte.

Das hinderte sie aber nicht daran, ihren Vortrag fortzusetzen: »Tiere haben keine Moral, und das ist gut so. Sie wollen nur überleben und würden nie auf die Idee kommen, ihre schlechte Laune an Kollegen auszulassen. Tiere würden ihre Freunde niemals in den Konkurs treiben.«

Diesen Satz begriff ich nicht ganz. »Was meinen Sie mit Konkurs?«

Sie seufzte enttäuscht und winkte ab: »Ich hoffe, ich bin in meinem nächsten Leben auch ein Tier.«

Sie strich noch einmal über Pippas Kopf und schob den Einkaufswagen weiter. Wo wollte sie hin? Vor einer Eibe blieb sie stehen, holte aus einer der Plastiktüten eine Schere und begann, damit die Äste in Form zu schneiden. Dabei ging sie sehr gewissenhaft vor, fast wie eine Friseurin. Normalerweise konnte ich Menschen schnell einschätzen – zumindest bildete ich mir das ein –, aber aus ihr wurde ich nicht schlau. Sie legte großen Wert auf ein gepflegtes Aussehen und sah nicht verlebt aus. Sie roch auch nicht nach Alkohol wie die meisten Obdachlosen, die mir begegneten. Sie liebte Tiere, weil sie von den Menschen enttäuscht war. Ihr Schicksal interessierte mich, zumal ich immer noch den Eindruck hatte, ihr schon einmal begegnet zu sein.

Am nächsten Morgen musste ich dienstlich nach Frankfurt, weshalb die morgendliche Gassirunde besonders früh stattfand. Pippa machte das überhaupt nichts aus.

Draußen war es warm, und lautes Vogelzwitschern empfing uns. Es war schon fast hell, und ich sah einige putzmuntere Kaninchen über den Rasen hoppeln. Meine Aufmerksamkeit galt aber einer Person, die in einem Schlafsack auf einer der Bänke lag. Ich fragte mich, ob es nicht besser wäre nachzuschauen, ob die Person Hilfe brauchte. Also näherte ich mich zusammen mit Pippa der Bank und blieb einen halben Meter davor stehen. Die Person war fast vollständig in den Schlafsack gehüllt und rührte sich nicht. Was tun, wenn sie nicht mehr lebt?, schoss es mir durch den Kopf. Unvermittelt drehte sich die Person zur Seite und richtete sich auf. Es war die Frau von gestern!

»Was wollen Sie?«, fragte sie laut. Ihre Haare klebten ihr an der Stirn, und sie sah sehr verschlafen aus.

»Entschuldigung, ich habe mir nur Sorgen gemacht«, sagte ich verlegen und ärgerte mich, dass ich sie erschreckt hatte.

»Das ist nett, aber nicht nötig«, brummte sie und vergrub sich wieder in ihrem Schlafsack. Ich machte, dass ich mit Pippa weiterkam.

Im Auto unterwegs nach Frankfurt fiel mir ein, woher ich die Frau kannte.

Es musste vor ungefähr zwei Jahren gewesen sein. Ich hatte Alexandra zur Fußpflege gefahren und war dabei auch der Fußpflegerin kurz begegnet. Ja, sie war es. Mir fiel ein, dass Alexandra viel von ihr erzählt hatte. Sie hieß Ewa und stammte aus Polen. Alexandra mochte sie sehr und hatte ihr auch bei ihrer Scheidung geholfen. Wenn ich mich recht erinnerte, wollte sie sich damals selbstständig machen und einen eigenen Salon eröffnen. Dieser Plan hatte sich wohl zerschlagen, sonst würde sie nicht im Park das Dasein einer Obdachlosen fristen. Was war nur mit ihr passiert? Ob Alexandra vom Schicksal ihrer Bekannten wusste? Zugleich fragte ich mich, ob die Frau mich wiedererkannt hatte. Wenn ja, war ihr unsere Begegnung offenbar unangenehm.

Ich sah Ewa in den nächsten Tagen täglich im Park. Sie bevorzugte eine bestimmte Parkbank, die sie tagsüber belegte, als würde sie ihr gehören. Ihre Zeit verbrachte sie damit, den Park mit ihren bescheidenen Mitteln zu verschönern. Das sah konkret so aus, dass sie Müll einsammelte und die Parkbänke sauber wischte. Mit ihrer Schere versuchte sie, den einen oder anderen Strauch in Form zu bringen.

»Ich möchte in einer schönen Umgebung leben. Warum behandeln die Menschen die Pflanzen so schlecht?«, sagte sie eines Tages, als ich mit Pippa vorbeikam. »Und ich verstehe auch nicht, warum sie die Abfalleimer nicht benutzen.«

Da hatte sie recht. Manchmal konnte es passieren, dass man auf der Wiese über leere Getränkedosen oder Flaschen stolperte. Die Elstern entsorgten zwar die eine oder andere essbare Hinterlassenschaft, aber sie dachten nicht daran, leere Flaschen oder anderen Müll in die Abfalleimer zu befördern. Das wiederum erledigte Ewa. Doch ihr freiwilliges Engagement wurde von den anderen Parkbesuchern nicht honoriert, denn mit einer Obdachlosen wollten die Leute nichts zu tun haben und hielten sich lieber fern. Ich muss allerdings sagen, dass sie trotz ihrer prekären Situation mehr Wert auf ihr Äußeres legte als viele der Naserümpfer. Ich fragte mich, wo sie sich wusch und wo sie bei Regen übernachtete, traute mich aber nicht, sie darauf anzusprechen. Und natürlich interessierte mich, wie es zu ihrem sozialen Abstieg kommen konnte. Ich weiß nicht, ob sie meine Neugierde registriert hatte, aber es störte sie nicht, dass ich manchmal neben ihr auf der Bank Platz nahm. Pippa ihrerseits hoffte immer auf Leckerlis, im Einkaufswagen befand sich das Objekt ihrer Begierde – das Glas mit Wienerle. Ihre Hoffnung wurde nie enttäuscht.

»Du müsstest mal wieder zum Friseur«, meinte Ewa eines Tages zu Pippa, als sie ihr wieder mal ein Würstchen spendierte.

»Meinen Sie?«, hakte ich nach.

»Ihr Fell verfilzt, weil es zu lang ist«, erwiderte sie, während sie mit den Fingerkuppen über Pippas Fell strich.

»Dann sollte ich sie tatsächlich mal zum Hundesalon bringen.«

»Wenn Sie wollen, kann ich ihr das Fell schneiden.«

Ich wunderte mich. »Können Sie so etwas denn?«

»Das ist bestimmt nicht schwerer, als den Rhododendron zu schneiden«, erklärte sie. Das klang einleuchtend, und wir vereinbarten einen Termin.

Am nächsten Tag brachte ich Pippa zur Parkbank, wo sie bereits erwartet wurde. Schnell konnte ich mich davon überzeugen, dass Ewa einen guten Job machte. Und Pippa ließ sich den Schnitt gefallen, was ich nicht erwartet hatte, denn beim letzten Besuch im Hundesalon hatte sie ganz schön herumgezappelt und die arme Hundefriseurin zur Verzweiflung getrieben.

»Ich habe früher in Polen auch Hunde frisiert«, erklärte sie, »kleine, große, brave und freche!«

»Kann es sein, dass wir uns schon mal begegnet sind?« Die Neugierde hatte gesiegt.

»Ja. Sie sind doch der Partner von Alexandra!«, erwiderte sie, als wäre es völlig selbstverständlich, dass sie sich erinnerte.

»Das stimmt!«, bestätigte ich überrascht und vergaß dabei, dass von einer Partnerschaft seit einigen Wochen nicht mehr die Rede sein konnte.

»Ich habe Alexandra lange nicht mehr gesehen. Wie geht es ihr?«

»Ach so … Ich weiß es nicht. Wir sind nicht mehr zusammen, haben uns getrennt.«

»Jetzt verstehe ich, warum ich Sie immer nur alleine mit dem Hund sehe. Das ist aber schade!«

»So was kann passieren. Nichts bleibt, wie es ist. Sie arbeiten ja auch nicht mehr in Ihrem Salon.«

»Nein, diese Zeiten sind leider vorbei«, sagte sie verbittert und legte die Schere beiseite. »Wir sind fertig, Süße!«

Ewa und Pippa schauten mich erwartungsvoll an. Mein Hündchen sah jetzt ganz verändert aus. Anstelle einer struppigen Promenadenmischung stand nun eine elegante Hundedame vor mir.

»Gefällt sie Ihnen?«

»Perfekt! So schick hat Pippa noch nie ausgesehen«, stellte ich anerkennend fest.

»Danke. Aber ich glaube, Pippa ist es egal, wie sie aussieht. Tiere sind nicht so eitel wie wir Menschen.« Sie klang immer noch resigniert.

Natürlich wollte ich sie für die Arbeit entlohnen.

»Ich will kein Geld!« Sie sammelte das geschorene Fell auf dem Boden ein.

»Aber warum? Das hätte ich auch beim Hundefriseur bezahlt.« Da ich keine Anstalten machte, meinen Fünfziger wieder einzustecken, nahm sie ihn schließlich an.

»Ich hatte früher auch einen Hund. Einen kleinen Mops aus Spanien. Er war von seinem Besitzer ausgesetzt worden, weil seine Zunge zu groß war. So sind die Menschen. Grausam und ungerecht.«

»Und wo ist der Hund jetzt?«

»Ich musste ihn abgeben. Er sollte ein besseres Leben haben als ich und nicht obdachlos sein!« Sie hielt inne und versuchte ihre Tränen zurückzuhalten, was ihr aber nicht gelang. Als Pippa merkte, dass es Ewa nicht gut ging, legte sie ihr tröstend die rechte Pfote aufs Knie. So war Pippa.

»Darf ich fragen, warum Sie nicht mehr in Ihrem Salon arbeiten?«

Sie hatte keine Probleme damit, über ihre Situation zu reden und erzählte sehr ausführlich, wie sie von ihrem ehemaligen Geschäftspartner übers Ohr gehauen worden war. Ich konnte ihr nur halbherzig folgen, weil sie sehr ins Detail ging und ich bald den Faden verlor. Im Grunde ging es wohl darum, dass ihr Salon Konkurs hatte anmelden müssen und nur sie dafür gehaftet hatte. Ihr Geschäftspartner war aus dem Schneider und lebte jetzt – ihren Worten nach – »in Saus und Braus«.

»Das hört sich für einen juristischen Laien wie mich erst einmal sehr ungerecht an. Warum haben Sie nicht gegen Ihren Ex-Partner geklagt?«, fragte ich, als sie mit ihrer Geschichte fertig war.

»Weil ich kein Geld für einen Anwalt hatte! Das ging alles sehr schnell. Bei mir wurde gepfändet, und ich musste sogar aus meiner Wohnung raus«, schimpfte sie.

»Und zurück nach Polen war keine Alternative?«

»Absolut nicht. Ich komme aus einer Kleinstadt, wo jeder jeden kennt. Wie sieht es aus, wenn ich völlig abgebrannt dorthin zurückkehre? Nein, das kann ich meiner Familie nicht antun.«

»Es tut mir leid, dass ich Ihnen nicht helfen kann; wie gesagt, ich bin leider kein Jurist.« Ewas Schicksal berührte mich. Ich war mir sicher, dass sie von ihrem Kompagnon betrogen worden war.

»Aber Sie können gut zuhören. Das weiß ich von Alexandra«, lobte sie mich.

»Sie haben über mich gesprochen?«, hakte ich verwundert nach.

»Natürlich. So eine Maniküre oder Pediküre mit allem Drum und Dran dauert lange, dabei haben die Frauen viel Zeit, um über alles zu sprechen.«

»Anscheinend …«

»Ich verstehe nicht, warum Sie nicht mehr zusammen sind! Alexandra hat mir doch immer viel von Ihnen erzählt. Und sogar Fotos gezeigt! Sie hat Sie doch geliebt!«

Das hätte sie mal lieber mir sagen sollen statt ihrer Fußpflegerin, schoss es mir durch den Kopf. »Und was hat sie sonst noch über mich erzählt?« Mich interessierte brennend, welches Geheimnis Alexandra noch gelüftet hatte.

»Dass Sie sehr chaotisch sind! Aber dass ihr Leben ohne Sie langweilig gewesen ist. Ja, sie hat immer positiv von Ihnen gesprochen!« Ewa nickte mehrmals, und ich glaubte ihr.

Zwar hörte ich das alles gerne, aber es ärgerte mich auch. »Wenn Alexandra mich so gemocht hätte, wäre sie wohl kaum mit einem anderen Mann zu einer Weltreise aufgebrochen.« Ich winkte ab.

Doch Ewa nahm ihre frühere Kundin in Schutz: »Frauen haben immer ihre Gründe für alles.«

»Das glaube ich gerne. Aber ich hätte es trotzdem besser gefunden, wenn sie ehrlich gewesen wäre und mir alles erklärt hätte!«

Ich war wütend. Natürlich nicht auf Ewa, sondern auf Alexandra. Warum hatte sie sich nicht stärker um unsere Beziehung bemüht? Warum hatte sie sich gleich einen anderen Mann in ihr Leben geholt?

Das wollte ich auch von Jojo und Grabowski wissen, mit denen ich am Abend bei einem Bierchen zusammensaß.

»So sind die Frauen. Vorne hui, hinten pfui!«, analysierte Grabowski wie immer kurz und knapp.

»Unsinn! Sie wird ihre Gründe gehabt haben. Vielleicht

hat sie gespürt, dass es keinen Sinn machte, es weiter mit dir zu versuchen«, spekulierte Frauenversteher Jojo.

»Kann ja alles sein, aber das hätte sie mir offen sagen können. Sie war ja sonst nicht auf den Mund gefallen!«, brummte ich.

»Vielleicht wollte sie dich nicht verletzen?«, sagte Grabowski.

Ich verstand nur Bahnhof.

»Weil der andere bettmäßig eine Schippe drauflegte«, ergänzte er.

Das war nun wirklich unter der Gürtellinie, und Jojo sah sich gezwungen, mir beizustehen: »Und wer hat neulich die blauen Pillen ausprobiert, he?«

Jojo spielte darauf an, dass Grabowski vor einiger Zeit mit dem Kauf einer Packung Viagra geprahlt hatte. Daran wollte der aber jetzt bestimmt nicht erinnert werden.

»Nur aus Neugierde!«, sagte Grabowski.

Jojo prustete los, und Grabowski setzte gerade zu einer ausführlichen Verteidigung an, als ich die Notbremse zog. Ich wollte den Abend mit den Jungs nicht mit meinen Beziehungs-Wehwehchen belasten.

»Wahrscheinlich habt ihr beide recht. Der Neue hat ihr vermutlich Abwechslung geboten, verbal und nonverbal. Trotzdem hätte ich mich über eine Aussprache gefreut, und damit over. Alexandra ist Vergangenheit!«

Doch das war leider Wunschdenken. Der Stachel saß immer noch tief. Der Kontakt zu Ewa hatte die Wunde namens Alexandra wieder aufgerissen, Verdrängung war gestern. Ich musste jetzt an sie denken, ob ich wollte oder nicht. Nicht, dass ich mich wieder in eine Beziehung zurücksehnte, aber ich suchte Antworten auf einige Fragen: Warum hatte sie mich verlassen? Was hatte ich konkret falsch gemacht? Gab es wirklich keine Möglichkeit, es wieder geradezubiegen? Ärgerlicherweise hatte sich Alexandra den Antworten darauf verweigert, indem sie sich aus dem Staub gemacht hatte.

Da kam mir eine Idee: Ich konnte doch über Ewa wieder in Kontakt mit Alexandra treten! Ich würde sie anschreiben und um Hilfe für ihre Bekannte bitten. So weit der Plan. Nun kam die Ausführung.

Ich suchte Ewa im Park auf, die wie üblich auf ihrer Bank saß. Sie fütterte ein Kaninchen, dass in einem Karton hockte. Pippa knurrte, als sie es roch.

»Sei friedlich, Pippa! Das Kaninchen ist krank«, erklärte Ewa, was Pippa aber nicht sonderlich beeindruckte.

»Was hat es denn?«, fragte ich neugierig und warf einen Blick in den Karton. Auf den ersten Blick sah es gesund aus.

»Ich habe es heute Morgen gefunden. Es bewegt sich sehr langsam und macht einen apathischen Eindruck.«

»Es könnte von Myxomatose befallen sein, einer gefährlichen Kaninchenseuche. Die wird es nicht überleben!«, erklärte ich.

»Ja, das kann sein. Aber es soll seine letzten Tage gut verbringen. Sie wissen doch, dass ich Tiere liebe.«

Das wusste ich natürlich und brauchte keinen Beweis in Gestalt eines virenverseuchten Kaninchens.

»Deshalb habe ich auch noch einen anderen Patienten«, fuhr Ewa fort und nahm einen weiteren Schuhkarton aus ihrem Einkaufswagen. Als sie den Deckel hob, blinzten mich zwei kleine Rattenaugen an.

»Warum pflegen Sie eine Ratte?«, fragte ich angewidert.

»Das ist Lily. Sie hat sich die Pfote gebrochen und kann sich bei mir erholen«, antwortete Ewa und streichelte Lilys Nase.

»Sie soll sich erholen? Wissen Sie nicht, dass Ratten Krankheiten übertragen?« Am liebsten hätte ich Lily samt Karton in den Abfalleimer befördert.

»Krankheiten, die von Menschen verursacht werden!«, berichtigte Ewa mich wie eine Lehrerin.

Ich versuchte, ruhig zu bleiben, obwohl es mir schwerfiel. »Ewa, bitte! Ein krankes Kaninchen und eine kranke Ratte muss man doch wirklich nicht pflegen!«

»Ich mache es aber!«

Sie blieb stur. Normalerweise wäre ich jetzt laut geworden, aber ich musste mich ja wegen Alexandra gut mit ihr stellen.

»Nun denn, Ewa, ich wollte Sie etwas fragen. Was halten Sie davon, wenn ich Alexandra eine Mail schreibe? Ich könnte sie fragen, ob sie Ihnen als Anwältin helfen kann.«

»Haben Sie denn noch Kontakt zu ihr?«

»Nein, aber ich kann es ja trotzdem versuchen.«

Ewa war einverstanden, was zur Folge hatte, dass ich Alexandra noch am selben Abend eine Mail schrieb. Darin schilderte ich ihr, dass ich Ewa getroffen hatte und dass sie offenbar von ihrem Kompagnon betrogen worden war. Ich war gespannt, ob Alexandra meine Mail überhaupt lesen würde.

Das tat sie. Und sie antwortete prompt per Handy. Es war weit nach Mitternacht, als mich eine WhatsApp-Nachricht von ihr aufweckte.

»Danke für die Info über Ewa. Ich würde gerne mit ihr skypen! Morgen um 23 Uhr deutscher Zeit melde ich mich aus Neuseeland.«

»Ich hoffe, dass Ewa ein Handy hat«, schrieb ich schlaftrunken zurück.

»Du hast eins!«, lautete die knappe Antwort.

Ich war genervt. Erstens hätte sie ruhig ein paar persönliche Worte verlieren können, zweitens musste ein solcher Befehlston nicht sein. Aber gut, ich schluckte die Kröte. Es ging ja um Ewas Schicksal.

Am nächsten Morgen erzählte ich Ewa von Alexandras Antwort.

»Das ist sehr nett von Alexandra, aber ich habe kein Handy«, sagte sie erwartungsgemäß.

»Sie können meins benutzen.«

»Sie würden mir Ihr Handy leihen?«

»Natürlich, ich hätte es Alexandra sonst nicht vorgeschlagen«, schwindelte ich.

Wie verabredet, skypte Ewa mit meinem Handy mitten in der Nacht vom Park aus mit Alexandra. Normalerweise hätte sie von meiner Wohnung aus skypen dürfen, aber ihre kranken Tiere hatten Hausverbot bei mir. Und alleine im Park wollte Ewa sie nicht lassen.

Am nächsten Morgen, als ich mein Handy abholen wollte, traf ich auf eine glückliche Frau.

»Das war ein sehr gutes Gespräch. Alexandra sagt, dass ich gute Chancen habe, mein Geld zu bekommen!« Ewa erklärte weiter, dass Alexandra ihr die Adresse eines befreundeten Wirtschaftsanwalts gegeben hatte, der ihr bestimmt helfen würde.

»Das freut mich, Ewa! Hat sie noch etwas gesagt?«, fragte ich nicht ohne Hintergedanken. Vielleicht hatte sich Alexandra nach mir erkundigt?

Pustekuchen.

»Sie schippert im Moment vor Neuseeland herum, und das Essen auf dem Schiff ist ausgezeichnet.« Aha.

Offenbar hatte ich bei dem Gespräch keine Rolle gespielt. Aber Ewa freute sich, und sie hatte allen Grund dazu. Der Fachanwalt für Wirtschaftsrecht meldete sich tatsächlich – natürlich über mein Handy – und bat um ein Gespräch mit ihr. Ich fungierte als ihr Sekretär und informierte sie.

»Aber ich kann unmöglich in diesem Zustand dorthin! Ich muss mich duschen und mir die Haare machen«, sagte Ewa.

»Wo haben Sie denn bis jetzt geduscht?«

»Im Obdachlosenheim. Da ist es aber sehr dreckig, und außerdem klauen die dort wie die Raben.«

»Sie können gern zu mir in die Wohnung kommen und sich fertig machen, aber die beiden Tiere müssen im Park bleiben. Da ist auch die Luft für die armen Kranken viel besser!«

»Das kommt überhaupt nicht infrage. Dann verzichte ich auf das Duschen.«

»Meine Güte, dann bringen Sie sie ausnahmsweise mit!«, gab ich mich genervt geschlagen.

Auch Pippa war von der Anwesenheit des Kaninchens und der Ratte in der Wohnung nicht sonderlich begeistert. Die zerrupfte Taube hatte sie noch akzeptiert, aber hier lag der Fall anders. Sie knurrte und gab erst Ruhe, als ich Ewas Patienten auf den Balkon brachte. Ich gestehe, dass ich die beiden Viecher nicht nur aus Großzügigkeit gegenüber Ewa aufgenommen hatte. Ich spekulierte auch darauf, dass Ewa mich vor Alexandra in den höchsten Tönen loben würde, was vielleicht der erschlafften Kommunikation zwischen uns beiden neues Leben eingehaucht hätte.

Am Abend informierte Ewa mich über die Zusammenkunft mit dem Anwalt, die sich als Volltreffer erwiesen hatte. Der Anwalt hatte diverse Ungereimtheiten im Konkursverfahren festgestellt und noch am selben Tag enormen Druck auf ihren ehemaligen Kompagnon ausgeübt!

Gleich am nächsten Tag konnte Ewa den ersten Erfolg verbuchen.

»Stellen Sie sich vor! Dieser Betrüger hat mir schon 2000 Euro gegeben. Damit kann ich mir neue Sachen kaufen und in eine Pension ziehen! Ein Glück, dass Alexandra mir zu diesem Anwalt geraten hat!«

Nun ja, dachte ich, ein wenig habe auch ich zu diesem Erfolg beigetragen – aber ich sagte nichts. Zeit für ein längeres Gespräch mit Ewa blieb ohnehin nicht, weil sie dringend nach Polen musste, um einige Unterlagen für den Anwalt zu besorgen. In der Zwischenzeit sollten das Kaninchen und die Ratte sich bei mir erholen.

»Ist doch toll, jetzt kannst du einen Zoo aufmachen«, lautete Grabowskis Kommentar, als er mich mit Jojo besuchte, »und das alles nur, weil du bei deiner Ex punkten willst. Die Viecher sind nicht krank, du bist es!«

»Mir tun die Tiere leid. Außerdem werde ich den Balkon gründlich desinfizieren, wenn sie wieder weg sind«, versicherte ich ihm.

»Trotzdem wird der Mümmelmann bald seine Löffel abgeben, wenn er tatsächlich diese Cholera hat. Bist du ein Kaninchen-Hospiz, oder wie?«

Wie gerne hätte ich Grabowski diesmal recht gegeben. Aber da ich nicht als Depp dastehen wollte, der seiner Ex nachlief, spielte ich weiterhin den überengagierten Tierfreund. »Auch ein Kaninchen hat das Recht auf ein menschenwürdiges Ableben, oder?«

Es geschah äußerst selten, dass Grabowski und Jojo einer Meinung waren – jetzt hatte ich es geschafft. Sie schauten mich an, als ob ich nicht mehr alle Tassen im Schrank hätte. Wie abgesprochen prusteten beide los, und ich kam mir zu Recht ziemlich blöd vor. Da ich A gesagt hatte, musste ich nun auch B sagen. Ich hoffte nur, dass Ewa die beiden Tiere bald abholen würde, bevor ich ein totes Kaninchen entsorgen musste.

Aber das Tier starb nicht. Im Gegenteil, es wurde von Tag zu Tag fitter und zeigte keine Anzeichen irgendeines gefährlichen Virus. Auch die Pfote der Ratte machte keinen lädierten Eindruck mehr, insofern gehörten beide zurück in den Park. Bevor ich die Tiere aussetzte, wollte ich Ewa informieren. Ich wollte kein Risiko eingehen, dass sie mich bei Alexandra als Tierquäler anschwärzte, der kranke Tiere einfach ihrem Schicksal überließ.

Doch Ewa hatte sich seit Tagen nicht mehr gemeldet. Weder aus Polen noch aus Deutschland. Wo war sie? Nach einer Woche wurde es mir zu bunt. Ewa hatte mich mit den Tieren im Stich gelassen und hielt es nicht einmal für nötig, mir eine Nachricht zukommen zu lassen, von einem Wort des Dankes ganz zu schweigen. Ich fand das ziemlich daneben.

Und so zog ich meine Konsequenzen und brachte die beiden Tiere dahin zurück, wo sie hingehörten – in den Park.

Und wenn sie nicht gestorben sind, treiben sie dort weiterhin ihr Unwesen.

Das Burka-Hähnchen

Mittlerweile war ich in der Lage, die Vogelstimmen im Park zu erkennen. Es hatte mich immer gewurmt, dass ich beim morgendlichen Gassigehen nicht wusste, welcher Vogel da gerade sang, trällerte oder pfiff. Oft hörte man auch alle zusammen im Chor. Die Lösung des Rätsels fand sich in einer Vogelstimmen-App, die mir wertvolle Dienste leistete. Das Schnacken der Elstern und das Gurren der Tauben waren mir schon vorher vertraut gewesen, nun kam das Pfeifen der Amsel, das Trällern der Blaumeise oder das Zilpen des Zilpzalps hinzu.

Ich will nicht behaupten, dass ich fortan sämtliche Vogelstimmen identifizieren konnte, aber ein halbes Dutzend schaffte ich doch. Und das war ein ebenso befriedigendes Gefühl wie die Gewissheit, die meisten Bäume bestimmen zu können. Der kleine Park wurde mir immer vertrauter.

Umso mehr wunderte ich mich, als ich eines Tages das typische Gackern eines Huhns vernahm.

»Gack … gack …gack«, machte es irgendwo hinter der Pissblumen-Gasse. Ja, das war eindeutig ein Huhn! Suchend ließ ich meinen Blick schweifen. Ich weiß nicht mehr, was ich zuerst sah: das weiße Huhn oder die vollverschleierte Frau in Schwarz, die ihm folgte. Beide gaben einen interessanten Kontrast zum gelben Löwenzahn ab. Wo kam das Huhn her, und was hatte diese Frau damit zu tun, die eine Tier-Transportbox in der Hand hielt? Pippa wunderte sich ebenfalls, zumindest blieb sie ruhig und überlegte wohl, ob sie schon einmal ein Huhn in natura gesehen hatte.

Dem Huhn war unser Interesse egal, es schritt pickend auf und ab und gackerte. Die Frau folgte bei Fuß. Ich zog die Leine fester, da Pippa zu knurren begann. Offenbar war ihr ihr Lieblingsgericht eingefallen: geschnetzeltes Huhn in Aspik.

»Was gucken Sie denn so?«, fragte mich die Frau in akzentfreiem Deutsch. Ihr war meine offensichtliche Neugier nicht entgangen.

»Na ja, es ist lange her, dass ich ein lebendes Huhn gesehen habe«, antwortete ich, und das war nicht einmal gelogen.

»Wir haben leider keinen Garten, und deshalb muss es manchmal hier an die frische Luft«, erklärte die Frau und schaute nun zu mir herüber. Von ihrem Gesicht waren nur die blauen Augen zu sehen, der Rest war schwarzer Stoff.

»Kann ich verstehen«, erwiderte ich, obwohl ich gar nichts verstand. Wieso hielt man sich ausgerechnet ein Huhn als Haustier? Und wer war »man«? Mein Interesse an dieser ungewöhnlichen Konstellation wuchs. Außerdem fiel mir in diesem Moment ein, dass ich zum ersten Mal im Leben mit einer verschleierten Frau gesprochen hatte. In meinem Bekanntenkreis bevorzugte man westliche Kleidung, um es mal so auszudrücken. Burkas, Niqabs oder auch Kopftücher waren als Accessoires nicht gefragt.

»Wie heißt das Huhn? Oder ist es ein Hahn?«

»Das ist doch kein Hahn! Das sieht man doch, oder?« Die

Lady in Black begann zu lachen, wobei ihr der Schleier verrutschte, sodass ich mehr von ihrem Gesicht sehen konnte. Sofort fielen mir ihre schönen roten Lippen ins Auge.

»Na ja, ich kenne mich mit Hühnern nicht aus«, antwortete ich und lachte ebenfalls.

»Koko«, sagte die Frau, während sie ihren Gesichtsschleier wieder anheftete.

»Emil«, entgegnete ich und reichte ihr die Hand, die sie aber ignorierte. Wie war das noch mal? Vollverschleierte Frauen dürfen fremden Männern nicht die Hand geben? Oder umgekehrt?

»Koko heißt mein Huhn!«, präzisierte die Unbekannte. »Sie ist ein halbes Jahr alt und sehr stolz!«

»Wie äußert sich das?«, fragte ich perplex.

»Sie trägt immer den Schnabel hoch und schaut nicht jeden an! Ja, sie hat ihren eigenen Kopf.«

Unsere Unterhaltung fand ein jähes Ende, als eine Männerstimme ertönte: »Bist du so weit?! Wir müssen fahren!«

Ich wandte mich um und sah einige Meter entfernt einen dunkelhaarigen Mann mit südländischem Erscheinungsbild stehen. Dem Dialekt nach zu urteilen, handelte es sich allerdings um einen reinrassigen Kölner.

»Komm, Koko, es wird Zeit!« Das Huhn gehorchte sofort und stakste in die Tierbox. Daraufhin ging die Frau hinüber zu dem ungeduldig wartenden Mann, der sie streng anschaute.

Ich musste an Alexandra denken: »Ich verstehe nicht, warum sich die Frauen das gefallen lassen. Das Kopftuch ist ein Knebel!«, hatte sie öfter erklärt. Für sie war der Schleier ein rotes Tuch. Auch ich verstand nicht, warum sich Frauen verschleierten. Meiner Ansicht nach war das eine Erfindung von eifersüchtigen Männern, die ein Problem damit hatten, dass Frauen in der Öffentlichkeit attraktiv wirken könnten.

Die Fremde selber machte nicht den Eindruck einer zurückhaltenden oder scheuen Frau. Sie hatte durchaus schlagfertige Antworten gegeben und den Kontakt mit mir nicht gemieden oder verschämt weggeschaut, als ihr der Gesichtsschleier verrutscht war. Als ihr Mann nach ihr gerufen hatte, war sie ihm allerdings wie ein gehorsamer Soldat gefolgt. Nun ja, ich ging jedenfalls davon aus, dass es sich bei dem Kölner um ihren Ehemann handelte. Und ich ging davon aus, dass ich ihr nicht wiederbegegnen sollte.

Ich lag falsch. Zwei Tage später tauchten die Frau und ihr Huhn erneut im Park auf, und mir bot sich das gleiche Bild wie zuvor: Koko gackerte und lief pickend über die Wiese, und die Frau folgte ihr fürsorglich.

»Hat Ihr Hund etwas gegen Koko?«, fragte sie, als sie mich mit Pippa sah. Ich saß gerade auf einer Bank und betrieb wieder einmal Parkoffice.

»Nein, Pippa hat sich an Koko gewöhnt. Außerdem habe ich sie ja an der Leine.«

Sie setzte sich neben mich.

»Läuft Koko nicht weg?«, fragte ich und klappte den Laptop zu. Ich musste mehr über diese Frau erfahren.

»Warum sollte sie? Sie mag mich doch!«

»Darf ich fragen, warum Sie ein Huhn als Haustier halten?«

»Er will keinen Hund und auch keine Katze. Aber gegen das Huhn hat er nichts«, antwortete sie und schaute mich an.

Ich sah in ihre blauen Augen, versuchte ihrem Blick standzuhalten, merkte, dass ich verlegen wurde.

»Welchen Vogel mögen Sie am liebsten?«, wollte sie wissen.

»Eigentlich alle, aber am allerliebsten die Elstern! Sie sind schlau, frech und auch romantisch.«

»Romantisch?«, entgegnete sie verwundert, dann unterbrach ihr Handy unser Gespräch.

»Ja, ich kann jetzt sprechen«, hauchte sie ins Telefon und wandte sich an mich: »Das ist meine Mutter. Können Sie bitte auf Koko aufpassen, während ich telefoniere?«

Ohne meine Antwort abzuwarten, stand sie auf und ging einige Meter weiter. Ich konnte nicht hören, was sie sagte, aber sie schien sehr vertieft in das Gespräch zu sein und winkte immer ab, sobald Koko sich ihr näherte. Das Huhn wollte zu Frauchen, aber Frauchen hatte gerade andere Interessen. Irgendwann reichte es ihr: »Geh zu dem netten Mann! Ich habe jetzt keine Zeit!«, schimpfte sie und zeigte auf mich. Daraufhin kam das Huhn zu mir gestakst und blieb in meiner Nähe.

Nach einer guten Viertelstunde beendete sie das Telefonat und holte Koko wieder ab. »Danke, dass Sie auf Koko aufgepasst haben. Sie sind ein wahrer Hühnchenflüsterer!«

Das durfte ich auch am folgenden Tag unter Beweis stellen. Wieder brachte die Frau ihr Huhn mit in den Park, und wieder gab sie es in meine Obhut, während sie in Ruhe telefonierte. Ihrer verliebten Mimik nach zu urteilen, sprach sie nicht mit ihrer Mutter, sondern wohl eher mit einem Mann. Da ich mich ohnehin im Park aufhielt, machte mir das

Huhn-Sitting nichts aus. Koko störte mich nicht bei der Arbeit; sie blieb stets in meiner und Pippas Reichweite und ließ sich auch nicht davon irritieren, dass sie so mancher Parkbesucher neugierig betrachtete.

Was aber hatte es mit der Frau auf sich? Meine Neugierde wuchs, und ich wollte mit ihr ins Gespräch kommen, doch das war leichter gesagt als getan, da sie ja die ganze Zeit über telefonierte.

Plötzlich tauchte der Kölner auf und schaute sich suchend nach ihr um. Als die Frau ihn entdeckte, sammelte sie schnell ihr Huhn ein, steckte mir heimlich das Handy zu und lief zu ihrem Mann, der sie schimpfend in Empfang nahm und Richtung Parkausgang schob. Was ging da nur vor? Ich warf einen Blick auf das Handy, das sie mir anvertraut hatte. Als ich auf den Home-Button drückte, sah ich zwei WhatsApp-Benachrichtigungen mit Herzchen-Emojis. Ich brannte darauf, mehr zu erfahren, aber ich zügelte meine dunkle Seite und verzichtete aufs Nachsehen. Man brauchte kein Sherlock Holmes zu sein, um zu kombinieren, dass sie nicht mit ihrer Mutter, sondern mit ihrem Liebhaber telefoniert hatte. Und jetzt? Ich wünschte der Frau keinen Ärger und hoffte, dass ihr strenger Gatte nichts von ihrem Verhältnis erfuhr. Aber warum hielt ich zu ihr, die doch offensichtlich ihren Mann betrog? Und hatte ich nicht Alexandra kritisiert, weil sie hinter meinem Rücken mit einem anderen Mann angebandelt hatte? Trotzdem kam in diesem Fall keine Männersolidarität bei mir auf. Jeder Seitensprung hatte andere Gründe, und ich war kein Schiedsrichter.

Beim abendlichen Gassigehen durch den Park ertönte ein Handy. Es war nicht meins … Da fiel mir ein, dass noch immer das Handy der Frau in meiner Jacke steckte. Ohne lange zu überlegen, nahm ich den Anruf entgegen.

»Ich bin es. Die Besitzerin von Koko«, hörte ich eine Frauenstimme.

»Wie geht es Ihnen?«, fragte ich besorgt.

»Ich wusste, dass Sie gut auf mein Handy aufpassen. Danke dafür. Ich hole es mir ab«, sagte sie leise.

»Kein Problem. Sie wissen ja, wo Sie mich finden: Ich bin täglich um zehn Uhr im Park.«

»Nein, ich komme heute noch. In einer Stunde vor der Bank!« Bevor ich noch etwas erwidern konnte, legte sie auf.

»Um zehn drehen wir noch eine Runde, Pippa«, kündigte ich meinem Hündchen an, und das machten wir auch. Warum wollte sie ihr Handy noch heute abholen? Und würde ihr eifersüchtiger Ehemann sie abends alleine aus dem Haus lassen?

Pünktlichkeit war nicht ihre Stärke. Eine halbe Stunde stand ich mit Pippa im Dunkeln herum und wartete. Ärgerlich beschloss ich, nach Hause zu gehen, woraufhin Pippa noch schnell ihr Geschäft erledigte. Ich sammelte alles mit dem mitgebrachten Plastikbeutel auf und lief zum nächsten Abfalleimer.

»Haben Sie mein Handy?«, sagte plötzlich eine Frauenstimme. Sie schien aus dem Horrorwald zu kommen. Ich schaltete meine Handylampe an und leuchtete die Umgebung ab. Das Licht erfasste eine schwarz gekleidete Frau mit einer Tier-Transportbox. Ich hörte Koko leise gackern.

»Ich dachte schon, Sie würden nicht kommen«, sagte ich und reichte ihr das Handy.

»Hab ich euch erwischt!«, schallte es auf einmal im Kölner Dialekt aus der Dunkelheit.

Die Frau rannte los. Bevor ich die Situation überblicken konnte, tauchte der gehörnte Ehemann vor mir auf.

»Was treibst du mit meiner Frau, du Hurensohn?!«, brüllte er und packte mich am Kragen. Das fand Pippa allerdings überhaupt nicht nett und sprang ihn bellend an.

»Dich mache ich auch noch kalt!«, drohte der Fremde unbeeindruckt und begann nach ihr zu treten.

»Lassen Sie meinen Hund in Ruhe!«, schrie ich und zückte eine Waffe, deren Gebrauch wohl gegen die Genfer Konventionen verstoßen hätte: Ich kippte ihm den Inhalt des Kotbeutels über den Kopf. Pippas Hinterlassenschaften stanken fürchterlich, Taubenkot war Kölnischwasser dagegen.

»Schnell weg, Pippa!«, rief ich und schaltete den Turbo ein. Der Mann fluchte den ganzen Park zusammen und wollte an meiner Mutter sexuelle Praktiken durchführen, die anatomisch gar nicht möglich waren, aber gut: Wer kann mit Hundekacke im Nacken schon klar denken?

Ich rannte über die Straße und wollte gerade meine Haustür aufschließen, als ich die Frau auf mich zurennen sah.

Ohne Umschweife schob sie mich ins Treppenhaus.

»Er bringt uns beide um!«, schrie sie hysterisch und drückte hektisch auf den Aufzugsknopf.

»Immer mit der Ruhe! So leicht lasse ich mich nicht umbringen«, herrschte ich sie an. Dann fuhr der Aufzug nach oben. In meiner Wohnung angekommen, sah ich vom Balkon aus den Mann wütend gegen eine Straßenlaterne kicken. Lustig fand ich das alles nicht, denn mir war nicht klar, in welche Situation ich da hineingeraten war.

»Koko muss jetzt endlich aus der Transportbox. Halten Sie Ihren Hund fest!«, befahl die Frau und befreite das Huhn. Kommandieren konnte sie – vielleicht hatte sie ja zu Hause die Hosen an.

Koko begann sofort mein Wohnzimmer zu erkunden. Pippa knurrte zwar ein wenig, ließ das neugierige Huhn aber gewähren.

»Ich kann heute nicht mehr nach Hause. Er bringt mich um!«

»Haben Sie keine Verwandten oder Freunde, wo sie hingehen können?« Ich hatte absolut keinen Plan, wie es mit ihr und ihrem Huhn jetzt weitergehen sollte.

»Warten Sie, ich rufe meine Mutter an.« Hektisch tippte sie eine Nummer in ihr Handy und telefonierte von der Küche aus.

»Okay, ich kann zu meiner Mutter kommen«, sagte sie, als sie wieder aus der Küche kam. Sie klang erleichtert.

»Das ist gut.« Auch ich war erleichtert und wandte mich an das Huhn: »Put-put, Koko, ab in die Box!«

»Koko kann doch nicht mit zu meiner Mutter!«, protestierte die Frau.

»Warum denn nicht?«, fragte ich ehrlich verwundert.

»Weil … weil die eine Federallergie hat. Ich hole Koko morgen ab.«

»Ich kann doch kein Huhn in meiner Wohnung halten«, warf ich ein. Nicht schon wieder ein fremdes Tier, bitte!

»Wieso? Sie haben doch auch einen Hund! Einen ganz lieben sogar.« Sie lächelte Pippa an und begann sie zu streicheln.

Dachte sie wirklich, mich mit diesem plumpen Bestechungsversuch umstimmen zu können? »Ich mag Tiere, und es ist nichts Persönliches gegen Ihr Huhn, aber meine Wohnung ist kein Hühnerstall!«

Sie schob den Gesichtsschleier zur Seite und küsste mich weich auf den Mund. Mit dieser Antwort hatte ich nun überhaupt nicht gerechnet! »Danke für alles«, hauchte sie und schwebte aus der Wohnung. Ich steckte ihr noch einen Zettel mit meiner Telefonnummer zu.

Es dauerte eine Weile, bis ich wieder halbwegs klar denken konnte. Im Bett wollte ich den Tag noch einmal Revue passieren lassen. Diese Lady in Black brachte mich durch einen einzigen kurzen Kuss fast um den Schlaf. Koko dagegen war schnell eingeschlafen.

Und es sollte nicht meine einzige Nacht mit einem Huhn werden.

Am nächsten Tag rief mich die dunkle Unbekannte an und bat mich um etwas Aufschub. Ihre Mutter bräuchte ihre Hilfe, und sie müsste außerdem einige Dinge regeln, die ihre Beziehung betrafen. Unter diesen Umständen wollte ich kein Spielverderber sein und willigte ein, bis auf Weiteres auf Koko aufzupassen.

Und ich ging mit ihr und Pippa Gassi. Natürlich wunderten sich die Parkbesucher anfangs über das seltsame Trio, aber sie gewöhnten sich an uns. Viel mehr Sorge bereitete mir, dass der Bärtige auftauchen könnte, um seine Frau zu suchen. Vorsorglich hielt ich immer einen gefüllten Plastikbeutel mit Pippas Hinterlassenschaften in der Hand.

Das Leben mit einem Huhn in der Wohnung klingt absurder, als es war. Koko machte keine Probleme. Bald schon hatte sie sich einen Lieblingsplatz auserkoren, dummerweise

Pippas Körbchen. Die kleine Hündin nahm es gelassen und akzeptierte den Gast. Überhaupt gewöhnte sich Pippa recht schnell an das Huhn, das sich übrigens auch an Pippas Trockenfutter labte. Pippa revanchierte sich damit, dass sie die trockenen Küttel des Huhns als Snack zwischendurch genoss. Die beiden profitierten voneinander.

Trotzdem brauchte ich kein zweites Haustier. Ich hoffte, dass die Frau, deren Namen ich immer noch nicht kannte, Koko bald wieder abholen würde. Natürlich wollte ich mehr über die Frau erfahren, und das hatte nicht nur mit ihren weichen Lippen zu tun. Insofern freute es mich, dass sie ein paar Tage später kurz vor Mitternacht plötzlich bei mir auftauchte.

Mit den Worten »Ich muss heute hier schlafen!« betrat sie meine Wohnung. Sie nahm Koko auf den Schoß und begann sie zu streicheln.

»Meine Mutter hat meinetwegen Ärger mit dem Vermieter«, erklärte sie.

Das nahm ich ihr nicht ab. »Ich will mich nicht in Ihre Privatangelegenheiten einmischen, aber ich will auch nicht, dass Sie mir irgendwelche Storys erzählen. Entweder Sie sagen jetzt, was passiert ist, oder Sie können sich mit Koko eine neue Bleibe suchen!«

»Was meinen Sie mit Storys?«

»Sie waren doch nicht bei Ihrer Mutter!«

Der schwarz verhüllte Kopf nickte.

»Außerdem fände ich es angebracht, wenn Sie sich mal vorstellen würden. Ich weiß nichts von Ihnen. Und wo wir schon mal dabei sind, können Sie auch die dämliche Burka ablegen!« Ich wollte endlich Klarheit.

»Ich heiße Rania. Und das ist keine Burka, sondern ein Niqab. Und den werde ich nicht ablegen, weil ich Sie nicht kenne«, erklärte sie, »nur Koko darf mich unverhüllt sehen.«

»Ihr Ehemann denkt sowieso, dass ich Ihr Liebhaber bin, also können wir ihm den Gefallen doch auch tun.«

Sie ignorierte meine Anspielung und schüttelte nur den Kopf. »Mein Ehemann? Ich bin noch nicht mit ihm verheiratet – und so weit wird es auch nicht kommen!«, sagte sie bestimmt. Endlich begann sie, mir ihre Situation zu erklären. Sie hatte sich mit ihm verlobt, nach einer Weile aber gemerkt, dass er ihr keine Freiheiten ließ und äußerst eifersüchtig war.

»Dann hätten Sie sich doch von ihm trennen können!«

»Das ist nicht so einfach, weil meine Eltern ihr Gesicht verlieren könnten. Sie haben Angst, dass man schlecht über ihre Tochter redet. Wissen Sie, meine Eltern stammen aus Jordanien, und da achtet man auf Traditionen.«

»Wissen denn Ihre Eltern, dass es in der Beziehung hakt?«

»Na ja, ich habe ihnen einfach gesagt, dass ich mich für einen anderen Mann entschieden habe. Mal sehen, ob meine Eltern das akzeptieren.«

Das war eine komplizierte Angelegenheit, für die ich keine Lösung hatte.

»Wie soll es nun weitergehen?«

»Ich bin müde. Haben Sie ein Bett für mich?«

»Nein. Nicht einmal ein ausziehbares Sofa.« Es wurmte mich, dass sie meiner Frage auswich.

Doch Rania blieb stur. »Dann schlafe ich im Sitzen!«

»Wie Sie wollen!«

Ich begab mich ins Bad, um all die Dinge zu tun, die man

im Bad vor dem Schlafengehen noch erledigt. Als ich nach dem Zähneputzen in mein Schlafzimmer wollte, sah ich sie immer noch auf dem Sessel sitzen, das Huhn auf dem Schoß. Genervt reichte ich ihr ein Handtuch. »Sie können ins Bad!«

Ich legte mich in mein Bett und akzeptierte ausnahmsweise, dass Pippa neben mir lag, weil ja ihr Körbchen seit einigen Tagen von Koko belegt war. Ich war fest davon überzeugt, dass Rania wieder gehen würde, weil sie es auf der harten Couch kaum aushalten würde. Allzu gut war ich nicht mehr auf sie zu sprechen, weil sie sich jede Information aus der Nase ziehen ließ. So lief das nicht. Ich war kein Hotel, in dem man einfach übernachten konnte.

Das sah Rania offensichtlich anders. Sie betrat das Schlafzimmer und legte sich in voller Montur neben mich aufs Bett. Einfach so, ohne Einladung.

»Ich hoffe, dass Sie nicht schnarchen«, sagte sie mahnend und drehte mir den Rücken zu.

Keine Sekunde später folgte ihr Koko. Ja, hallo? Ich lag nun neben einer verschleierten Frau, einem Huhn und einem kleinen Hund im Bett und fragte mich, welcher Film da gerade ablief.

»Geht's Ihnen gut?«, fragte ich, weil mir in diesem Moment nichts anderes einfiel.

Ich spürte, wie sie mit dem Kopf nickte.

»Schläft Koko immer bei Ihnen im Bett?«

»Ja.« Sie griff zur Nachttischlampe und schaltete das Licht aus. Da ich die Jalousien nicht heruntergezogen hatte, fiel der Schein der Straßenlaternen ins Zimmer und erhellte es etwas. Rania entfernte den Gesichtsschleier und drehte sich zu mir. Wir schauten uns eine Weile schweigend in die Augen, ließen nur unseren Atem sprechen.

»Ist es Ihnen nicht zu heiß mit Ihrem Umhang im Bett?«, platzte es schließlich aus mir heraus.

Rania kommentierte meine Bemerkung mit einem sanften Klapps auf meine Wange. Ich schmunzelte und strich ihr übers Gesicht, was sie sich gefallen ließ. Wann hatte ich das letzte Mal mit einer Frau das Bett geteilt? Fünfhundert Jahre musste das her sein. Sie rückte noch ein wenig näher, sodass sich unsere Nasen fast berührten. Rania duftete wunderbar, und mir fiel ein, dass ich neulich gelesen hatte, dass der Körpergeruch bei der Partnerwahl der wichtigste Faktor war. Wir konnten uns also gut riechen. Sie atmete meinen Atem ein, ich ihren. Ich spürte Adrenalin durch meinen Körper schießen. Das auch noch. Wie kann das sein?, fragte ich mich. Ich wusste nichts von ihr, was ging hier vor? War sie womöglich mit einem gefährlichen Islamisten liiert, und wenn ich etwas mit ihr anfangen würde, dann …! Meine Hände klebten wie festgewurzelt an meinen Knien, obwohl sie sich am liebsten auf Entdeckungsreise begeben hätten. Wir umarmten uns und schliefen sanft ein.

Als der Wecker um acht Uhr klingelte, lag ich mit Pippa und Koko im Bett. Beide dösten noch vor sich hin. Und Rania? Ich vermutete sie im Bad, aber wie sich herausstellte, war sie ausgeflogen. Sie hatte keine Nachricht hinterlassen, geschweige denn einen filmreifen Gruß per Lippenstift auf dem Badezimmerspiegel. Ihr profaner Abgang ärgerte mich, weil ich sie nach dieser schönen Nacht unbedingt näher kennenlernen wollte. Wo war sie?

Die Tage vergingen, und die Hoffnung auf ein Lebenszeichen von Rania schwand.

Zwei Dinge blieben mir von ihr. Ihr Duft und das »Hühnchen«. Was sollte ich nur mit Koko machen? Offensichtlich war sie von ihrem Frauchen im Stich gelassen worden. Ich überlegte, ob ich sie nicht behalten sollte. Koko war pflegeleicht, sowohl in der Wohnung wie auch im Park. Probleme mit Pippa gab es auch nicht, weil die beiden sich arrangiert hatten, ja sogar gut verstanden. Nur eine Sache konnte und wollte Pippa nicht akzeptieren. Da Koko nun abends immer in mein Bett kam, verlangte Pippa das gleiche Recht. »Warum darf das Hühnchen ins Bett und ich nicht?«, schienen ihre großen Augen zu fragen, und natürlich konnte ich als Gerechtigkeitsfanatiker in diesem Fall nicht unfair sein. Dazu gehörte aber auch, dass Koko genauso bespaßt werden wollte wie Pippa, will heißen, wenn es ihr zu langweilig wurde, trippelte sie gackernd heran und pickte mich sanft mit dem Schnabel an: »Hallo, bitte kraulen!« Schnell konnte ich mich davon überzeugen, dass Kokos Intelligenz es – ohne meiner Hündin zu nahe treten zu wollen – locker mit der von Pippa aufnehmen konnte. Sie begriff sehr schnell, dass Sofa und Tisch für sie tabu waren, und hörte sogar auf ihren Namen. Wenn sie mal musste, suchte sie den Balkon auf und erledigte ihr Geschäft in einer Plastikwanne, die ich mit Sand gefüllt hatte. Von wegen »dummes Huhn«! Welcher Idiot hatte sich diese Beleidigung ausgedacht?

Ich hätte Koko also vielleicht behalten, wenn sie nicht eine Angewohnheit an den Tag gelegt hätte, mit der ich nicht klarkam: Koko begann Eier zu legen. Sie deponierte sie an Stellen, die eigentlich nicht dafür vorgesehen waren.

Zerquetschte Eier unter dem Kopfkissen oder auf dem Sofa sorgten für intensive Putzorgien und kamen nicht gut an. Ich machte mich schlau und erfuhr, dass ein Huhn auch ohne Hahn Eier legte. Auch wenn es mir schwerfiel, das Hühnchen konnte nicht bei mir bleiben. Aber wohin mit Koko? Auf keinen Fall durfte sie als Braten enden! Das Tierheim winkte ab, aber zum Glück konnte ich sie im Streichelzoo der Werkstatt für Menschen mit Behinderung abgeben. Einen Korb voll mit frischen Eiern spendete ich gleich mit. Koko fand eine neue Heimat mit netten Freunden, als da waren Enten, Gänse und Kaninchen.

Und ihre frühere Freundin Rania? Die blieb verschwunden.

Die diebische Elster, Teil eins

Ich hatte die Erfahrung gemacht, dass im Park auch nach Einbruch der Dunkelheit Hochbetrieb herrschte: Der unsichtbare Fuchs trieb sein unsichtbares Unwesen, die eine oder andere Katze streunte durch das Gebüsch, und natürlich kamen auch die Kaninchen aus ihren Löchern und überholten auf den Wiesen die Igel, die tagsüber die Weltöffentlichkeit gemieden hatten. Die Elstern aber nutzten die Nacht für ihren wohlverdienten Schlaf. Insofern wunderte ich mich, als ich bei einer nächtlichen Gassirunde ihr lautes Schnattern hörte. Wollten sie einen Nesträuber in die Flucht schlagen, einen Marder oder ein Eichhörnchen? Ich machte mir Sorgen. Auf dem Weg zu ihrem Ahorn löste ich das Rätsel: Sie wurden nicht von tierischen Nesträubern gestört, sondern von einer Gruppe Menschen, die sich lautstark unterhielten. Ich entdeckte den kleinen Dealer, der sich mit zwei anderen Gestalten einen engagierten Wortwechsel lieferte und dabei seinen Stoff in den höchsten Tönen anpries: »Ich habe den besten Afghanen, Leute! Er hat megaviel TCB pro Gramm!« Dass die Substanz Tetrahydrocannabinol hieß und daher mit THC abgekürzt wurde, schien die anderen nicht zu stören. Trotz der Dunkelheit konnte ich erkennen, dass er aus seinem Rucksack die beliebten Plastiktütchen holte.

Endlich fiel der Groschen, hier ging es um *Monkey Business*. Ich ärgerte mich, dass seine Drogengeschäfte mein Elsternpärchen um die verdiente Nachtruhe brachte, und ich nahm mir vor, ihm die Leviten zu lesen, sobald seine Kunden verschwunden waren. Dieser Bonsai-Dealer sollte endlich mit diesem Drogen-Schwachsinn aufhören. Gab es denn keine andere Beschäftigung für ihn? Auch wenn seine Schauspielkarriere seit dem Ende der Dreharbeiten für die indische Filmindustrie auf Eis lag, musste es doch Alternativen geben. Endlich verschwanden seine Abnehmer, doch noch ehe ich ihn ins Gebet nehmen konnte, pfuschte mir ausgerechnet die Polizei dazwischen. Ein Streifenwagen mit eingeschaltetem Blaulicht fuhr von der Straße heran und kam auf der Wiese zum Stehen. Zwei Männer stiegen aus und begannen die Umgebung mit zwei Taschenlampen abzusuchen. Dem kleinen Dealer gelang die Flucht in die Dunkelheit. Vergebens rannten die Beamten hinter ihm her. Wow, vor meinen Augen hatte sich gerade ein True-Crime-Thriller abgespielt! Für lau und in meinem kleinen Park!

Ich wollte mich gerade auf den Heimweg begeben, da begann Pippa bellend an der Leine zu zerren. »Hör auf, du weckst die Elstern!«, schimpfte ich und lockerte die Leine etwas. Darauf hatte Pippa nur gewartet. Sie zog mich über die Wiese, ihre Spürnase dabei wie einen Staubsauger über den Boden führend. Erst vor der großen Platane machte sie halt. Ich leuchtete mit dem Handy die Umgebung ab und stellte verärgert fest, dass Pippa in der Zwischenzeit ihren Kopf in ein Kaninchenloch gesteckt hatte.

»Lass das sein, Pippa! Die Kaninchen sind schon über alle Berge!«

Pippa ignorierte meine Einwände und versuchte allen Ernstes, sich in das Loch zu zwängen.

Dass sie gerne vor Kaninchenlöchern herumschnüffelte, wusste ich, aber dass sie sogar in eins hineinkriechen wollte, war mir neu. »Du bist doch viel zu groß!«

Ich wollte sie wegziehen, doch sie steckte bereits fest. Hunde machten Sachen! Als ich ihr vorsichtig aus dem Loch half, kam eine Plastiktüte zum Vorschein – mit dem dicksten Cannabis-Brikett, das ich je gesehen hatte. Es wog bestimmt ein Pfund. Mein kleiner Dealer hatte das Kaninchenloch als toten Briefkasten für seinen Stoff benutzt, kombinierte ich messerscharf. War Pippa nun zufällig darauf gestoßen, oder hatte sie das THC wie ein Drogenhund aufgespürt? Unweigerlich schaute ich mich um – nicht, dass die beiden Polizisten plötzlich aus dem Gebüsch sprangen und mich für einen Dealer hielten. Was sollte ich nun mit diesem Zeug machen, mit dem ich eigentlich nichts zu tun haben wollte? Hastig ließ ich den offenen Beutel erst einmal auf den Boden fallen. Just in diesem Moment fiel Pippa ein, dass sie mal musste, und so rieselte Harnstoff auf Tetrahydrocannabinol. Die daraus resultierende chemische Reaktion wartete ich gar nicht erst ab, sondern entsorgte den angepissten Afghanen in der Biotonne.

Sehr zum Leidwesen des kleinen Dealers, den ich am nächsten Tag von Weitem entdeckte. Er sah nicht gut aus, wirkte hektisch und zerfahren. Ich ahnte, welches Problem ihn plagte, und ging mit Pippa zu ihm hinüber. Seit seinem Ausflug nach Bollywood waren wir quasi befreundet, obwohl ich nicht einmal seinen Namen kannte. Zumindest gab er diesmal kein Fersengeld, als er mich kommen sah.

»Hi, warum bist du denn so blass um die Nase?« Es war besser, ich stellte mich erst einmal dumm.

»Hallo! Ach, es ist nichts. Alles gut.« Er war den Tränen nahe.

»Das glaube ich nicht«, sagte ich leise und zog ihn näher zu mir. »Spuck's aus, ich kann schweigen wie ein Grab!«

Er antwortete mit heftigem Kopfschütteln. Daraufhin versuchte ich es mit einer anderen vertrauensbildenden Maßnahme.

»Übrigens, ich heiße Emil.«

»Ich bin der Igor«, antwortete er.

Ich reichte ihm die Hand, und er schlug ein. Das brach das Eis, denn jetzt kam er ohne Umschweife zur Sache.

»Ich habe neulich eine Tüte hier versteckt, aber weiß der Henker, wo die jetzt ist!«

»Aha, eine Tüte. War da was Wertvolles drin?«

Er nickte ernst. »Total geiles Zeug mit Mega-ABS-Anteil!«

»ABS ist die Abkürzung für Antiblockiersystem, ein technisches System, das die Sicherheit in Fahrzeugen erhöht, aber das nur nebenbei ... Vielleicht kann ich dir helfen. Wo lag der Stoff?«

»Im Eichhörnchenloch unter der Fichte dahinten!«

»Erstens ist das ein Kaninchenloch, Eichhörnchen leben in Kobeln auf Bäumen, und zweitens ist das keine Fichte, sondern eine Platane«, erklärte ich und fügte hinzu: »Trotzdem hast du ein großes Problem.«

»Das kann man wohl sagen. Ich hatte den Stoff auf Kommission! Mein Lieferant macht Druck, wenn ich nichts verkaufe!« Igor klang ziemlich verzweifelt und begann, seine

Nägel im Akkord abzukauen. Mein Mitleid über den verlorenen Stoff hielt sich in Grenzen. Vielleicht war für Igor jetzt die Chance auf einen Neuanfang gekommen.

»Vergiss das Zeug! Denk an deine Zukunft!«

»Und woher soll ich die Kohle nehmen?« Er begann zu heulen. »Können Sie mir nicht das Geld pumpen? Fünfhundert reichen!«

»No way!«

»War ja nur eine Frage. Dann such ich eben weiter, er muss ja noch da sein.« Igor rannte zur Platane und machte tatsächlich Anstalten, in das Kaninchenloch zu kriechen. Bevor er wie Pippa stecken blieb, hatte ich ein Einsehen.

»Das war eine Plastiktüte, nicht wahr?«

»Genau! Wo ist sie!?«, hörte ich seine Stimme aus dem Untergrund. Er hatte es tatsächlich geschafft, den Kopf fast vollständig in das enge Loch zu zwängen.

»Tja, die ist weg.«

»Wer hat sie?«

»Komm endlich raus, ich zeig es dir!«

Ohne seine Antwort abzuwarten, packte ich ihn an den Füßen. *Rums,* sah er wieder Tageslicht. Dann führte ich den Sandmann zum Ahorn.

»Siehst du da oben das Nest? Da lebt ein Elsternpärchen. Die haben die Tüte aus dem Bau geholt. Habe ich gestern Abend gesehen.« Ich zeigte auf die Baumkrone.

»Was haben die?«

»Noch nie gehört, dass Elstern kiffen?«

»Ohne Scheiß?«, fragte er skeptisch.

»So wahr ich hier stehe. Ich beschäftige mich beruflich mit der Lebensweise dieser Vögel!«, erwiderte ich ernst.

»Shit! Jetzt kann ich einpacken!« Igor stampfte ärgerlich mit den Füßen auf.

»Willst du dir nicht einen richtigen Job suchen oder eine Ausbildung machen? Würde mehr Sinn machen, als durch den Park zu laufen und irgendwelchen Idioten Cannabis zu verkaufen, oder?«

»Welchen Job könnte ich schon machen?«, fragte er zurück und erzählte, dass er von der Schule geflogen war. Er lebte noch bei seinen Eltern, die sich aber nicht um ihn kümmerten.

»Ich bin zwar kein Experte, aber vielleicht erkundigst du dich mal beim Arbeitsamt?«

Igor schüttelte den Kopf. Offensichtlich lag die Ausübung einer regulären Tätigkeit jenseits seiner Vorstellungskraft. Er wollte nur seinen Stoff zurück.

»Diese blöden Viecher! Man sollte sie abknallen!«, rief er, hob einen Stein auf und wollte ihn auf das Nest werfen.

»Das bringt doch nichts, Igor! Gib zu, dass sie dich ausgetrickst haben.«

Er brummte etwas Unverständliches und ließ den Stein fallen.

»Lass dir alles mal durch den Kopf gehen. Früher oder später wirst du von den Bullen geschnappt, und dann hast du richtig Probleme!«

Ich kam mir wie ein Sozialarbeiter vor, aber da ich jetzt so schön im Flow war, predigte ich weiter: »Mach was Solides, ohne Risiko! Dann findest du auch ein Mädchen. Du hast noch keine Freundin, stimmt's?«

Erneutes Kopfschütteln.

Unser Gespräch wurde jäh unterbrochen, als zwei alte

Freunde von mir auftauchten: der Kürbis und Mr. Botox. Auch Igor schien das Duo zu kennen. Seine Wiedersehensfreude hielt sich jedoch in Grenzen, denn er rannte bei ihrem Anblick in die entgegengesetzte Richtung davon. Weit kam er nicht, weil seine Verfolger ihn schnell eingeholt hatten. Ich hatte die beiden Cops zwar nicht als besonders helle in Erinnerung, aber rennen konnten sie, das musste man ihnen lassen. Sie nahmen den armen Igor in ihre Mitte und führten ihn ab. Obwohl ich seine Drogengeschäfte überhaupt nicht guthieß, tat er mir leid. Mich nervte, dass die beiden Hampelmänner mir ins Handwerk pfuschten, war ich mir doch sicher gewesen, den kleinen Dealer auf die Spur bringen zu können.

»Hallo, darf ich fragen, was Sie mit dem Jungen vorhaben?«, rief ich den dreien hinterher.

»Ach nee, Sie kennen wir doch!«, begrüßte mich abschätzig Mr. Botox.

»Genau. Sie können sich also noch daran erinnern, dass aus Ihrer Anzeige gegen mich nichts geworden ist?!«, konterte ich.

»Komm, wir gehen weiter«, sagte Kürbis zu seinem Kollegen.

»Moment mal. Was hat der Junge verbrochen?«, insistierte ich und stellte mich den beiden mit Pippa in den Weg.

»Das geht Sie gar nichts an!«, blaffte Mr. Botox.

»Dann ist wohl wieder ein Anruf bei meiner Anwältin fällig«, bluffte ich und holte mein Handy aus der Tasche.

Mr. Botox wurde unsicher und änderte den Kommunikationsmodus. »Er hat Drogen verkauft! Wir haben ihn schon lange auf dem Schirm.«

»Bitte, dann durchsuchen Sie ihn. Und meinetwegen auch mich. Wenn Sie etwas bei uns finden, gebe ich Ihnen einen aus«, bot ich den beiden großzügig an.

»Alles gut, Emil! Ich will Ihnen keinen Ärger machen«, mischte sich Igor unerwartet ein. Er nickte den beiden Polizisten zu und wurde aus dem Park geführt.

Große Sorgen machte ich mir nicht um ihn, weil die beiden – Pippa sei Dank – keine Drogen bei ihm finden würden.

»Und du bist sicher, dass in der Tüte Cannabis war?«, fragte Jojo, nachdem ich ihm und Grabowski die traurige Story von Igor erzählt hatte.

»Frag Pippa!«

Grabowski zeigte mir einen Vogel: »Aber warum hast du's weggeschmissen? Wir hätten es doch mal ausprobieren können.«

»Eigentlich hast du recht. Mit Pippas Pipi hätte es eine besondere Note gehabt«, erwiderte ich lachend. »Aber jetzt mal im Ernst. Als ich das letzte Mal gekifft habe, war ich siebzehn, das muss ich jetzt wirklich nicht mehr haben!«

»Ich hätte gegen einen kleinen Joint nichts einzuwenden«, kommentierte Jojo und dachte vermutlich mal wieder an seine angeblich so wilde Zeit in Afghanistan vor gefühlten dreihundert Jahren.

Ich dachte anders, weil bewusstseinserweiternde Hilfsmittel jeglicher Art, ob nun flüssig, pulverisiert oder verharzt, für mich nicht infrage kamen: »Sorry, aber ich mag es nicht, wenn meine Birne benebelt ist. Cannabis ist was für Leute, die nicht auf ihre eigenen Gedanken vertrauen.«

»Jetzt kapiere ich, warum du wenig trinkst und noch weniger verträgst«, lästerte Grabowski.

»Richtig. Ich stehe nicht auf Kontrollverlust.« Ich meinte es vollkommen ernst. Ich trank wirklich nicht viel, was früher zu diversen Konflikten mit Alexandra geführt hatte, weil ich ihren Weinkonsum des Öfteren kritisiert hatte.

»Spaßbremse! Kein Wunder, dass Alexandra keinen Bock mehr auf dich hatte.« Grabowski ließ nicht locker.

Nun sprang Jojo für mich in die Bresche. »Na und? Vielleicht findet er ja eine Frau, die auch keinen Alkohol mag.«

»Er hatte doch die Schleiereule! Aber die ist ja auch schon wieder über alle Berge!« Grabowski prustete los, was ich ziemlich deplatziert fand. Ich hatte den beiden mein Erlebnis mit Rania freimütig erzählt und wollte jetzt natürlich nicht durch den Kakao gezogen werden.

»Kümmere dich mal lieber um deine Ehe, du Idiot!«, blaffte ich zurück.

»Was willst du damit sagen?«

»Dass deine Frau dich nur im betrunkenen Zustand ertragen kann«, giftete ich, zugegebenermaßen reichlich unfair.

»Lass Moni aus dem Spiel, ja?«

Und schon hatten wir den Casus Belli. Grabowski und ich warfen uns allerlei Nettigkeiten um die Ohren, die meisten davon unter der Gürtellinie und unsachlich. Vergebens versuchte der arme Jojo, zwischen Grabowski und mir zu schlichten.

»Kannst deinen bekloppten Geburtstag alleine feiern, du Parkwächter!«, schimpfte Grabowski irgendwann, bevor er wütend die Tür hinter sich zuknallte.

»Ich rede mit ihm, es wird alles gut«, versuchte mich Jojo zu beruhigen, aber an diesem Abend weinte ich Grabowski keine Träne nach. Über meine deprimierenden Frauengeschichten musste man sich nicht auch noch lustig machen.

Die diebische Elster, Teil zwei

Obwohl ich das verbale Scharmützel mit Grabowski bereits am nächsten Tag bedauerte und ihm telefonisch die Friedenspfeife anbot, blieb er hart und schlug meine erneute Geburtstagseinladung aus.

»Du hast mich und Moni beleidigt. Das geht gar nicht! Steck dir deinen Ehrentag in den Allerwertesten!«

Jojo bat um eine Verschiebung des geplanten Abendessens. Er wollte lieber warten, bis zwischen uns dreien wieder Friede, Freude, Eierkuchen herrschte.

Insofern war ich überrascht, dass ich per Post trotzdem eine Geburtstagskarte mit einem Geschenk erhielt: einer Eintrittskarte für die Oper »Die diebische Elster« von Rossini.

Ich rief Jojo an. »Hey, Jojo, habt ihr mir die Karte geschickt? Da war kein Absender drauf.«

Jojo verneinte. Er hatte zwar mit Grabowski ein Geschenk für mich besorgen wollen, aber daraus war wegen der Unstimmigkeiten nichts geworden.

Von wem war das Geschenk bloß? Es konnte doch nur von jemandem sein, der von meiner Vorliebe für Elstern wusste. Ich tippte weiterhin auf Grabowski, es passte zu ihm. Er war auf Versöhnung aus, wollte es aber aus Stolz nicht zeigen. Oder steckte doch jemand anders dahinter? Vielleicht Igor? Allerdings hatte der kleine Dealer keine Ahnung von Opern. Herr und Frau Ladi? Immerhin hatten die schwarz-weißen Vögel ihre Ehe gerettet … Da erst fiel mir Rania ein: Vielleicht wollte sie ja auf diesem umständlichen Weg wieder Kontakt mit mir aufnehmen? So oder so wollte ich die Karte nutzen und in die Oper gehen – übrigens das erste Mal seit Jahren. Meine Liebe zur klassischen Musik hielt sich in Grenzen, nichtsdestotrotz freute ich mich über das Geschenk, weil der Unbekannte mein Interesse an Elstern honorierte.

Von der Oper selber kannte ich nur den Namen und die Ouvertüre, die meiner Ansicht nach fast jeder schon einmal gehört hatte. Wann immer ich die Rossini-Ouvertüre hörte, schossen mir unweigerlich die Bilder aus Stanley Kubricks Film *Uhrwerk Orange* durch den Kopf. Bekanntlich ließ Kubrick äußerst brutale Szenen mit exzessiver Gewalt von dieser wunderbaren Melodie untermalen, was einerseits deplatziert wirkte, andererseits einen besonderen Reiz ausübte. Aber um was ging es nun in Rossinis Oper? Ich machte mich schlau und erfuhr, dass sie vor etwa dreihundert Jahren spielte und, vereinfacht ausgedrückt, von einer jungen Frau handelte, die zum Tode verurteilt wird, weil man sie des Diebstahls eines Silberlöffels bezichtigt. Erst in letzter Sekunde stellt sich heraus, dass eine Elster hinter dem Diebstahl steckt.

Rein wissenschaftlich betrachtet, meiden Rabenvögel Gold, Silber und andere glänzende Gegenstände, trotzdem pflegt die populäre Kultur das Vorurteil der diebischen Elster. Nicht nur Rossini in seiner Oper, sondern beispielsweise auch Hergé, der Schöpfer von Tim und Struppi, in dessen Geschichte »Die Juwelen der Sängerin« eine Elster die Diamanten der Opernsängerin Bianca Castafiore klaut.

Klischee hin oder her, ich begab mich neugierig zum Opernhaus. Als der Vorhang fiel, musste ich an meinen letzten Opernbesuch denken. Ich hatte Alexandra begleitet. Zu meiner Schande musste ich mir eingestehen, dass ich mich gar nicht mehr an das Stück erinnern konnte, nur daran, dass mir bereits nach wenigen Minuten fast die Augen zufielen. Das war Alexandra natürlich nicht entgangen. Zunächst bekämpfte sie meine Ignoranz mit Flüstern (»Du schläfst ja! Spinnst du?«), dann arbeitete sie mit fiesen Checks gegen meinen Ellenbogen, die mir blaue Flecken bescherten. Während der Pause kam es dann zum offenen Disput zwischen uns, weil sie meine Ignoranz gegenüber klassischer Musik heftig kritisierte. »Ich bin eben nicht mit Opern aufgewachsen«, rechtfertigte ich mich und wies darauf hin, dass ich nicht der einzige Besucher war, der fast eingenickt wäre. Natürlich zog das Argument nicht: »Mir zuliebe kannst du dich doch wohl mal darauf einlassen!« Der Disput endete damit, dass wir vorzeitig nach Hause fuhren und uns zwei Tage lang anschwiegen. Und jetzt fiel mir auch der Titel der Oper ein: *Götterdämmerung*. Ganz passend, im Nachhinein.

Nun also Rossini anstatt Wagner. Zugegeben, am besten gefiel mir die turbulente Ouvertüre, doch auch die restliche Oper hielt mich wach. Lag das an der Elster?

Während der Pause trank ich ausnahmsweise im Foyer einen Prosecco. Wenn mich Alexandra jetzt sehen würde, dachte ich amüsiert und hob mein Glas zum Trinken. Und was sah ich da? Alexandra, die am anderen Ende der Sektbar stand. War sie es wirklich, oder hatte sie eine Doppelgängerin? Ich rieb mir verwundert die Augen. Von wegen Fata Morgana! Alexandra winkte mir leibhaftig zu.

»Na, das ist ja eine Überraschung! Du hier?«, rief sie, und ehe ich mich's versah, stand sie auch schon vor mir und ich spürte einen Begrüßungskuss auf meiner Wange. »Darf ich dir Amsel vorstellen? Amsel, das ist Emil, ich habe dir von ihm erzählt.«

Jetzt erst nahm ich ihren Begleiter wahr: Ein braun gebrannter Hüne von mindestens 1,90 Metern zeigte mir die weißeste Zahnreihe der Welt und klopfte mir jovial auf den Rücken. »Hi, Emil! Schön, dich zu sehen!«, trompetete er.

Nur allmählich fand ich meine Fassung wieder. »Ich … ich dachte, du bist auf hoher See.«

»Ich habe lediglich eine Kreuzfahrt gemacht und nicht auf einem Schiff angeheuert«, erwiderte sie lachend. »Aber sag mal, was machst du in der Oper?«

»Na ja, was man in der Oper eben so macht«, antwortete ich, immer noch um innere Stärke bemüht.

»Schlafen?«, fragte sie spitz.

»Diesmal nicht.«

In diesem Moment ertönte der Gong. Der zweite Akt stand an.

»Hast du nicht gestern Geburtstag gehabt?«, sagte Alexandra plötzlich.

»Richtig.«

»Herzlichen Glückwunsch nachträglich!«

Ihr Begleiter stimmte gar ein Ständchen an: »Auch von mir ein herzliches Happy Birthday, Happy Birthday, Happy Birthday to you!«

»Das ist nett, danke!« Ich deutete auf die anderen Gäste, die sich in Bewegung setzten. »Ich denke, wir kehren zur diebischen Elster zurück, bevor sie wegfliegt.«

»Sollen wir uns vielleicht nach der Aufführung zu einem Absacker treffen? Dann stoßen wir auf deinen Geburtstag an«, schlug Alexandra vor.

»Das ist eine sehr gute Idee«, kommentierte ihr Riese.

»Dann sehen wir uns nach der Aufführung wieder hier.« Sprach's und verschwand mit ihrem Riesenbaby in den Saal.

Ich blieb verdutzt stehen. Wurde ich nicht gefragt, ob ich überhaupt Lust dazu hatte? Typisch Alexandra. Sie kommandierte, das Volk hatte zu folgen.

Das unerwartete Wiedersehen überschattete den zweiten Akt. Statt auf Musik und Handlung zu achten, musste ich nun an Alexandra denken. Was für ein Zufall, dass ich sie ausgerechnet in der Oper wiedersah. Und dann auch noch mit ihrem neuen Freund, der einem Hochglanzmagazin entsprungen zu sein schien: groß, elegant, sportlich und braun gebrannt. Sie selber hatte sich nicht sonderlich verändert. Warum die Einladung zum Umtrunk? Immerhin hatte sie es während ihrer gesamten Reise nicht für nötig gehalten, mir eine Nachricht oder einen Gruß zukommen zu lassen. Die Gelegenheit für ein paar persönliche Worte hatte sie gehabt, beispielweise als ich sie wegen Ewa um Hilfe gebeten hatte. Ich vermutete einen Hinterhalt. Wahrscheinlich wollte sie mir stolz verkünden, dass sie diese Amsel heiraten wollte. Amsel! Wieso hieß der Typ wie ein Singvogel? Was für ein selten dämlicher Name für einen Mann. Während ich mir über all diese Fragen den Kopf zerbrach, lief das Geschehen auf der Bühne ohne mich ab. Es nervte mich, dass ich mich nicht auf die Musik und die Handlung konzentrieren konnte. Gerade in dem Moment, als ich mir fest vornahm, mich endlich der Oper zu widmen, ertönte der Schlussakkord. Applaus brandete auf. Der zweite Akt war wie im Flug vergangen. Mist.

Meine Lust auf den Absacker mit Alexandra und ihrem Vogel hielt sich in Grenzen. Was sollten wir da schon besprechen? Womöglich würde ich mich nur erneut über sie ärgern und es im Nachhinein bereuen. Im Grunde hatte ich doch mit ihr abgeschlossen. Wenn ich eine Frau wiedersehen wollte, dann Rania. Da waren noch einige Rechnungen offen – eine unvollendete Liebesgeschichte, wenn man so will. Außerdem konnte es ja sein, dass Rania mir die Opernkarte geschenkt hatte, als zarten Hinweis darauf, dass sie Interesse an mir hatte. Alexandra hingegen verkörperte nur meine Vergangenheit, ein Treffen mit ihr machte keinen Sinn. Meine Hoffnung, unbemerkt nach draußen schleichen zu können, zerplatzte. Amsel fing mich vor dem Ausgang ab.

»Da sind Sie ja! Wir dachten schon, wir hätten Sie verpasst!« Er lächelte und nahm meinen Arm quasi in eine Art Polizeigriff, aus dem es kein Entrinnen gab.

»Schön, dass wir uns noch sehen!«, rief Alexandra, die zu uns eilte.

Ich gestehe: Ich traute mich nicht abzusagen. Folgerichtig suchten wir eine Bar in der Nähe auf.

In der Cocktail-Bar angekommen, lautete meine Devise: Wenn schon ein unnötiges Wiedersehen, dann möglichst kurz und schmerzlos. »Ein Bier, und danach muss ich wirklich nach Hause. Wer weiß, ob Pippa es bei meiner Nachbarin so lange aushält.« Ich log schamlos, denn Pippa mochte Maria, die an diesem Abend als Hundesitterin fungierte.

»Ist schon eine Überraschung, dich ausgerechnet in der Oper zu treffen«, wiederholte Alexandra, und Amsel gab uns eine Kostprobe seiner Bildung: »Es gibt keine Zufälle, Liebling. Wie sagte Einstein? Gott würfelt nicht!«

»Die Opernkarte hat mir jemand zum Geburtstag geschenkt, ich weiß nicht, wer. Ich bin jedenfalls nur wegen der Elster gekommen. Ansonsten meide ich Opern«, stellte ich prinzipientreu klar.

»Sie mögen die Oper nicht? Das kann ich nicht glauben!«, wunderte sich Amsel.

»Warum nicht?«, fragte ich betont naiv.

»Weil Opern etwas Wunderbares sind! Und diese Aufführung heute war wirklich superb. Die Musik spielte mit rhythmisch-metrischer Präzision, vor allem die Bläsersoli waren erstklassig. Am besten hat mir der zweite Akt gefallen, mit diesem erhabenen Ausdruck der Chöre und dem Trauermarsch, oder was denken Sie?«

»Ja, der zweite Akt verging wie im Flug«, stimmte ich zu und verschwieg natürlich, dass nicht die Musik dafür verantwortlich gewesen war.

»Aber ist es nicht so, dass der Bariton …«, wollte Amsel fortfahren, wurde aber von Alexandra unterbrochen.

»Jetzt bitte keine Fachsimpelei!«, ermahnte sie ihn mit strengem Blick.

Nanu? War sie etwa sauer? Irgendwie schon, denn nun verdrehte sie auch noch die Augen.

»Darf ich fragen, was Sie beruflich machen? Etwas mit Musik vielleicht?«, fragte ich Amsel.

»Ich habe zwar drei Semester Musik studiert, arbeite aber in der Immobilienbranche«, erklärte er.

»Sie sind Makler?«

»Nein, Immobilien-Consultant!«

»Was ist das denn?«

»Ich veräußere Immobilienprojekte für Premiumkunden.«

Ich holte ihn auf den Boden der Realität zurück. »Ich verstehe. Man spricht ja auch nicht mehr von Fensterputzern, sondern von Glas- und Wassertechnikern ... Sie sind also doch ein Makler!«

»Der Begriff führt in die Irre, vor allem für einen wie mich. Ich habe neben Musik auch Literatur, Psychologie und Architektur studiert.«

»Alle Achtung! Ich habe nur ein Studium bis zum Ende durchgezogen«, sagte ich.

»Ich bitte Sie! Wer schließt denn heutzutage noch ein Studium ab?« Er warf mir einen spöttischen Blick zu.

»Ich zum Beispiel. Und mir reicht mein Jurastudium«, mischte sich Alexandra genervt ein.

Dieser Vogel ging auch mir gehörig auf den Keks. Er verhielt sich wie ein aufgeblasener Pfau, und ich wollte ihm ein wenig auf den Zahn fühlen. »Sie nutzen also Ihre profunden Kenntnisse über Literatur, Psychologie und Architektur, um beispielsweise eine Zweizimmerwohnung zu vermieten?«

Nun zog Alexandra die Notbremse. Sie ahnte, dass ich ihm eine Falle stellte, und wollte den Kopf ihres Freundes aus der Schlinge ziehen.

»Wir müssen doch nun wirklich nicht den ganzen Abend über die Immobilienbranche sprechen. Sag mal, Emil, was machst du denn so? Irgendwelche neuen, spannenden Projekte am Start?«

»Nichts, was erwähnenswert wäre.«

»Alexandra hat erzählt, dass Sie fürs Fernsehen schreiben. Ich hätte da eine Idee für einen Film«, verkündete das akademische Allround-Talent.

»In zwei Semestern um die Welt?«, fragte ich spitz.

»Ein guter Scherz! Ich werde Ihnen meine Idee gleich verraten, ich muss nur mal kurz austreten.« Amsel lief in Richtung WC.

Ich konnte es mir nicht verkneifen, Alexandra einen leicht spöttischen Blick zuzuwerfen, ganz nach dem Motto: Was hast du dir denn da für einen Idioten angelacht? Sie verstand sofort.

»Bitte, Emil, mach ihn nicht fertig«, bat sie mich ungewohnt ehrlich.

»Keine Sorge, das erledigt er selbst«, erwiderte ich schmunzelnd, »allerdings dachte ich bis jetzt, dass nur Kinder keine Ironie verstehen!«

»Na ja, in gewisser Hinsicht ist er noch ein Kind.«

»Und du bist seine Mutter, oder wie?« Ich kannte Alexandra. Sie mochte keine Männer, die noch grün hinter den Ohren waren.

»Das ist nicht fair von dir!«

Nanu! Alexandra reagierte ja richtig beleidigt! Doch darauf konnte ich keine Rücksicht nehmen: »Was soll dieser Umtrunk? Versöhnung light? So einfach geht das nicht, Alexandra. Du hättest dich ruhig mal von unterwegs melden können. Irgendeine Postkarte von Bora Bora oder der Kokosnuss-Insel, was weiß ich. Nicht einmal, als ich dich wegen Ewa angeschrieben habe …« Ich redete mich in Rage, jetzt musste alles raus.

»Amsel liest meine Mails!«, unterbrach sie mich.

»Er liest deine Mails? Kinder sollten die Mails ihrer Eltern aber nicht lesen.«

Alexandra begann zu schwimmen: »Nicht jetzt, bitte. Amsel kommt gleich zurück!«

»Nett, dass wir uns wiedergesehen haben, Alexandra.« Ich leerte mein Glas und wollte gehen.

»Willst du nicht morgen zu meinem Geburtstag vorbeischauen?«, fragte sie mich unerwartet und griff meine Hand.

»Du lädst mich zu deinem Geburtstag ein?«

»Natürlich. Du brauchst auch nicht alleine zu kommen. Bring doch deine neue Freundin mit.«

Ich antwortete mit einer Gegenfrage: »Und was sagt dein Sohnemann, wenn dein Ex auftaucht?«

»Es ist mein Geburtstag!«

»Mal sehen«, erwiderte ich ausweichend und drehte mich wieder zum Gehen, als Amsel mit offenem Hosenstall vor uns auftauchte. Er konnte es wohl nicht erwarten, mir seine Filmidee zu präsentieren.

»Kommen wir zu unserem Filmprojekt!«, trompetete er.

»Sorry, aber mein Hund bellt nach mir«, wimmelte ich ihn ab und machte einen Abgang.

Am nächsten Morgen beim Frühstück beobachtete ich vom Fenster aus das Elsternpärchen. Es flog die einzelnen Balkone auf der Suche nach etwas Fressbarem ab und nahm dabei so manchen Müllbeutel auseinander. Ich fragte mich, ob ich Alexandras Einladung annehmen sollte.

Unerwartet rief mich Grabowski an.

»Hey, Alter, wollte mich entschuldigen. Sprichst du noch mit mir?«

»Sicher!«, erwiderte ich und nahm seinen Anruf zum Anlass, ihm von Alexandras Einladung zu erzählen. Ich wollte wissen, was er darüber dachte.

»Klare Sache. Sie will dich wieder anbaggern«, lautete seine blitzschnelle Analyse.

»Sie hat einen Freund!«, entgegnete ich.

»Dann teste Sie doch. Geh mit einer Frau dorthin, und du wirst sehen, wie sie reagiert.«

»Hallo? Welche Frau soll ich denn mitnehmen? Ich bin im Moment Single, wie du weißt.«

»Wozu gibt es Escort-Damen?« Dieser Tipp war ein echter Grabowski: pragmatisch und dreist. Leider kam das für mich nicht infrage.

»Was ich dich noch fragen wollte: Hast du mir die Opernkarte zum Geburtstag geschenkt?«

»Was für eine Karte?«

»Für die Oper!«

»Gibt es in dieser Stadt eine Oper? Ich kenne nur die Kinos hier.«

Eindeutiger konnte seine Antwort nicht ausfallen. Von ihm stammte die Karte also nicht.

Tage später schenkte Grabowski mir übrigens ein Stofftier.

»Diese Elster ist für dich.«

»Das ist keine Elster, das ist eine Amsel, du Vogel!«, lachte ich und bedankte mich trotzdem.

Raupen heiraten nicht

Jahrzehntelang pflegte ich ein sehr unromantisches Verhältnis zu meinen Balkonen. Sie dienten mir nur als Abstellplatz für Kleinmöbel, die auf den Sperrmüll wandern sollten. Ich war auch nie die Art Balkongärtner gewesen, die Geranien pflanzte. Und ich wäre nie auf die Idee gekommen, morgens auf dem Balkon zu frühstücken oder mittags dort ein Sonnenbad zu nehmen. Ferien auf Balkonien? Never ever. Ein Urlaub begann für mich erst mit einer Entfernung von mindestens tausend Kilometern zum Wohnort. Logisch, dass ich für Alexandra, die ihren Balkon immer schöner gestaltete als ich mein Wohnzimmer, als der Balkonmuffel par excellence galt.

Doch seitdem ich gegenüber dem Park wohnte, hatte sich mein Verhältnis zu diesem Wohnungs-Extra grundlegend geändert. Mein Balkon wurde zur idealen Aussichtsplattform mit Sicht auf den Park. Darüber hinaus hatte er auch Platz für den einen oder anderen tierischen Gast geboten, den ich in den letzten Wochen hatte beherbergen müssen.

An diesem Tag besuchte mich ein Rotkehlchen. Vom Wohnzimmer aus konnte ich es durch die geschlossene Balkontür hindurch genau beobachten. Das klingt jetzt alles nicht sonderlich aufregend – schließlich kam da kein Alligator angeflogen –, aber ich fand es sensationell, den kleinen Singvogel aus nächster Nähe zu betrachten. Ich konnte mich gar nicht sattsehen an den kleinen Kugelaugen, dem wunderschönen roten Hals und den leuchtenden Federn. Die Scheibe muss gespiegelt haben, weil mich der Winzling nicht bemerkte und sich somit nicht aus der Ruhe bringen ließ. Zu meinem Erstaunen suchte das Vögelchen kein Futter, sondern hatte es auf Pippas Hundebürste abgesehen, die auf dem Boden lag. Mit seinem kleinen Schnabel zupfte es einzelne Fellbüschel von den Borsten und brachte sie weg – offensichtlich sollten sie als Nestmatratze dienen. Wie dieses gepolsterte Nest wohl aussah? Früher hätte ich mir niemals den Kopf darüber zerbrochen, aber jetzt, da ich wusste, dass Pippas Fell als Baumaterial benutzt wurde, erwachte meine Neugierde. Ich wollte mich mit Pippa auf die Suche machen.

Allerdings war das leichter gesagt als getan, denn wo sollte ich anfangen? Wo pflegten Rotkehlchen ihre Nester zu bauen? Die Nester der größeren Vögel waren viel einfacher zu finden als die der kleinen Singvögel. Wieder half mir das Internet, wo ich erfuhr, dass Rotkehlchen ihre Nester bevorzugt in Hecken und Büschen bauten, und zwar in Bodennähe. Dabei verwendeten sie Blätter und Moos und polsterten alles mit Federn und Haaren aus – in diesem Fall auch mit Pippas flauschigem Fell! Hatten sie keine Lust auf ein Nest Marke Eigenbau, suchten sie auch gerne Vogelhäuschen aus, die sie gemütlich einrichteten. Im Park gab es so manchen Nistkasten, der in luftiger Höhe angebracht war. In diesem Fall hätte ich eine Leiter gebraucht, was nicht infrage kam.

Lieber durchstreifte ich das Gebüsch und suchte dort nach möglichen Nestern. Den Brennnessel-Boulevard mied ich aus nachvollziehbaren Gründen, genauso wie die Stechpalmen-Allee. Efeu, Wacholder und Rhododendron dagegen nahm ich unter die Lupe, allerdings ohne ein Nest zu entdecken. Ich durfte natürlich nicht wie ein Elefant im Porzellanladen durchs Gebüsch stampfen, sonst hätte ich womöglich die armen Rotkehlchen verschreckt.

Einen Versuch wollte ich noch starten und begab mich ins Horrorwäldchen. Ich watete vorsichtig über den Blätterteppich, um ja nicht auf einen der vielen Hundehaufen zu treten. Hinter einer Eibe entdeckte ich an einem Ast ein Vogelhäuschen, das jemand dort einmal angebracht haben musste. Aha! Vorsichtig, um eventuell brütende Vögel nicht zu stören, trat ich näher und sah, dass irgendein Schwachmat ein volles Kondom ins Vogelhäuschen gesteckt hatte. Ich wollte wieder gehen, rutschte aber auf dem glatten Boden aus. Ärgerlich stand ich wieder auf, schüttelte mir die Blätter ab und entdeckte auf meiner Hose eine Art Wurm mit kleinen, haarigen Stacheln. Was war das? Instinktiv schlug ich das Tier weg und wollte davonlaufen, aber dann blieb ich doch stehen. Weshalb war ich so angewidert? Hatte ich Angst vor einem Wurm? Ich wollte wissen, was für ein »Monster« diese Panik in mir ausgelöst hatte und suchte den Boden ab. Da kroch es! Ich überwand meine Zurückhaltung und hob es auf, um es eingehend zu betrachten.

Es war kein Wurm, sondern eine Raupe. Aber was für eine Art Raupe? Ich legte sie auf meine flache Hand und ließ sie dort eine Runde krabbeln. Ich gestehe, dass ich mich mutig dabei fühlte, ganz so, als ob ich einen giftigen Skorpion oder gar eine Vogelspinne gezähmt hätte. Wie weit war es mit mir gekommen, dass eine kleine Raupe, die alles andere als eklig aussah, mich in Todesangst versetzen konnte? Und ob man etwas eklig fand oder nicht, war sowieso Geschmackssache. Austern besaßen meiner Ansicht nach einen ziemlich hohen Ekelfaktor, und trotzdem wurden sie als Delikatesse geschlürft. An all das dachte ich, als ich die kleine, fette Raupe in Augenschein nahm, die sich in meiner Handfläche wohlzufühlen schien. Bevor ich ging, legte ich sie sachte auf ein Blatt. Die Suche nach dem Nest des Rotkehlchens gab ich auf.

Wieder zu Hause, ärgerte ich mich, dass ich kein Foto von dem Tier gemacht hatte. Jetzt konnte ich nur noch schwer recherchieren, um welche Raupenart es sich gehandelt hatte.

Am nächsten Tag hatte Alexandra Geburtstag. Ich beschloss, ihre Einladung anzunehmen. Wer weiß, vielleicht würde sich eine »normale« Freundschaft zwischen uns beiden entwickeln, außerdem konnte es nie schaden, eine gute Anwältin in petto zu haben. Nachdem ich Pippa zu meiner Nachbarin Maria gebracht hatte, machte ich mich auf den Weg.

Alexandra empfing mich mit beidseitigen Begrüßungsküsschen und Lächelgrübchen im Gesicht. »Das ist nett, dass du kommst«, sagte sie und roch an meinem Blumenstrauß. »Wolltest du nicht jemanden mitbringen?«

Was für eine blöde Frage, dachte ich, sie will doch nur wissen, ob ich eine Freundin habe. »Das war zu kurzfristig«, sagte ich. Ich wollte sie über meinen Beziehungsstatus im Unklaren lassen.

Alexandra ließ nicht locker und fragte spitz: »Kenne ich sie?«

Ich verneinte. Sollte sie ruhig weiterrätseln.

»Hallo, Herr Drehbuchautor!« Amsel kam mir entgegen und sah auch heute wieder *male model*-mäßig aus. Haare, Teint, Zähne, Anzug und Schuhe – alles vom Feinsten. Wollte er die Oscar-Verleihung moderieren? Als ich ihm die Hand reichte, griff ich in Silikon. War das der Händedruck eines erwachsenen Mannes?

Alexandra stellte mir die wenigen übrigen Anwesenden vor, einige davon – typische Juristen in meinen Augen – kannte ich flüchtig von früher. Eine ältere Dame auf dem Sofa stach jedoch hervor. Ihre lila Frisur erinnerte an Margot Honecker, die zahlreichen Falten an Leni Riefenstahl, ihr Make-up an Alice Cooper.

»Das ist meine Mama«, erklärte Amsel und lächelte die Dame so verliebt an, als wäre sie seine Braut. Mir fiel auf, dass Alexandra einen leicht säuerlichen Gesichtsausdruck machte, als sie uns alleine ließ.

»Sie sind also der frühere Partner von Alexandra«, flötete Lila Riefenstahl, hielt mir ihre Hand hin und erwartete offensichtlich einen Handkuss. Ich tat ihr nicht den Gefallen und zog ein ehrliches Händeschütteln vor. Notgedrungen schlug sie ein und brach mir dabei fast die Finger.

»Angenehm«, stöhnte ich leise und sehnte mich nach dem Weichei-Handschlag ihres Sohnes zurück.

»Amsel hat mir gesagt, dass Sie seine Filmidee realisieren wollen«, flötete sie.

»Wie meinen?«

Amsel hakte sich ungefragt bei mir ein, als wären wir alte Buddys. »Ist doch nicht schlimm, dass ich Mama schon von unserem Filmprojekt erzählt habe, oder?« Jetzt sah er mich von der Seite an und zwinkerte mir verschwörerisch zu.

Meine Verwunderung wuchs. Hatte ich etwas verpasst? »Alles gut. Das spricht doch nur für eine gesunde Mutter-Sohn-Beziehung«, antwortete ich spöttisch und löste mich aus seiner Umklammerung.

»Wovon soll dieser Film handeln? Mein Sohn macht es spannend und hat mir noch nichts verraten. Er hat bestimmt eine tolle Idee. Amselchen ist ja so talentiert.« Sie griente und zeigte mir ihre vergilbte Kukident-Wand.

»In der Tat, Ihr Sohn verfügt über viele Talente«, bestätigte ich und zeigte den beiden ebenfalls meine Zahnreihen. Dann begab ich mich zum Geburtstagskind, das gerade mit meinem Blumenstrauß beschäftigt war.

»Ist das erste Mal, dass ich Blumen von dir bekomme«, sagte sie anerkennend, während sie an den Blüten roch. »Woher wusstest du, dass ich Lilien mag?«

»Stimmt! Ihnen eilt ja kein besonderer Ruf als Romantiker voraus«, hörte ich Amsels Stimme im Hintergrund, »Alexandra hat mir alles über Sie erzählt.«

Im nächsten Moment stand er auch schon wieder neben mir, seine freundliche Miene hatte sich in eine grinsende Grimasse verwandelt.

»Ach ja? Was hat sie denn sonst noch über mich verraten?«, fragte ich mit Blick auf Alexandra, der das Thema sichtlich unangenehm war.

»Amsel macht doch nur Spaß!«, wich sie mir aus.

»Sie sagte, Sie hätten sich jetzt in einen Vogelliebhaber verwandelt und würden Krähen mögen.«

»Es sind Elstern!«, korrigierte ich Amsel. »Aber ich mag auch Rotkehlchen, Kaninchen und die anderen Tiere aus dem kleinen Park.«

»Welcher Park ist das?«, mischte sich Amsels Mama ein. Offenbar drängte es diese Familie nach einer Konversation mit mir, was nicht auf Gegenseitigkeit beruhte.

»Der an der Buchenallee«, erwiderte ich und hoffte, das Gespräch damit endlich beenden zu können. Weit gefehlt.

»Aber das ist doch kein Park! Das ist ein besseres Hundeklo!«, schnarrte es vom Sofa.

»Der eine sagt so, der andere so«, meinte ich diplomatisch und wünschte mir innigst, dass sie mich jetzt in Ruhe ließ.

»Meine Mama kennt sich mit Parkanlagen aus«, verkündete der Sohnemann.

»Das kann man wohl sagen. Ich habe mit Amsel schon die berühmtesten Parkanlagen der Welt besucht, nicht wahr, Junge?«

»Den Englischen Garten in München, Sanssouci in Potsdam, den Botanischen Garten in Berlin …« Amsel sah abwechselnd von seiner stolzen Mutter zu seiner Freundin, die wieder leicht angesäuert wirkte.

»Du hast den Fürst-Pückler-Park Bad Muskau vergessen, Junge. Konzentriere dich bitte!«, ermahnte sie ihn wie einen Erstklässler, der das ABC vergessen hatte.

»Setzen, sechs!«, lautete mein Kommentar dazu, bevor ich mich an Alexandra wandte: »Hast du was zu trinken?«

»Eine köstliche Fruchtbowle … ohne Alkohol, wie du es magst«, antwortete sie und ging mit mir zu den Getränken. Ich hatte keinen Rückspiegel, war mir aber sicher, dass Mama und Sohn mir giftige Blicke zuwarfen.

»Ich hätte nicht gedacht, dass du kommst«, sagte Alexandra leise, während sie mir ein Glas Bowle einschenkte.

»Und ich nicht, dass du mich einlädst.«

»Willst du wirklich einen Film mit Amsel drehen?«

»Jetzt fängst du auch noch damit an. Ich weiß von nichts!«

»Du hättest wirklich mit deiner Freundin kommen sollen, dann wäre es hier nicht so langweilig für dich.«

Das Thema klebte an ihr wie Kaugummi unterm Schuh, was ich nicht erwartet hatte. Ich ließ sie weiter zappeln, als kleine, kalte Rache für ihr forsches Abtauchen in die Karibik. »Sagen wir mal so – Beziehungsstatus: kompliziert. Anders als bei dir!«, sagte ich lachend.

Als ich mich umdrehte, sah ich, dass Amsel angeregt mit seiner Mutter diskutierte. Dabei zeigte die alte Dame in meine Richtung. Schließlich nickte er und kam direkt auf uns zu. Langsam fühlte ich mich verfolgt. Zum Glück hatte er es diesmal nicht auf mich abgesehen, sondern auf Alexandra.

»Liebe, Alexandra, darf ich um deine Aufmerksamkeit bitten«, begann er recht gestelzt und baute sich vor ihr auf. Sie schaute ihn erstaunt an, wunderte sich wohl über den förmlichen Ton. Dann sprach er, nicht weniger förmlich, in die Runde: »Sehr geehrte Damen und Herren, auch Sie würde ich gerne um Ihre Aufmerksamkeit bitten.«

Sofort kehrte Ruhe ein.

Amsel nickte erfreut und warf noch einen Blick auf seine Mutter, die ihn zufrieden anlächelte. Daraufhin atmete er tief durch und fiel vor Alexandra auf die Knie. Mir und den anderen Anwesenden war sofort klar, was das zu bedeuten hatte. Ich selbst hatte so etwas zwar noch nie live erlebt, aber es bestand kein Zweifel, dass Amsel Anlauf zu einem Heiratsantrag nahm. Spätestens jetzt fiel auch bei Alexandra der Groschen, zumal Amsel in seiner Tasche kramte und umständlich zwei goldene Ringe herausfischte.

»Liebe Alexandra. Es ist an der Zeit, dass ich dir eine Frage stelle. Eine sehr wichtige Frage«, begann er und legte eine Kunstpause ein.

Ich nutzte den Moment und warf einen Blick auf Alexandra. Sie schien komplett überrumpelt von diesem historischen Moment zu sein, jedenfalls versuchte sie sich an einem Lächeln, das ihr nicht gelang.

Dessen ungeachtet spulte Amsel nun weiter seinen Text ab: »Liebste Alexandra, wir kennen uns nun seit über einem Jahr, und ich habe bis jetzt keinen Moment bereut!«

Hört, hört! Was hatte er da gesagt? Seit über einem Jahr? Vor einem halben Jahr hatte sie die Beziehung zu mir beendet, das hieß, dass sie mich bereits ein halbes Jahr mit Amsel betrogen haben musste. Ich fixierte Alexandra. Sie sah mich an und las jeden meiner Gedanken. Am liebsten hätte sie Amsel wohl den Ton abgedreht, aber der legte gerade nach: »Ich weiß noch ganz genau, wie wir uns kennengelernt haben. Du warst damals noch in anderen Händen, und trotzdem konntest du deinen Blick nicht von mir wenden.«

Das wurde ja immer doller! Wollte dieser Idiot mich provozieren? Und merkte er nicht, dass er seine zukünftige Ehefrau dabei völlig bloßstellte? Nein, das merkte er nicht – oder es war ihm schnuppe.

»Und dann diese Reise um die Welt! Wir konnten auf hoher See testen, ob unsere Beziehung auch stürmische Zeiten überstehen würde… Und ja, stellenweise hatten wir mit hohem Wellengang zu kämpfen, aber wie sagt Mama immer: Eine gute Ehe übersteht auch einen Tsunami!«

»Junge, komm endlich zur Sache!«, ertönte im Hintergrund die strenge Stimme seiner Mutter. Und Alexandra?

Eine glückliche Frau sah anders aus. Ich war mir sicher, dass sie sich das freundliche Lächeln förmlich herauspressen musste.

Amsel räusperte sich unüberhörbar: »Liebe Alexandra, ich frage dich jetzt ganz offiziell: Willst du meine Frau werden?«

Ich weiß nicht, was Alexandra ihm antworten wollte, ich weiß nur, dass ich einen Riesenschreck bekam, als plötzlich ein markerschütternder Schrei durch die Wohnung drang.

»Hilfe! Hilfe!«, brüllte Amsels Mutter wie von der Tarantel gestochen und begann trotz ihrer angeblichen Gehbehinderung wie ein Flummi durchs Wohnzimmer zu hüpfen.

»Mutter! Was ist?«, kreischte Amsel.

»Eine Vogelspinne! Sie frisst mich auf!« Die alte Dame rang keuchend nach Luft, ging zu Boden, schloss die Augen und wartete auf den Tod. Es kam schlimmer! Ihr besorgter Sohn nahm sie in die Arme und wollte sie mittels Mund-zu-Mund-Beatmung aus dem Reich der Toten zurückholen.

»Lass das sein, du Ferkel!«, herrschte sie ihn an und gab ihm eine schallende Ohrfeige.

Ein Raunen ging durch den Raum. Ich blieb skeptisch. Wie sollte eine Vogelspinne den Weg in Alexandras Wohnung gefunden haben? Als ich auf dem Boden die kleine Raupe von gestern Vormittag sah, wusste ich Bescheid. Schmunzelnd hob ich das Krabbeltierchen auf.

»Nicht anfassen! Die ist giftig!«, warnte mich Amsels Mutter mit verzerrter Leidensmiene. »Weg mit dem Viech!«

»Warum lachen Sie?«, fragte mich ein fassungslos dreinblickender Amsel.

»Das ist eine Raupe«, erklärte ich und streichelte sie sanft mit meiner Fingerkuppe. »Ich glaube, sie hat sich als blinder Passagier hier hereingeschmuggelt. Ich habe sie gestern im Park gefunden.«

Einige der Gäste scharten sich um mich und wollten einen Blick auf die Raupe wagen. Amsel platzte der Kragen: »Was fällt Ihnen ein, so ein Viech mitzubringen?«

»Meine Güte, sie ist harmlos. Überzeugen Sie sich selbst davon.«

»Unterstehen Sie sich!«, blaffte er mich an und schlug meine Hand zur Seite. Dabei flog die arme Raupe im hohen Bogen durch das Wohnzimmer und landete irgendwo zwischen Couch und Bücherwand.

Dafür gab es sofort einen Anschiss von Alexandra: »Hol die sofort zurück! Ich will keine Raupe in meiner Wohnung!«

Amsel schüttelte vehement den Kopf und verschränkte die Arme: »Soll er das machen! Ich fass das Vieh nicht an!«

Ich versuchte weiter Druck aus dem Kessel zu nehmen: »Sie ist wirklich harmlos, glauben Sie mir.«

»Junge, du hast sie berührt und musst die Stelle desinfizieren«, mahnte seine Mutter.

»Zuerst der Heiratsantrag«, erwiderte Amsel.

»Der kann warten. Nachher wirst du mir krank!«

»Du hast recht, Mama. Alexandra, hast du Sagrotan in der Wohnung?«

»Erst bringst du dieses Tier raus! Du weißt ja, wo du es hingeworfen hast!«, befahl Alexandra.

Die Stimmung begann zu kippen. Die übrigen Gäste wussten nicht, wie sie auf diese Situation reagieren sollten. Obwohl ich durchaus nichts gegen einen Streit zwischen

Alexandra und Amsel einzuwenden hatte, versuchte ich zu schlichten. »Hey, Leute, das ist eine harmlose Raupe und keine schwarze Witwe!«

»Ach ja? Und was für eine Raupe war das genau?«, hakte Amsels Mutter nach.

»Ich weiß es nicht, aber wenn sie gefährlich wäre, hätte ich es längst gemerkt«, erklärte ich und suchte in der Runde nach Verbündeten. Vergebens. Die Gäste blickten recht skeptisch drein.

»Ich will jetzt Sagrotan! Ich habe das Ding angefasst!« Amsel stampfte wie ein kleiner Junge mit dem Fuß auf den Teppichboden.

»Mein Gott noch mal, dann guck doch selber nach! Du weißt doch, wo ich die Putzmittel habe«, kanzelte ihn eine genervte Alexandra ab.

»Dir ist es also egal, dass ich mich vielleicht vergiftet habe«, raunte er und verschwand mit hochrotem Kopf in Richtung Bad.

»Sei nicht kindisch!«, rief Alexandra ihm nach, dann wandte sie sich an mich: »Würdest du bitte deine Raupe wieder einsammeln?«

»Natürlich«, erwiderte ich ruhig.

Die anderen Gäste hielten weiterhin Abstand und widmeten sich lieber ihren Getränken. In der Zwischenzeit suchte ich wie ein Detektiv nach dem kleinen Ausreißer. Gar nicht so einfach, ihn zu finden. Hatte er sich in der Ritze der Couch versteckt?

»Du hast kein Sagrotan! Habe stattdessen Rohrreiniger genommen«, hörte ich Amsel, der wieder ins Wohnzimmer gekommen war.

Was hatte er da gesagt? Rohrreiniger? So blöd konnte doch selbst er nicht sein, dachte ich. Aber Amsel belehrte mich eines Besseren. Er hob seine Hand: Die Handfläche war so rot, als hätte er sie auf eine heiße Herdplatte gelegt.

»Was ist das denn?«, fragte Alexandra und hielt sich vor Schreck die Hand vor den Mund.

»Dieses Viech hat wohl einen allergischen Schock bei dir ausgelöst«, diagnostizierte seine Mutter mit Blick auf Amsels Hand, die tatsächlich bessere Tage gesehen hatte.

»Das ist keine Allergie, das kommt vom Rohrreiniger«, erklärte ich, während ich versuchte, die kleine Raupe mit meinen Fingern unter dem Sofa herauszupulen. Sie entwich mir und krabbelte hinter die Bücherwand.

»Sie müssen es ja wissen, Sie Parkwächter!«, spottete Amsel. »Haben Sie das Vieh endlich gefunden?«

»Die Raupe steckt hinter dem Bücherregal, da komme ich leider nicht dran«, erwiderte ich resigniert und stand auf.

Amsel zeigte mir einen Vogel. »Sie kriegen doch gar nichts auf die Reihe!« Entschlossen marschierte er zum Bücherregal, schob mich ärgerlich beiseite und versuchte, es zu bewegen.

»Pass auf die Bücher auf!«, mahnte Alexandra.

Amsel ignorierte ihren Einwand. Ungeduldig holte er ein Feuerzeug aus seiner Tasche.

»Was hast du vor?«, fragte Alexandra besorgt.

»Das Ungeziefer ausräuchern!«

Er machte das Feuerzeug an und hielt die Flamme in Richtung des vermeintlichen Ungeheuers.

Alexandra schaute ihn an, als habe er nicht mehr alle Synapsen in der Oberleitung: »Sag mal, spinnst du?«

»Mein Sohn weiß, was er tut«, kommentierte die zukünftige Schwiegermutter und reckte den Daumen nach oben. Die übrigen Gäste sahen sich schweigend an. Was ging hier vor?

Das fragte ich mich allerdings auch. »Alexandra, sag etwas! Der kokelt dir alles an!«

Doch bevor sie Amsel zur Ordnung rufen konnte, fing der Ordner mit der Gesetzessammlung Feuer. Was jetzt folgte, ist mit dem Begriff »vollkommenes Chaos« nur unzureichend beschrieben: Beim Versuch, das Feuer zu löschen, riss Amsel das Regal um, das auf den Boden krachte. Zahllose Bücher verteilten sich auf dem hellen Teppichboden. Ein zweites und drittes Buch fing Feuer. Hilflos tänzelte Amsel um die Flammen herum und versuchte, sie mir irren Handbewegungen zu ersticken. Auch Alexandra rannte hilflos wie ein aufgescheuchtes Huhn herum, während der Rest der Anwesenden in Schockstarre verharrte.

Ich nicht. Ich schnappte mir die Schüssel mit der Fruchtbowle, goss sie aus und löschte damit das Feuer. Dass sich Rauch entwickelte, musste ich in Kauf nehmen. Kollektives Husten setzte ein, und Alexandra riss keuchend die Balkontür auf – was aber den Rauchmelder nicht davon abhielt, seine Funktionstüchtigkeit durch lautes Piepen unter Beweis zu stellen.

»Kann das nicht mal jemand ausstellen?!«, keifte Amsels Mutter, als gäbe es keine anderen Probleme.

Denn die gab es! Im Wohnzimmer sah alles nach dem Einschlag einer Handgranate aus. Der helle Teppichboden wies zahlreiche schwarze Brandlöcher auf, und das teure Designerregal war nun eher ein Fall für den Sperrmüll. Garniert wurde alles durch die in alle Winde verstreuten Obststücke aus der Bowle.

»Du und dein dämliches Feuerzeug!«, schimpfte Alexandra, die fassungslos auf das Chaos starrte.

»Ich? Er hat dieses Viech hierhergebracht!« Amsel zeigte auf mich, als wenn ich ein Schwerverbrecher wäre.

»Deswegen musst du doch die Bude nicht anzünden!«, schrie Alexandra.

»Sie gehen am besten, bevor ich mich vergesse«, drohte mir Amsel mit ausgestrecktem Zeigefinger.

»Wenn ich gehe, dann nicht ohne meine Raupe«, erwiderte ich gelassen, »außerdem hat Alexandra hier das Hausrecht.«

Alexandra quälten unterdessen andere Sorgen. Sie versuchte mit einem Handtuch einige dunkle Flecken auf dem Veloursboden zu entfernen – die Mission war zum Scheitern verurteilt.

»Schmeiß ihn raus, Alexandra!«, befahl Amsel ihr mit hochrotem Gesicht.

»Sei nicht kindisch und hilf mir lieber!«, erwiderte die.

»Sie gibt dir Widerworte! Lässt du dir das gefallen?«, giftete Amsels Mutter.

In diesem Moment tönte es laut *tatütata*, und einer der Gäste, der am Balkon stand, klärte uns auf: »Die Feuerwehr rückt an!«

Sofort eilten alle auf den Balkon und staunten über einen Löschzug aus mehreren leuchtend roten Feuerwehrautos, die vor dem Haus hielten und von oben wie Spielzeuge aussahen. Aber es war kein Spiel. Die Feuerwehrmänner sprangen aus den Fahrerkabinen und schauten zum Balkon hoch. Zwei von ihnen rannten mit schwerer Sauerstoffflasche, Helm und Maske zur Haustür. Keine dreißig Sekunden später klingelte es.

Alexandra machte die Tür auf und stand nun zwei Feuerwehrleuten, die wie Taucher ausgerüstet waren, gegenüber.

»Wo brennt es?«, fragte einer der Männer.

»Wie bitte?«, fragte Alexandra zurück.

»Die Nachbarn haben Rauch gesehen und angerufen!«, klärte der Feuerwehrmann uns auf.

»Hier riecht es doch auch«, stellte sein Kollege fest. Die beiden Männer schoben die verblüffte Alexandra beiseite und betraten das Wohnzimmer, das immer noch ziemlich verwüstet aussah. »Was ist denn hier passiert?«

Nun hätte alles ein glimpfliches Ende nehmen können, wenn Amsel seine Klappe gehalten hätte. Anstatt den beiden Feuerwehrleuten irgendetwas von einem unglücklichen Unfall mit, sagen wir mal, einer umgekippten Kerze zu erzählen, breitete er die Raupen-Story detailverliebt und in aller Ausführlichkeit vor ihnen aus. Als die Feuerwehrleute erfuhren, dass Amsel den Alarm mit seinem Feuerzeug ausgelöst hatte, sahen sie rot und verabschiedeten sich mit dem Hinweis, dass Alexandra mit einem saftigen Bußgeld zu rechnen habe.

»Ihnen ist doch klar, dass das auf Ihre Kappe geht!«, warf mir Amsel an den Kopf und hob wieder drohend den Zeigefinger.

Dieser Mensch ging mir nur noch auf die Nerven. Anstatt ihn den Balkon hinunterzuwerfen, schloss ich mich den Aufräumarbeiten an, mit denen Alexandra und die anderen Gäste begonnen hatten.

Nur Amsels Mutter weigerte sich, sich nützlich zu machen, und zündelte lieber weiter: »Amsel, denk an deinen Heiratsantrag!«

Sohnemann, der hilflos und dumm dastand, nickte eifrig und räusperte sich laut. »Darf ich noch einmal um eure Aufmerksamkeit bitten! Ich muss noch eine Sache zu Ende bringen«, rief er in den Raum und latschte zu Alexandra, die emsig Bücher einsammelte.

»Was willst du?«, fragte sie patzig.

Erneut ging er vor ihr auf die Knie und faltete die Hände: »Liebe Alexandra ...«

»Du siehst, dass ich beschäftigt bin«, kanzelte sie ihn ab und kehrte ihm den Rücken zu.

Der verschmähte Bräutigam stand da wie ein begossener Pudel und sah Hilfe suchend zu seiner Mama, die empört mit dem Kopf schüttelte. Alexandra war bei ihr wohl unten durch.

»Da ist die Raupe!«, rief plötzlich einer der Gäste und zeigte unter den Tisch. Ich hob das Tierchen sachte auf und lachte es an: »Wir beide gehen jetzt besser, oder?«

Höflich verabschiedete ich mich von den Anwesenden. Alexandra folgte mir zur Tür und gab mir folgende Worte mit auf den Weg: »Sei nett zu ihr. Sie hat mich vor einer großen Dummheit bewahrt.«

Ich verstand nicht ganz. Was meinte sie damit?

Elstern mögen Beethoven

Ich ging davon aus, dass Mr. Wrong es doch noch geschafft hatte, Alexandra ein Ja zu entlocken. Ich wünschte ihr alles Gute mit ihm und seiner Mutter, denn den Sohnemann gab es offensichtlich nur im Paket mit Mama. Hätte Alexandra sich nicht von mir getrennt, wäre ihr dieser Schwiegerdrache erspart geblieben. Eine Heirat hatte bei uns allerdings nie zur Diskussion gestanden, weil wir beide aufgrund einer ersten gescheiterten Ehe einen erneuten Gang zum Standesamt scheuten. Davon abgesehen wäre es mir nie in den Sinn gekommen, vor Alexandra in die Knie zu gehen und ihr einen Antrag zu machen. Anscheinend hatte ich wirklich arge Defizite in Sachen Romantik. Wie dem auch sei: Sollte sie doch jetzt mit Signore Fettnäpfchen glücklich werden!

Um mein eigenes Liebesleben stand es dagegen ziemlich mau. Rania ging mir nicht aus dem Kopf. Je länger ich an sie dachte, desto größer wurde der Wunsch nach einem Wiedersehen. Zu gern hätte ich sie näher kennengelernt. Die wenigen gemeinsamen Stunden in jener Nacht hatten, um mit den Worten eines arabischen Lyrikers zu sprechen, das Tor der Sehnsucht weit aufgerissen. Aber es war wohl leichter, die sprichwörtliche Nadel im Heuhaufen zu finden, als

Rania. Sie mied den Park und hatte offenbar kein neues Huhn, das Auslauf brauchte.

Es war schon frustrierend, dass ich in Sachen Beziehungen auf der Stelle trat. Sogar Grabowski hatte mich überholt. Er feierte mit seiner Monika bald silberne Hochzeit, obwohl er nie müde wurde, vor uns den unabhängigen, harten Kerl zu spielen, der sich von seiner Frau nichts gefallen ließ, und uns mit zahllosen Affären beeindrucken zu wollen, die er allesamt erfunden hatte. Wenn man ihn allerdings zusammen mit seiner Gattin sah, verhielt er sich nicht wie der wilde Mr. Hyde, sondern wie der brave Dr. Jekyll.

Pippa war die einzige Frau, die mir treu ergeben war. Ich absolvierte gerade unsere abendliche Gassirunde mit ihr, als von irgendwoher leise Klaviermusik erklang. Ich kannte das Stück, es war »Für Elise« von Beethoven. Die Musik kam aus einem Reihenhaus, das an den hinteren Teil des Parks angrenzte. In der zweiten Etage stand die Balkontür offen, und ich sah ein kleines Mädchen am Klavier sitzen. Immer und immer wieder spielte sie die gleiche Melodie, nicht allzu perfekt, sondern etwas stockend. Offensichtlich übte sie fleißig, um das Stück fehlerfrei spielen zu können. Und ich sah noch etwas: Meine Elstern kamen angeflogen und landeten auf dem Balkongeländer. Sie saßen einfach nur da und schienen genauso wie ich der Musik zu lauschen. Ich war wieder neidisch auf diese Vögel, die immer überall zu zweit auftauchten, im Gegensatz zu mir (Pippa zählte in diesem Fall nicht). Zwei Tage später hörte ich das Mädchen erneut Klavier spielen. Diesmal spielte es aber nicht Beethoven, sondern Mozart – und zwar eine der Variationen, die an »Morgen kommt der Weihnachtsmann« erinnern. Diesmal gab es keine schwarz-weiß gefiederten Zuhörer, was mich nicht weiter irritierte. Wiederum einige Tage später aber waren sie wieder da und lauschten »Für Elise«. Nach zwei Wochen hatte ich ein Muster entdeckt: Dienstags, wenn das Mädchen Beethoven spielte, kamen die Elstern. Donnerstags, wenn es Mozart spielte, blieben sie fern. Das machte mich stutzig. Konnte es tatsächlich sein, dass die Elstern lieber Beethoven hörten als Mozart?

Dass diese Frage mich nicht losließ, fiel auch anderen Bewohnern des Reihenhauses auf: »Sagen Sie mal, was machen Sie eigentlich hier? Ich sehe Sie ja fast täglich vor dem Haus herumlungern!«, sagte ein grauhaariger Mann, der Laub kehrte.

»Was wohl? Ich lausche der Musik des Mädchens«, antwortete ich etwas patzig, bevor ich mit Pippa weiterzog.

Wieder zu Hause, widmete ich mich erneut der Frage nach dem Musikgeschmack von Elstern. Für mich klang die Melodie von »Für Elise« etwas »erhabener« als das Stück von Wolfgang Amadeus, dem die Urheberschaft für das englische Kinderlied »Twinkle, Twinkle, Little Star« nachgesagt wird. Hieß das, dass die beiden Elstern lieber Erhabenes anstatt Verspieltes hören wollten? Hatte ich eine neue Seite der Verhaltensforschung aufgeschlagen?

Meine beiden Freunde reagierten unterschiedlich auf diese lebenswichtige Frage.

»Sag mal, hast du keine anderen Probleme?«, motzte Grabowski.

Jojo dagegen zeigte durchaus Interesse: »Es wäre wirklich wichtig zu wissen, inwieweit Vögel ein ästhetisches Empfinden haben. Warum sollte das ein Privileg des Menschen sein?«

»Genau. Auch Vögel könnten bestimmte Musikstile bevorzugen, genau wie wir«, erklärte ich.

»Ich kann euch nur sagen, welche Musik ich beim Vögeln bevorzuge«, verkündete Grabowski amüsiert und schnalzte mit der Zunge. Seine Ignoranz konnte ich nachvollziehen, weil ich bis vor einigen Monaten nicht viel anders gedacht hatte. Aber der kleine Park hatte meinen Horizont eben erweitert und neue Interessen geweckt.

Am gleichen Abend meldete sich Alexandra telefonisch bei mir.

»Emil, hast du Zeit? Ich muss mit dir reden.«

»Um was geht es?«

»Das würde ich dir gerne persönlich sagen. Am Dienstag um neunzehn Uhr in der Blauen Palme?«

Ich willigte ein, obwohl ich dieses Lokal verabscheute. Ich war zu neugierig, was mir Alexandra zu sagen hatte. Hoffentlich wollte sie mich nicht zu ihrer Hochzeit einladen.

Was mich am Dienstag aber tatsächlich umtrieb, war der Musikgeschmack der Elstern. Ich war gespannt, ob Beethoven sie erneut anziehen würde. Und das tat er. Als Pippa und ich den ersten Klängen von »Für Elise« lauschten, sahen wir die Elstern heranfliegen. Da ertönte mein Handy.

»Wo bleibst du denn? Ich warte schon seit einer Viertelstunde hier!«, klang es vorwurfsvoll durch den Hörer. Unverwechselbar die Stimme von Alexandra.

»Wie bitte? Was ist denn?«, fragte ich ahnungslos.

»Wir wollten uns doch heute um sieben treffen!«

»Au Mann! Sorry, aber das habe ich total vergessen!«, gab ich unumwunden zu.

»Du hast es vergessen?« Sie klang empört.

»Ja, weil heute Dienstag ist und ich herausfinden will, ob die Elstern lieber Beethoven als Mozart hören«, antwortete ich und vergaß, dass sie mit meiner Erklärung überhaupt nichts anfangen konnte.

»Du kiffst also doch!«

»Natürlich nicht. Sollen wir uns morgen treffen?«

»Vergiss es. Ich bin dir eben nicht wichtig«, erwiderte sie schmollend. »Mich hier sitzen zu lassen, also ehrlich!«

»Es tut mir leid, Alexandra …«

»Melde dich, wenn du eine Anwältin brauchst. Als Freundin stehe ich nicht mehr zur Verfügung!« Sie legte auf.

Ich ärgerte mich, dass ich den Termin verschwitzt hatte, verstand aber nicht, weshalb sie gleich so beleidigt reagierte – ich hatte mich doch entschuldigt. Ich war so in meine Gedanken vertieft, dass ich nicht bemerkte, dass ein Polizeiwagen heranfuhr. Zwei Beamte stiegen aus.

»Guten Abend, dürfen wir bitte Ihren Personalausweis sehen?«

»Um was geht es?«

»Ihren Ausweis, bitte«, wiederholte der Beamte streng.

Da ich keinen Ärger wollte, wies ich mich aus. Während der Polizist per Funk meine Daten abglich, wandte ich mich an seinen Kollegen. »Darf ich mal fragen, was Sie von mir wollen?«

»Es liegt eine Beschwerde gegen Sie vor!«, erklärte der Polizist lakonisch und schaute zum Balkon des Reihenhauses hinauf. Ich folgte seinem Blick und entdeckte dort den Mann, der mich neulich angesprochen hatte. Er schaute nach unten und nickte.

»Und was für eine Art Beschwerde?«

Die Beamten antworteten mir nicht, sondern forderten mich auf, mit ins Präsidium zu fahren. Wieder verlangte ich eine Erklärung, die sie mir aber nicht gaben. Ich leistete keinen Widerstand mehr, sondern stieg ins Auto. Zum Glück durfte ich Pippa mitnehmen, da die beiden den armen Hund nicht alleine im Park lassen wollten.

Im Auto versuchte ich erneut mein Glück: »Vielleicht erklären Sie mir mal, um was es geht?«

»Wir fahren ins Polizeipräsidium, und zwar ins Sittendezernat.«

Ich traute meinen Ohren nicht. Was hatte er gesagt? Sittendezernat? Ich? Ein Faustschlag in den Magen. Mit dem Sittendezernat assoziierte ich Kindesmissbrauch und Vergewaltigung. »Da liegt doch bestimmt ein Missverständnis vor«, stammelte ich etwas hilflos, bekam aber keine weitere Antwort.

Zehn Minuten später hatte ich im Präsidium ein Déjà-vu. Gerade als die beiden Beamten mich in die Abteilung »Sitte« führen wollte, liefen mir ausgerechnet der Kürbis und Mr. Botox über den Weg.

»Ach ne … diesmal Sitte?«, kommentierte der Kürbis und grinste über beide Backen.

»Diesmal kommen Sie aber nicht so schnell wieder raus …«, ergänzte Mr. Botox.

Mir fiel nichts dazu ein. In dieser Situation konnte ich kein Screwball spielen.

Wieder saß ich mit Pippa auf dem Schoß in einem spartanisch eingerichteten Büro und hörte mir an, was mir ein Beamter des Sittendezernats zu sagen hatte.

»Würden Sie uns bitte erklären, warum Sie seit Wochen ein kleines Mädchen von der Straße aus beobachten?«

»Welches Mädchen?«, fragte ich irritiert.

»Tun Sie doch nicht so scheinheilig! Sie wissen genau, von welchem Mädchen die Rede ist«, erklärte der Beamte.

Jetzt erst ging mir ein Licht auf. »Ich habe doch nicht das Mädchen beobachtet. Mein Interesse galt den beiden Elstern, die der Klaviermusik gelauscht haben, und zwar Beethovens ›Für Elise‹«, erklärte ich wahrheitsgemäß.

Der Beamte runzelte mehr als skeptisch die Stirn.

»Ich weiß, es klingt absurd, aber so ist es nun mal«, ergänzte ich.

»Ich nehme Ihnen das nicht ab. Und auch Sie wissen genau, dass Sie hier Unsinn erzählen!«

»Dann beenden wir jetzt das Gespräch. Ich möchte meine Anwältin sprechen«, erklärte ich. Mir war die Situation zu heikel. Was, wenn der Kerl mich tatsächlich dabehalten wollte?

Der Beamte nickte und ich rief wieder einmal Alexandra vom Polizeipräsidium aus an.

»Alexandra, wir müssen uns sehen. Und zwar sofort!«

»Hatte ich dir nicht gesagt, du sollst mich nur anrufen, wenn du eine Anwältin brauchst?«

»Das hast du. Ich sitze im Polizeipräsidium.«

»Wieder Drogen?«, fragte sie genervt.

»Sittendezernat«, antwortete ich trocken.

»Ich komme!«

Keine halbe Stunde später betrat sie das Büro. Ich schilderte ihr kurz, um was es ging und dass mein Interesse nicht dem Mädchen galt, sondern den beiden musikbegeisterten Elstern.

Kaum war ich fertig, kam Alexandra zur Sache: »Mein Mandant hat recht. Ich kann bezeugen, dass er ein Faible für Elstern hat und dass er sie öfter beobachtet. Gegen was soll er dabei verstoßen haben? Geht es um Erregung öffentlichen Ärgernisses oder um Elstern-Stalking? Ich bin ganz Ohr!«

Alexandra verengte ihre Augen zu Sehschlitzen und trommelte mit ihrem Kugelschreiber auf den Schreibtisch, was bei dem übereifrigen Beamten nicht ohne Wirkung blieb.

Hilflos wiederholte er den Verdacht: »Nun, uns liegt eben die Aussage vor, dass er das Mädchen beobachtet hat.«

»Jetzt spitzen Sie mal die Ohren! Mein Mandant, der nicht vorbestraft ist, beobachtet zwei Vögel, die offenbar Musik hören. Wollen Sie ihn damit etwa vor den Haftrichter bringen? Na, das wird eine Gaudi!« Sie fixierte ihn, als ob er der Angeklagte wäre.

»Nun schießen Sie doch nicht mit Kanonen auf Spatzen«, sagte der Beamte beschwichtigend.

»Wenn schon, dann auf Elstern«, korrigierte ihn Alexandra in einem Ton, der keinen Widerspruch zuließ. »Und eins kann ich Ihnen sagen: Wir behalten uns eine Anzeige gegen Ihren Zeugen vor, und zwar wegen falscher Verdächtigung nach Paragraf 164 StGB!«

Keine fünf Minuten später verließ ich mit Pippa und der besten Anwältin der Welt das Polizeipräsidium. Wieder einmal hatte sie meinen Kopf aus der Schlinge gezogen. Vor dem Gebäude musste ich zunächst eine Gardinenpredigt über mich ergehen lassen:

»Bist du wirklich so naiv – oder nur blöd? Merkst du nicht, dass deine Vögel dich eines Tages ins Gefängnis bringen werden?«

»Werden sie nicht, weil du mich jedes Mal herauspauken wirst! Du bist die beste Anwältin der Welt, und das meine ich wirklich ernst«, lobte ich sie und gab ihr einen Kuss.

»Quatschkopf!« Sie lachte verlegen.

»Als wir noch zusammen waren, hatte ich gar nicht die Möglichkeit, mich von deinen beruflichen Fähigkeiten zu überzeugen.«

»Dann sollte ich mich wohl bei deinen Elstern bedanken?«, fragte sie spitzbübisch.

»Sie machen jedenfalls nichts ohne Grund!«

»Wenn das so ist, bin ich gespannt, was als Nächstes folgt.«

»Wir fahren zu mir und bestellen uns eine Pizza. Du wolltest doch sowieso mit mir sprechen, oder nicht?«

Später saßen wir drei in meiner Wohnung, und es war ein bisschen wie in alten Zeiten. Alexandra hatte es sich mit einer meiner Trainingshosen und einem weiten T-Shirt auf dem Sofa bequem gemacht und knabberte an einem Stück Pizza. Pippa hockte neben ihr und hoffte auf die Teigränder.

»Also, was gibt's? Brauchst du einen Trauzeugen?« Ich grinste frech.

Alexandra schaute mich stumm an, Tränen traten ihr in die Augen. Ich wusste gar nicht, was los war, und nahm sie tröstend in den Arm.

»Ich habe die Hochzeit abgesagt«, hörte ich sie leise sagen.

»Das tut mir leid!«, log ich reflexartig. Geschieht diesem Spinner ganz recht, schoss es mir durch den Kopf. Jetzt war ich gespannt darauf, die ganze Geschichte zu hören.

Alexandra hingegen interessierte sich plötzlich für mein

Liebesleben: »Weißt du wirklich nicht, wer dir die Opernkarte geschenkt hat?«

»Nein! Ich würde es dir wirklich sagen.«

»Das war doch bestimmt deine Freundin! Warum versteckst du sie vor mir?« Langsam nervte mich ihre Hartnäckigkeit. Was ging sie mein Privatleben an?

»Sie muss dich echt gernhaben. Du Glücklicher. Bei mir sieht es in Sachen Liebe ganz anders aus …« Sie seufzte.

Normalerweise hätte ich jetzt nachgefragt, aber ich ließ es sein. Die Zeiten, in denen ich den verständnisvollen Gesprächspartner gab, der stets ein offenes Ohr für sie hatte, waren vorbei – zumal sie mir monatelang eine heile Beziehung vorgespielt hatte.

Nach einer Weile merkte Alexandra, dass von mir nichts weiter kommen würde. Nun stand sie vor der Wahl: entweder schweigen oder sich bei mir auskotzen. Sie entschied sich für Letzteres.

»Ich habe mich von Amsel getrennt, ach was: Ich habe ihn seiner Mama zurückgegeben.«

Was für eine Eröffnung!

»Die kleine Raupe und ihre große Wirkung.«

»Das war doch nur das i-Tüpfelchen. Die Spitze des Eisbergs sozusagen. Die Titanic war schon während der Kreuzfahrt gesunken!«

»Auf eurer Traumreise?«, fragte ich verwundert.

»Die zu einer Albtraumreise geworden ist!«, platzte es aus ihr heraus. Damit hatte ich nun überhaupt nicht gerechnet.

»Jetzt bin ich aber gespannt!«, entfuhr es mir gegen meinen Willen und warf die ganze Zurückhaltung über Bord. Und Alexandra schmiss den Motor an. Sie erzählte und erzählte und erzählte. So muss es gewesen sein, als Scheherazade ihre tausendundeine Geschichte zum Besten gab, nur dass hier nichts erfunden war:

»Wo soll ich beginnen? Ich lernte Amsel in der Kanzlei kennen. Es ging um eine arbeitsrechtliche Sache, nicht weiter wichtig. Zunächst fand ich ihn nur nett, nicht mehr und nicht weniger – schließlich war ich ja noch in einer Beziehung mit dir. Ich arbeitete viel, du arbeitetest viel, und am Wochenende machten wir ab und zu einen Ausflug. Die übliche Routine halt. Dieser Mann, der auch noch unverschämt gut aussah, sorgte für Frischluft. Wie er das machte? Er gab mir das Gefühl, kompetent *und* attraktiv zu sein. Er brachte mir Blumen, weil ich ihn vor Gericht so erfolgreich vertreten hatte. Obendrein lud er mich zum Mittagessen ein, was für einen Mandanten ziemlich ungewöhnlich ist. Ich nahm seine Einladung an und bereute es keine Sekunde. Er konnte zuhören, er konnte charmant sein, er half mir in den Mantel, er war ein Gentleman. Obendrein hatte er sehr gepflegte Hände, bitte lach nicht, Frauen achten auf so etwas.

Natürlich wunderte ich mich, dass er ledig war, aber er erklärte es damit, dass er seine langjährige Freundin durch einen Unfall verloren und Zeit für einen Neuanfang gebraucht hatte. Amsel konnte so entwaffnend ehrlich sein, aber er hatte auch eine poetische Ader und schrieb mir sogar Gedichte. Und du? Du warst Autor und schriebst mir E-Mails im Telegrammstil. Um es kurz zu machen: Nach einiger Zeit hing mein Himmel voller Geigen. Zunächst ging es mir nur um die Komplimente und das Gefühl, begehrt zu sein, aber dann bekam ich Appetit auf mehr.

Mich ärgerte es auch, dass du nichts von alldem mitbekamst. Warst du blind? Ich zog mich aufreizender an, sah öfter auf mein Handy und machte all die anderen verdächtigen Dinge, die man macht, wenn man sich für einen anderen interessiert. Irgendwann passierte es halt. Ich war auf einem Seminar, und er begleitete mich. Mein Entschluss stand fest: Ich wollte diesen Mann. Aber es fehlte mir der Mut, dir reinen Wein einzuschenken, außerdem plagte mich das schlechte Gewissen. Dass wir uns trennen mussten, war klar, aber wie? Ich gab vor, dass wir Abstand brauchten, unsere Beziehung zu festgefahren sei und wir in Routine ertrinken würden, was ja in gewisser Hinsicht auch stimmte. Den Rest kennst du: Du zogst aus, und ich brach mit Amsel zu meiner Traumreise auf.«

Alexandra machte eine Pause, tankte kurz ein Glas Rotwein und fuhr fort:

»An Bord wurde mir klar, dass wir uns nicht auf dem Traumschiff befanden, sondern auf der Titanic. Amsel zeigte nach und nach sein wahres Gesicht. Er hing mir andauernd auf der Pelle, ohne ihn durfte ich die Kabine nicht verlassen. Wenn wir mit anderen Leuten sprachen, musste er immer den gebildeten Mann von Welt rauskehren; er wusste alles besser, egal ob es um Geografie, Psychologie oder Musik ging. Aber erst an Bord hat er mir kleinlaut gestanden, dass er nichts zu Ende studiert hatte und auch keineswegs der erfolgreiche Immobilienhändler war, als der er sich ausgab. Er verwaltete lediglich die Wohnungen seiner Mutter, die sie von ihrem verstorbenen Mann geerbt hatte.

Überhaupt: seine Mutter! Vor der Reise hatte er sie nur am Rande erwähnt, aber auf dem Schiff, auf hoher See sozusagen, fuhr sie quasi mit. Er mailte ihr täglich, schickte Fotos, und wehe, wir hatten mal keine Internetverbindung – dann rutschte seine Laune in den Keller, er wurde richtig fies. Als ich, neugierig geworden, einen Blick auf sein Handy warf und eine Nachricht von ihr las, fiel ich aus allen Wolken. Sie gab ihm tatsächlich Anweisungen, wie er mich zu behandeln hatte, und schien über jedes Gespräch mit mir im Bilde! Das konnte ich natürlich nicht akzeptieren und machte ihm das auch klar. Amsel wiederum akzeptierte meine Bitte nicht. Mit anderen Worten: Unser Schiff steuerte auf einen Eisberg zu – in Form seiner Mutter! In Hongkong kam es zur Kollision: Sie kam an Bord! Er hatte es einfach so mit ihr arrangiert … Ich dachte, ich spinne, als er sie mir vorstellte. Sie schlug sogar vor, dass wir in eine Dreierkabine umziehen könnten, doch das kam für mich natürlich nicht infrage. Am liebsten hätte ich das Schiff verlassen, andererseits sah ich nicht ein, auf das letzte Drittel der Reise zu verzichten.«

»Aber du hast die Beziehung nicht beendet, oder?«

»Amsel nahm sich zusammen und sah zu, dass seine Mutter uns nicht allzu nah auf den Leib rückte. An meiner schlechten Laune änderte sich dadurch nichts.«

»Merkte er nicht, dass du quasi auf dem Absprung warst?«

»Ich hatte ihm das so nicht ins Gesicht gesagt. Ich traute mich nicht«, gab sie zu.

»Genauso, wie du es dich bei mir nicht getraut hattest!«, erinnerte ich sie.

»Es war ein Fehler, dir keinen reinen Wein einzuschenken, Emil. Hier aber lag der Fall anders«, beeilte sie sich zu erklären. »Ich kann dir auch den Grund nennen!«

Sie leerte ihr zweites Weinglas in einem Zug aus und schaute mir tief in die Augen: »Es lag nicht an seiner Mutter, es lag daran, dass ich mich nicht von dir hätte trennen sollen!«

WOMM. Der Satz schlug im Wohnzimmer ein wie eine Bombe.

»Wie denkst du darüber?« Gespannt schaute sie mich an.

Ich setzte mein Pokerface auf und verzog keine Miene. Jetzt war es an ihr, sich blank zu machen. Sich ganz meiner Gnade auszuliefern. Ich entdeckte eine sadistische Ader in mir. Der Turmfalke, der die arme Taube malträtiert hatte, war ein Kuscheltier dagegen.

»Du bereust, dass du dich von mir getrennt hast? Das muss ich erst mal sacken lassen!« Ich stand auf und leinte Pippa an

»Was ist denn?«, fragte sie unruhig.

»Ich drehe mal eine Runde mit Pippa ... Beim Gassigehen kann ich besser über alles nachdenken ...«

Die Nachtigall ist keine Lerche

Draußen war es mittlerweile Nacht geworden, und ich tauchte mit Pippa in die Dunkelheit des Parks ein. Alexandra hatte mich mit ihren Offenbarungen mächtig durcheinandergerüttelt. Dass sie die Trennung bedauerte, konnte doch nur heißen, dass sie wieder eine Beziehung mit mir wollte. Jetzt verstand ich auch, warum sie mich andauernd fragte, wer mir die Opernkarte geschenkt hatte – sie wollte herausfinden, ob ich noch zu haben war! Während ich noch über Alexandras Kehrtwende nachdachte, hörte ich plötzlich Vogelgesang. Eine Nachtigall! Sie gab Einzeltöne und Tonfolgen von sich und erregte sofort meine Aufmerksamkeit. Im Nu waren Alexandras Kapriolen vergessen, und ich lauschte gebannt dem Konzert des kleinen Sängers. Zufällig hatte ich neulich gelesen, dass die Nachtigall-Männchen in der Nacht um die Gunst der Weibchen trällerten. Zu gern hätte ich das Kerlchen beobachtet, aber ich sah die Hand vor den Augen nicht und gab mich stattdessen ganz seinem Gesang hin. Dabei verlor ich jegliches Zeitgefühl. Irgendwann hörte ich Schritte und sah den Lichtstrahl einer Lampe. Offenbar wollte jemand mit seinem Vierbeiner Gassi gehen, wie ich. Eine bekannte Stimme rief meinen Namen. Es war Alexandra.

»Hier bin ich!«, gab ich mich zu erkennen und ging mit Pippa auf das Licht zu.

Plötzlich stand sie vor mir. »Wo warst du denn?«

»Im Park, wo sonst? Ich habe doch gesagt, dass ich mit Pippa Gassi gehe!«

»Aber du bist seit über einer Stunde weg!«

»Vorhin hat eine Nachtigall gesungen. Ich war ganz fasziniert davon und habe wohl die Zeit vergessen!«

»Und mich auch!«, fiel Alexandra beleidigt ein, bevor sie kehrtmachte. In dem Moment begann die Nachtigall wieder mit ihrem Konzert.

»Warte! Da ist sie wieder!«, rief ich und eilte Alexandra hinterher.

»Was ist denn?«

»Einfach nur zuhören«, sagte ich, und sie tat mir den Gefallen.

Und als ob die Nachtigall wusste, dass sie Zuhörer hatte, gab sie ein wunderschönes Konzert. Sie trällerte und zirpte und schnarrte, was das Zeug hielt.

»Warum singt sie mitten in der Nacht?«

»Es ist ein Männchen. Und erst nach Mitternacht lassen sich paarungsbereite Weibchen betören«, erklärte ich und berauschte mich an dem Konzert. Auch Alexandra war hin und weg.

»Ach, das ist schön!«, seufzte sie, wohlig an meine Schulter gelehnt. »Wie heißt es bei *Romeo und Julia*? Es war die Nachtigall …«

»… und nicht die Lerche«, ergänzte ich trocken. »Wir sind aber nicht Romeo und Julia, Alexandra!«

»Na, vielen Dank auch.« Gekränkt ging Alexandra weiter.

»Warte doch.« Ich folgte ihr mit Pippa, aber sie würdigte mich keines Blickes mehr.

Wieder in der Wohnung, sah sie mich vollkommen irritiert an.

»Was erwartest du von mir, Alexandra?«, fragte ich genervt. »Soll ich jetzt mit wehenden Fahnen wieder zu dir zurückkehren? Für mich muss das doch so aussehen: Sie versucht es mit Superman, und als es mit ihm nicht klappt, kommt Plan B. Ich bin aber kein Plan B!«

»Du bist immer noch beleidigt!«

»Nenne es, wie du willst!«

»Ich verstehe dich. Aber ich habe absolut keine Lust auf die *Lass-uns-Freunde-bleiben*-Nummer. Dafür empfinde ich viel zu viel für dich, ja, das gebe ich gerne zu.«

Sie machte sich zum Gehen fertig. Ich wusste genau, dass sie hiergeblieben wäre, wenn ich sie darum geben hätte. Aber ich wollte und konnte nicht. Ich brauchte noch Zeit, um über alles nachzudenken. Unsere Beziehung hatte sie richtig analysiert, wir hatten uns tatsächlich in einer muffigen Routine eingerichtet. Auch ohne Amsel wäre es früher oder später zur Krise zwischen uns gekommen. Aber es gab noch einen weiteren Grund für mein Zögern: In meinem Hinterkopf spukte immer noch Rania herum. Ich hatte sie noch nicht abgeschrieben. Mit anderen Worten: Mein Beziehungsstatus war tatsächlich mehr als kompliziert.

Alexandra umarmte mich und strich mir über die wenigen Haare. Ich staunte über ihre Zärtlichkeit, genoss ihre Nähe. Zu gerne hätte ich sie in mein Schlafzimmer geführt, aber das wäre mir dann doch etwas zu schnell gegangen.

»Gib mir etwas Zeit«, bat ich sie.

Kurz bevor sie zur Tür rausging, hatte sie noch eine Überraschung für mich parat: »Damit du es weißt: *Ich* habe dir die Opernkarte geschenkt!«

»Du?« Ich kam aus dem Staunen nicht mehr heraus.

»Weil ich dich unbedingt wiedersehen musste, aber nicht gleich mit der Tür ins Haus fallen wollte, sollte es wie ein Zufall aussehen.«

»Dann hast du mich schon wiedersehen wollen, als du noch mit Amsel zusammen warst?«

»Richtig. Du warst nie mein Plan B!«

Mit diesem Eingeständnis ließ sie mich alleine.

Die listige Idee mit der Opernkarte für die »Diebische Elster« gefiel mir. Alexandra hatte damit bei mir gepunktet. Ob das für einen zweiten Versuch reichte, war eine ganz andere Frage.

Die Frage, warum die Elstern Beethoven bevorzugten, konnte ich dafür endgültig klären. Ich traf im Park zufällig auf den Mann, der meinetwegen die Polizei verständigt hatte.

Zielstrebig ging ich auf ihn zu.

»Einen Moment, bitte. Ich würde gerne ein paar Worte mit Ihnen wechseln«, begann ich ziemlich forsch. Ich merkte, dass es ihm äußerst unangenehm war, aber da musste er jetzt durch. Ich erklärte ihm recht sachlich, warum die Polizei mich wieder gehen lassen musste. Er konnte froh sein, dass ich ihn nicht wegen Verleumdung angezeigt hatte.

»Das heißt, Sie haben wirklich die Elstern beobachtet? Hätten Sie mich doch gleich gefragt, warum die da oben sitzen, dann wäre Ihnen das alles erspart geblieben«, rechtfertigte er sich.

»Wie meinen Sie das?«

»Ich kann Ihnen die Sache erklären. Donnerstags übt meine Enkelin alleine, dann spielt sie immer Mozart. Dienstags ist der Musiklehrer da, dann übt sie Beethoven. Und der Lehrer hat immer Vogelfutter für die Vögel dabei!«

Das Rätsel war gelöst. Den Elstern war die Musik egal. Sie kamen nur wegen des Futters zum Balkon geflogen. War ich jetzt enttäuscht von ihnen? Keinesfalls, denn schließlich waren sie genauso unmusikalisch wie ich.

Huhn geht durch den Magen

Es heißt ja, dass man Soufflés nicht wieder aufwärmen sollte, oder so ähnlich, und genau das war der Punkt: Alexandra hatte mich wegen eines anderen Mannes verlassen, und nun klopfte sie plötzlich wieder an meine Tür.

»Wenn du nach so einer Nummer wieder angewackelt kämst, gäbe es einen Arschtritt! Warum solltest du Jesus spielen?« Grabowski riet mir, Alexandra endgültig den Laufpass zu geben.

Aber ich wollte keine Rache, obwohl er mit seiner Einschätzung richtiglag. Hätte ich Alexandra wegen einer anderen Frau verlassen, bräuchte ich mich in diesem Leben nicht mehr bei ihr blicken zu lassen.

»Lieber Jesus als Zorro, der Rächer der Entrechteten. Wenn du noch etwas für Alexandra empfindest, gib ihr noch eine Chance«, riet mir Jojo, der Pazifist und Menschenfreund.

»Das würde ich ja, wenn da nicht Rania wäre. Sie ist wie eine Schranke auf meinem Weg zurück zu Alexandra«, gab ich zu.

Bei Grabowski stieß ich damit auf völliges Unverständnis: »Du kennst die doch gar nicht richtig, und sie war die ganze Zeit verhüllt. So ein Schwachsinn. Wenn sie was von dir wollte, hätte sie ihren Umhang abgelegt!«

»Sie kommt aus einem anderen Kulturkreis«, gab Jojo zu bedenken. Er hatte offenbar für alle Frauen dieser Welt Verständnis.

»Quark. Im Schlafzimmer muss man Atheist sein, sonst flutscht das nicht«, konterte Grabowski und tippte sich ärgerlich an die Stirn.

»Schon mal was von Reizwäsche gehört? Es soll auch westliche Frauen geben, die ihre Reize lieber verbergen«, entgegnete Jojo.

»Du muss es ja wissen! Du bevorzugst ja Feinripp-Models in Bio-Baumwolle«, amüsierte sich Grabowski.

Vieles, was sie sagten, hatte Hand und Fuß. Aber letzten Endes konnten sie mir die Entscheidung nicht abnehmen. Rania beschäftigte mich. Ich wollte nichts unversucht lassen, um mir später nicht vorwerfen zu können, dass ich etwas verpasst hatte.

Da ich Alexandra nicht hinhalten wollte, spielte ich mit offenen Karten und erzählte ihr von Rania.

»Ich würde es gerne noch mal mit dir versuchen, aber wenn du dir zu viel Zeit nimmst, kann es sein, dass es zu spät für uns ist«, lautete ihre ehrliche Antwort.

Ich akzeptierte ihre Position, weil ich im Grunde nicht anders dachte. Aber wie sollte ich nun Rania wiederfinden?

Eine Woche später kam mir der Zufall zu Hilfe. Mir fiel eine modisch ziemlich aufgetakelte Frau auf, die den Schotterweg als Laufsteg benutzte. Sie stolzierte wie ein Model und führte eine kleine französische Bulldogge an der Leine. Die Frau war stark geschminkt, und ihr langes wehendes Haar erinnerte mich an die Werbung für ein bekanntes

Shampoo. Als wir uns fast gegenüberstanden, begann ihre Bulldogge zu bellen.

»Keine Angst, Lucy! Das ist Pippa, die tut dir nichts«, hörte ich die Unbekannte sagen, die das Hündchen auf den Arm genommen hatte.

Ich fragte mich, woher sie Pippa kannte, und nickte ihr freundlich zu. Sie klimperte mit den langen Wimpern und ging weiter. Plötzlich fiel es mir wie Schuppen von den Augen. Das war Rania gewesen! Wie konnte das sein? Ich machte mit Pippa kehrt und folgte ihr.

»Rania, bist du das?«, fragte ich mit vollem Risiko.

Volltreffer! Sie wandte sich um und nickte.

»Das, das gibt es doch nicht! Ich … ich habe dich die ganze Zeit gesucht!«

»Schön, dass wir uns wieder einmal sehen.«

Sie lachte mich an, und so standen wir uns eine Weile unschlüssig gegenüber.

»Hast du etwas Zeit? Wir könnten einen Kaffee trinken«, schlug ich schließlich vor, weil ich nicht wollte, dass wir die Zeit mit sinnlosem Schweigen verplemperten.

»Gerne. Bei dir?«

Ich willigte ein, und so überquerten wir die Straße und gingen hinüber in meine Wohnung.

Ranias Bulldogge hatte sich mittlerweile beruhigt und Interesse an Pippa gefunden, die sie aber komplett ignorierte.

»Wie hast du mich erkannt?«, fragte sie und strich sich über die Haare.

»Das weiß ich auch nicht. Intuition?«

»Und wie findest du mich ohne Vorhang?« Sie schenkte mir ein verführerisches Lächeln.

»Schön«, antwortete ich knapp, weil ich nicht wusste, was ich antworten sollte. Vor mir stand eine vollkommen andere Rania. Sie war keine schwarz verhüllte Gestalt mehr, sondern eine aufgebrezelte junge Dame.

»Hast du etwas anderes unter dem Vorhang erwartet?« In ihrer Stimme lag leichte Enttäuschung.

»Um ehrlich zu sein, ja. Aber ich kann dir nicht beschreiben, was ich erwartet habe. Erzähl doch, wie geht es dir jetzt? Was machst du?«

Ich erfuhr, dass sie sich von ihrem Kölner getrennt hatte und als Empfangsdame in einem Autohaus arbeitete. Auch ihre Eltern hätten ihren Schritt mittlerweile akzeptiert.

»Ich weiß so wenig von dir. Wart ihr lange zusammen?«

»Das spielt doch keine Rolle mehr, es ist Vergangenheit. Ich habe das alles schon vergessen.« Sie lachte und winkte ab.

»Trotzdem. Wenn ich mich richtig erinnere, hattest du doch deinen Partner wegen eines anderen verlassen, oder etwa nicht?«

»Ja, ich hatte ein kurzes Techtelmechtel mit einem anderen Mann, aber auch das ist Vergangenheit.«

Ich begriff, dass sie mit dem Thema abgeschlossen hatte, und wollte sie nicht weiter bedrängen. Da griff sie meine Hand und schaute mir in die Augen: »Ohne deine Hilfe hätte ich den Absprung nicht geschafft!«

»Danke, aber so viel habe ich auch nicht dazu beigetragen. Du hättest dich ruhig mal melden können!«

»Ich wollte mich aus eigener Kraft von meinem Verlobten trennen und ein neues Leben beginnen.« Sie berichtete, dass ihr Vater, ein Gebrauchtwagenhändler, aus Jordanien stammte und mit einer Deutschen verheiratet war. Rania selbst war in Deutschland geboren und sehr religiös erzogen worden.

»Mein zukünftiger Mann erwartete mindestens vier Kinder von mir und ein sittsames Verhalten. Aber ich wollte das nicht. Ich habe Nein gesagt und führe jetzt mein eigenes Leben.«

Ihre Entschlossenheit nötigte mir Respekt ab. »Das verstehe ich.«

»Und jetzt will ich nicht mehr darüber sprechen.«

Auf einmal begann ihre kleine Bulldogge zu bellen, wurde unruhig. Offenbar behagte ihr Pippas Anwesenheit nicht. Das nahm ihr Frauchen zum Anlass, in den Flur zu gehen.

Wollte sie schon aufbrechen? Ich folgte ihr neugierig.

»Kannst du dich noch an unsere Nacht erinnern?«, fragte sie mich vor der Wohnungstür.

»Natürlich«, antwortete ich und legte meine Arme um ihre Hüfte.

»Wie gerne hätte ich am nächsten Morgen mit dir gefrühstückt, aber ich musste zunächst meine eigenen Dinge regeln.« In ihrer Stimme lag Bedauern.

Wir lächelten uns an.

»Ich finde es toll, dass du die Situation nicht ausgenutzt hast«, sagte sie anerkennend.

»Das wäre mir gar nicht eingefallen!«

Wieder schenkte sie mir ein Lächeln, dann nahm sie ihren Hund an die Leine: »Sehen wir uns wieder?«

»Wenn es nach mir geht, auf jeden Fall«, versicherte ich ihr. »Wohnst du in der Nähe? Ich meine, weil du im Park warst …«

»Mein Zahnarzt ist hier im Viertel. Und nach der Behandlung wollte ich noch mit Lucy Gassi gehen!«

»Ruf mich an!«

Sie gab mir eine Visitenkarte, hauchte einen Kuss auf meine Wange – und weg war sie.

Ich blieb zurück und schaute ihr aus dem Fenster noch eine Weile nach. Mir fiel ein, dass Rania seltsamerweise gar nicht nach ihrem Huhn gefragt hatte. Ihr Herz schien jetzt ihrer modischen Bulldogge zu gehören. Da ich sie auf jeden Fall wiedersehen wollte, rief ich sie gleich am nächsten Tag an.

Sie schien auf meinen Anruf gewartet zu haben und freute sich.

»Rania, ich würde dich am Wochenende gerne treffen.«

»Gerne!«

»Schön, dann hole ich dich ab, und wir fahren los.«

»Und wohin?«

»Das ist eine Überraschung!«, sagte ich in der Hoffnung, dass sie sich darauf einlassen würde.

Und das tat sie.

Rania hatte sich für den Ausflug sehr in Schale geworfen, trug einen engen Rock und eine Bluse mit weitem Ausschnitt. Ein größerer Kontrast zu der Rania, die ich kennengelernt hatte, war kaum denkbar. Und natürlich war sie sehr neugierig.

»Nun verrate mir doch endlich, wo du mich hinfährst.«

»Nein, das verrate ich noch nicht«, erwiderte ich lächelnd und schwieg auch eisern, als sie mehrmals nachfragte. Ich wollte die Spannung aufrechterhalten. Je größer ihre Neugierde, desto größer die Wiedersehensfreude, so mein Kalkül.

Ich wollte ein Wiedersehen zwischen Rania und Koko arrangieren. Meiner Ansicht nach hatte sie nur deshalb nicht nach Koko gefragt, weil sie befürchtete, dass das Huhn nicht mehr lebte. Doch Koko führte ein schönes Leben im Streichelzoo, und davon sollte sich Rania überzeugen.

Das Ganze ging nach hinten los. Als wir im Streichelzoo ankamen, freute sie sich zunächst über die vielen Ziegen, Schafe und Meerschweinchen, die in einem Gehege gleich hinter dem Eingang in friedlicher Koexistenz lebten.

»Das ist aber nett hier!«, rief sie, konnte sich aber beim besten Willen nicht vorstellen, warum ich mit ihr hierhergefahren war.

»Nur noch ein paar Meter«, sagte ich lachend und führte sie zum Gehege des Federviehs, wo ich Koko inmitten der Enten stehen sah. »Da ist sie! Koko!«

Ranias Miene verdunkelte sich beim Anblick des Huhns. »Das ist die Überraschung? Nein, auf keinen Fall!« Sie schüttelte ärgerlich den Kopf.

Ihre Reaktion überraschte mich. Warum freute sie sich nicht? Koko dagegen war ganz aus dem Häuschen: Als sie Rania entdeckte, gackerte sie und lief auf uns zu.

»Ich will weg hier!«, drängte Rania und zog ihre Bulldogge weg. Die arme Koko gackerte immer lauter und wollte zu ihrem Frauchen.

»Guck nur, wie sie sich freut! Sie hat dich wiedererkannt«, sagte ich, aber Rania ignorierte sie und eilte zurück zum Parkplatz. Ich folgte ihr.

Dort angekommen, befahl sie: »Fahr mich sofort nach Hause!«

Während der Rückfahrt sprach sie zunächst kein Wort

mit mir. Ich konnte ihr Verhalten absolut nicht nachvollziehen.

»Warum hast du mich zu diesem Huhn gebracht? Ich will mit meiner Vergangenheit nichts zu tun haben!«, brach es schließlich aus ihr heraus.

»Sorry, aber ich dachte, dass du dich freust, Koko wiederzusehen.«

»Ich habe mit meiner Vergangenheit abgeschlossen. Die verschleierte Rania, die sich alles gefallen lässt, gibt es nicht mehr!«

»Das ist schön für dich, aber was hat das arme Huhn damit zu tun?«

»Es ist rückständig, ein Huhn zu halten!«

»Hühner sind genauso intelligent wie Hunde.«

»Du kapierst es nicht! Willst du, dass ich mich wieder verschleiere? Dann bist du nicht anders als Hassan«, warf sie mir an den Kopf und schwieg den Rest der Fahrt über.

Beim Abschied hatte sie nur ein »Tschüs« für Pippa übrig. Mich ignorierte sie.

Auch wenn ich es sehr begrüßte, dass sie sich emanzipiert hatte, ihr Verhalten gegenüber Koko ging gar nicht. Sie konnte doch das arme Huhn nicht für ihr altes Leben verantwortlich machen. Und wie kam sie dazu, mich mit ihrem eifersüchtigen Ex zu vergleichen? Ich war wütend. Das Kapitel Rania schien beendet zu sein.

Überraschenderweise rief sie mich am nächsten Tag an.

»Ich war unfreundlich zu dir, deshalb möchte ich dich zum Essen einladen.« Ihre Stimme klang ganz anders als im Auto.

»Rania, ich weiß nicht, ob wir zusammenpassen. Ich will nicht, dass wir uns unnötig quälen«, gab ich ihr zu verstehen.

»Bitte, nimm meine Einladung an. Es wäre so schade, wenn wir uns nie mehr wiedersehen würden.«

Ich gab nach und nahm mir vor, beim Abendessen mit ihr in Ruhe über alles zu reden. Sie sollte wissen, dass ich sehr beeindruckt davon war, dass sie ihre traditionellen Fesseln gesprengt hatte.

Als mich Rania an der Tür empfing, stockte mir der Atem. Wie soll ich es beschreiben? Sie trug ein figurbetontes, trägerloses Paillettenkleid und rote Stilettos. Natürlich hatte sie mit meinen bewundernden Blicken gerechnet und lächelte verführerisch.

»Hey, du siehst umwerfend aus!«, hörte ich mich sagen und ärgerte mich sofort, dass mir nichts Originelleres eingefallen war.

Das 08/15-Kompliment schien sie nicht zu stören. »Danke«, hauchte sie, küsste mich zärtlich auf den Mund und zog mich regelrecht in ihre Wohnung. Überall Kerzen, die vor allem das Wohnzimmer in ein sehr romantisches Licht tauchten. Es duftete herrlich nach Essen, der Tisch war festlich gedeckt. Ranias verführerisches Gewand zog meine Blicke magnetisch an.

»Das Essen ist gleich fertig, vielleicht vorher noch einen Aperitif?«, fragte sie.

Ich sagte nicht Nein, woraufhin sie den besten Kir royal kredenzte, den ich jemals getrunken hatte. Während wir anstießen, schauten wir uns tief in die Augen.

»Woran denkst du?«, wollte sie von mir wissen.

»Als du bei mir geschlafen hast, habe ich immer in deine Augen geschaut …«, erwiderte ich.

»Und?«

»Du hattest mich hypnotisiert. Es sind wunderschöne Augen.«

Sie küsste mich – und schmeckte lecker, um es profan auszudrücken.

Unsere Hände begannen ihre Erkundungsarbeit. Ranias Haut fühlte sich weicher an, als ich es in Erinnerung hatte. Sie genoss meine Berührung und schnurrte wie ein Kätzchen. Ausgerechnet jetzt musste der Küchenwecker schnarren.

»Das Essen ist fertig«, sagte sie, und es schien ihr gar nicht recht zu sein.

»Ich esse doch schon«, flüsterte ich und knabberte ihr rechtes Ohrläppchen an. »Und du? Auch Hunger?«

Statt einer Antwort verschloss sie mir mit einem hungrigen Kuss die Lippen. Doch dann fiel ihr ein, dass sie den Herd ausmachen musste, und sie löste sich sanft aus meiner Umarmung.

Während sie in der Küche war, bewunderte ich den wunderschön gedeckten Tisch. »Du hast dir so eine Mühe gemacht, sollen wir nicht doch zuerst ein wenig essen?«, rief ich.

»Gerne, der Abend ist ja noch lang«, ertönte es aus der Küche. »Nimm ruhig schon Platz.«

Ich tat wie gewünscht und sah zu, wie Rania das Essen servierte. Sie brachte ein ganzes Hähnchen, angerichtet auf einem Silbertablett, zum Tisch. Es kam frisch aus dem Backofen, die Haut glänzte knusprig.

»Das sieht ja fantastisch aus.« Ich merkte, wie mir das Wasser im Mund zusammenlief.

»Willst du es zerteilen?«

Sie reichte mir ein Messer, und ich begann mit dem Tranchieren. »Brust oder Keule?«

»Entscheide du!«

Sie bekam ein Stück Brust, wir prosteten uns zu und begannen zu essen. Das Fleisch schmeckte köstlich.

»Ich habe noch nie so ein leckeres Hähnchen gegessen! Es ist fest und zart zugleich. Und dieses Aroma erst ...« Ich fand nur Superlative für ihre Kochkünste.

»Das freut mich.« Sie lachte und warf mir eine Kusshand zu.

»Sag mal, ist das ein Mais-Hähnchen? Es hat so viel Geschmack!«

»Aber nein, du kennst das Hähnchen sogar.«

»Ich kenne es?«

»Es ist Koko!«, verkündete Rania, als sei es das Selbstverständlichste von der Welt.

Ich dachte zunächst an einen Scherz und musste lachen.

»Warum lachst du?«

»Weil wir Koko gerade erst putzmunter im Streichelzoo gesehen haben.«

»Da habe ich sie gestern abgeholt«, erwiderte sie trocken.

Mir blieb der Bissen im wahrsten Sinne des Wortes im Halse stecken. Rania machte beileibe nicht den Eindruck, als ob sie scherzen würde, aber glauben konnte ich es trotzdem nicht. Ich stand auf und eilte durch die Wohnung, bis ich endlich die Toilette fand. Dort übergab ich mich.

»Was hast du?«, hörte ich sie besorgt fragen. Sie stand an

der Tür und beobachtete mich dabei, wie ich mich über die Klobrille beugte. Was sollte ich antworten? Ich stand wortlos auf, wusch mir die Hände und ging zurück ins Wohnzimmer. Sie folgte mir.

»Warum hast du das getan?«, fragte ich leise und sichtlich um Beherrschung bemüht, obwohl ich innerlich kochte.

»Was?«

»Mein Gott noch mal! Warum hast du Koko ...?«

»Was ist denn dabei? Es war nur ein Grillhähnchen!«

»Was hat das arme Tier dir denn getan? Warum hast du keins im Supermarkt gekauft?«, schrie ich sie an, erntete aber nur verständnislose Blicke.

»Um dir zu beweisen, dass ich nicht mehr die alte Rania bin. Ich will ein neues Leben beginnen!«

»Und dafür gehst du über Leichen, oder wie?«

»Über Leichen? Das war ein Hähnchen!«

»Es war ein Hühnchen!!! Und es hat dich geliebt! Und du hast Koko auch geliebt! Mensch, kapierst du das nicht?« Mittlerweile war ich auf hundertachtzig.

Sie hatte wohl nicht mit einer solch energischen Reaktion von mir gerechnet und wusste nicht, was sie sagen sollte.

Als ich auf den Tisch sah, auf meinen Teller, wurde mir wieder übel. Ich wollte keine Sekunde länger hierbleiben. Schnell griff ich meine Jacke.

»Bitte, bleib! Ich habe mich doch so auf den Abend gefreut«, bat Rania.

Der Zug war abgefahren. Ich wollte nicht mehr. Doch bevor ich zur Tür rausgehen konnte, trat sie von hinten an mich heran und schlang ihre Arme um mich.

»Verzeih mir bitte! Ich werde so etwas nie mehr machen!«

»Logisch, es gibt auch keine zweite Koko!«, antwortete ich und drückte sie sanft, aber bestimmt beiseite. Dann riss ich die Tür auf und wollte nur noch weg.

»Ich habe doch nur Spaß gemacht! Es war gar nicht Koko!«, rief sie mir hinterher. »Die ist noch immer im Streichelzoo!«

Ich winkte ab.

Unten vor dem Haus wurde mir klar, dass ich Rania nie mehr wiedersehen würde. Ich fühlte mich eiskalt geduscht. Wie hatte ich mich in dieser Frau nur so täuschen können? Das Einzige, was ich wirklich bedauerte, war Koko.

Die tätowierte Linde

Die Frage, ob die arme Koko noch lebte oder ob ich sie gegessen hatte, war absurd, das gebe ich gerne zu. Aber mich beschäftigte sie. Man könnte einwenden, dass ich auch vorher schon Hähnchen gegessen hatte – gebraten, gegrillt oder gesotten –, aber hier lag der Fall anders. Ab jetzt würde kein Hühnerfleisch mehr auf meinen Teller kommen, und konsequenterweise auch keine anderen Tiere. Mit anderen Worten: Ich beschloss, Vegetarier werden. Zunächst wollte ich das nicht an die große Glocke hängen, weil ein fleischloses Leben für meine Freunde nicht infrage zu kommen schien. Grabowski liebte japanisches Rindfleisch, und auch der politisch korrekte Jojo aß gerne Fleisch, solange es aus artgerechter Tierhaltung stammte. Alexandra ihrerseits liebte Gänsestopfleber.

Überhaupt Alexandra. Unser Verhältnis war eingefroren, aber meine Gefühle zu ihr konnte ich nicht ignorieren. Jetzt, nach der Pleite mit Rania, merkte ich erst, wie wichtig sie mir noch war. Ja, wir sollten es erneut versuchen! Aber wie würde ich meine Entscheidung ihr gegenüber begründen? »Mit Rania hat es nicht geklappt, sollen wir es jetzt noch mal versuchen, Alexandra?« Sie durfte nicht den Eindruck bekommen, als wäre sie zweite Wahl gewesen. Ich schob das Gespräch mit ihr vor mir her und suchte Ablenkung im Park.

Und Ablenkung gab es dort genügend. Morgens beispielsweise ging ich ganz im Konzert der Singvögel auf. Mittlerweile konnte ich zwar einige der Musiker heraushören, aber sie blieben nach wie vor unsichtbar. Ich ärgerte mich ein wenig, dass ich bisher nur Amseln, Rotkehlchen und natürlich die Elstern gesehen hatte. Blaumeise, Zilpzalp und Fitis ließen sich nicht blicken. Was ich aber stattdessen sah, waren die überquellenden Abfalleimer mit vollen Windeln und leeren Flaschen. Den Tieren war das egal. Je mehr Abfall die Menschen im Park hinterließen, desto reichhaltiger ihre Speisekarte. Essbare Abfälle gab es genug: offene Tüten mit Fast-Food-Resten, angeknabberte Brötchen oder halb gegessenes Obst. Nicht nur die Elstern, sondern auch die Singvögel labten sich daran, von den nervigen Tauben ganz zu schweigen. Und weil die Menschen mit sich selbst beschäftigt waren, fielen ihnen die vielen tierischen Mitesser überhaupt nicht auf. Mit Alexandra hätte ich gern über meine Eindrücke und Beobachtungen gesprochen, aber konnte sie damit etwas anfangen? Ob sie auch für eine Vogelbeobachtung zu gewinnen war? Wohl kaum. Und was würde sie von meinem Entschluss halten, kein Fleisch mehr zu essen?

Plötzlich fiel mir ein seltsames Paar auf. Es handelte sich um einen jungen Mann, der einen älteren Herrn im Rollstuhl schob. Die beiden begaben sich in den hinteren Teil des Parks und blieben vor einer mächtigen Linde stehen. Was wollten die beiden wohl dort? Erst beim näheren Hinsehen erkannte ich den Jüngeren: Es war Igor, der kleine Dealer, mit streichholzkurz rasierten Haaren! Ich hatte ihn seit Wochen nicht mehr gesehen.

Ich lief zur Linde hinüber. »Mensch, Igor, wie geht's dir?«, begrüßte ich ihn.

»Hallo! Schön, Sie zu sehen.«

Igor sah sehr gut aus, wirkte gepflegter als früher. Er trug eine Jeans und ein helles, sauberes Hemd. Den älteren Herrn im Rollstuhl kannte ich nicht. Ich schätzte ihn auf mindestens achtzig.

»Guten Tag«, begrüßte ich den Mann, der mich aber nicht weiter beachtete. Sein Blick war starr auf den Baum gerichtet.

»Nicht böse sein. Joe ist nicht unhöflich, er ist nur dement«, sagte Igor und tätschelte sanft die Hand des älteren Herrn. Ich war gerührt. Was war mit meinem kleinen Drogendealer passiert?

Igor klärte mich auf. Es hatte doch noch einigen Ärger wegen seiner Drogengeschichten gegeben, und schließlich hatte der Jugendrichter ihn zu gemeinnütziger Arbeit in einem Altersheim verdonnert. Dort hatte es ihm so gefallen, dass er eine Ausbildung als Altenpfleger beginnen wollte.

»Na, das ist doch mal eine Ansage. Gratuliere!« Ich klopfte ihm anerkennend auf die Schulter.

»Und jetzt gehe ich manchmal mit dem einen oder anderen Senior spazieren.«

»Warum steht ihr ausgerechnet hier vor diesem Baum?«

»Joe verlangt das. Er spricht zwar nicht mehr, aber er gibt mir Zeichen. Als ich das erste Mal mit ihm in den Park kam, zeigte er immer wieder auf diese Tanne. Wenn ich mal woanders mit ihm hinwill, protestiert er und wird unruhig«, erklärte Igor.

»Was ist wohl so interessant an dieser *Tanne*, die übrigens eine Linde ist?«

»Keine Ahnung«, antwortete Igor und verabschiedete sich, weil im Altersheim das Mittagessen anstand.

Als ich mit Pippa weiterziehen wollte, sah ich ein Eichhörnchen die Linde hochklettern. Ich schaute ihm hinterher und entdeckte ein Herz, das in die Baumrinde geritzt worden war. Daneben stand etwas geschrieben, was ich aus der Entfernung nicht entziffern konnte. Deshalb kehrte ich zurück nach Hause und holte aus meiner Wohnung eine Aluleiter, die mich ganz nah an das Herz führte. Ich konnte eine Zahl entziffern: 1965. In diesen Moment hatte ich eine Idee. Ich wollte das Herz abfotografieren und es Alexandra schicken.

Erst als ich das Foto zu Hause ausdruckte, fiel mir auf, dass neben der Zahl auch zwei Namen standen: »Johann« und »Marika«. Ich fragte mich, wie dieses Pärchen ausgesehen hatte. Das wusste nur die Linde, und die konnte ich schlecht fragen. Ich musste an den blinden Herrn denken, der so vieles über die Bäume gewusst hatte. Hatte er nicht auch von einer Linde mit einem eingeritzten Herz erzählt?

Alexandra rief an. Sie hatte gerade das Foto in ihrem Briefkasten gefunden. »Das ist aber süß! Hast du das gemacht?«

»Wer denn sonst? Dieser Baum steht in meinem Park!«

»Mir ist deine romantische Ader bis jetzt zwar verborgen geblieben, aber wer weiß – vielleicht entdecke ich sie ja noch.« Sie klang gut gelaunt und war mir offenbar nicht gram.

»Das würde mich freuen. Lust auf einen Kaffee?«

»Ich habe eine bessere Idee. Wir treffen uns im Park, und du zeigst mir das Herz«, schlug sie vor. Ich war begeistert.

Tatsächlich veranstalteten wir ein schönes Picknick auf der Wiese. Alexandra hatte ihre obligatorische Gänseleberpastete mitgebracht, aber auch Schinken und Käse. Ich sorgte für Wein, Brot und Trauben.

»Ich weiß, dass du keine Gänseleber magst, aber ich habe auch Ziegenkäse und Serrano-Schinken.«

»Nur den Käse, bitte.« Ich sprang ins kalte Wasser und erklärte ihr, dass ich seit dem Erlebnis mit Rania und ihrem Huhn Vegetarier war. Wider Erwarten kam keine ironische Bemerkung von ihr, im Gegenteil: »Das ist doch mal eine gute Nachricht.«

»Dass ich Vegetarier bin?«

»Dass deine Traumfrau aus deinem Leben verschwunden ist«, stellte sie klar und bedachte mich mit einem Küsschen, was ich natürlich erwiderte.

»Du hältst also Tiere für die besseren Lebewesen?«, fragte sie, während sie ihre Pastete genoss.

»Die Tiere und Bäume sorgen dafür, dass unsere Umwelt funktioniert. Die Bäume liefern saubere Luft, und ihre Äste und Früchte bieten den Vögeln, Eichhörnchen und Würmern ein Zuhause und Nahrung, aber ich will dir jetzt keinen Vortrag halten.«

»Och, erzähl ruhig weiter. Ich habe deinen Tieren ja viel zu verdanken. Denk nur mal an die Raupe …«, sagte sie schmunzelnd.

Ich tat ihr den Gefallen.

»Viele Tiere ernähren sich zwar von anderen Tieren, aber

auch das ist sinnvoll, weil es zum Kreislauf der Natur gehört. Auf jeden Fall führen sie keinen Krieg gegeneinander oder fressen sich aus Egoismus oder Eitelkeit gegenseitig auf. Und wir Menschen, die eigentlich den Durchblick haben sollten, sägen am Ast, auf dem wir sitzen. So etwas würde ein Vogel nie machen. Und damit Ende der Durchsage.« Zum Abschluss meines Vortrags gab ich Alexandra noch einen Kuss.

»Ich wundere mich über dich, Emil. Früher warst du immer nur ironisch und sarkastisch, und jetzt willst du die Welt verändern!«

»Ich hätte es auch fast zum Minister gebracht«, erwiderte ich schmunzelnd und erzählte ihr die Geschichte von König Michael, der mich und Pippa in sein Parlament holen wollte.

Alexandra hörte aufmerksam zu, und ich bin mir sicher, dass sie es nicht aus reiner Höflichkeit tat. »Schade, dass der König weg ist. Ich hätte ihn auch gerne kennengelernt.«

Dann wollte sie das Herz sehen.

»Das ist aber eine große Eiche!«, sagte sie beeindruckt, als sie den mächtigen Baum sah.

»Es ist eine Linde.«

»Wow! Früher hast du eine Tulpe nicht von einer Rose unterscheiden können. Du bist ein richtiger Parkflüsterer geworden.«

Ich hob sie in die Höhe, damit sie mit ihren Fingern über das Herz streichen konnte. »Was wohl aus den beiden geworden ist? Ob die sich noch lieben? Würdest du auch ein Herz für mich ritzen?«

»Ich denke schon. Obwohl man eigentlich die Rinde nicht beschädigen sollte.« Ich erzählte Alexandra, dass die Linde der Baum der Liebe ist, und zeigte ihr ein Blatt.

»Das sieht wirklich wie ein Herz aus«, sagte sie erstaunt. »Wenn das so ist, dann mag die Linde ihr Tattoo bestimmt.«

Bevor wir uns verabschiedeten, fiel Alexandra noch etwas ein: »Ist dir eigentlich klar, dass dies unser erstes Picknick war?«

»Wir mussten uns erst trennen, damit es dazu kommen konnte«, sinnierte ich.

»Deshalb sollten wir diesen Zustand auch beibehalten, damit wir uns noch mal unter dem Herzen treffen können!«, schlug sie vor.

»Auf jeden Fall!«

Die tätowierte Linde hatte uns nähergebracht. Ich freute mich schon auf das nächste Treffen mit Alexandra.

Am nächsten Tag traf ich Igor und den alten Herrn wieder vor dem Baum an.

»Ich möchte mich bei Ihnen bedanken. Ohne Sie würde ich noch immer Drogen verkaufen und wäre irgendwann im Knast gelandet«, sagte der kleine Ex-Dealer.

»Alles gut, Igor. Ich sehe ja, dass dein neuer Job dir Spaß macht.«

»Die alten Leute sind total nett. Immer freundlich und auch für jeden Spaß zu haben. Schade, dass meine Eltern anders drauf sind.« Er seufzte und rückte den Kragen des Mannes zurecht. Als er sah, dass der alte Herr die Hand etwas bewegte, holte er Tabak aus der Tasche und sagte: »Warte, ich drehe dir eine!«

»Ihr versteht euch ja ganz toll«, kommentierte ich, während Igor seinem Joe die Zigarette anzündete und sie ihm in den Mund schob.

»Johann und ich brauchen nicht viele Worte.«

»Dann wünsche ich euch noch viel Spaß«, sagte ich und ging. Nach einigen Metern stoppte ich. Wie hatte Igor seinen Schützling genannt?

»Sag mal, Igor, wie heißt der Herr?«

»Joe.«

»Hast du ihn nicht gerade Johann genannt?«

»Johann ist sein richtiger Name. Aber Joe hört sich cooler an!«

Johann. Der Name hatte mich aufhorchen lassen.

»Und er will jedes Mal, dass du ihn vor die Linde fährst?«

»Verrückt, nicht wahr? Wenn ich mit dem Rolli woandershin fahre, wird er unruhig. Gucken Sie mal!«

Zum Beweis lenkte Igor den Rollstuhl vor eine Kastanie – sehr zum Unwillen des alten Herrn, der am ganzen Körper zu zittern begann.

»Schon gut, Joe! Ich lege wieder den Rückwärtsgang ein.« Igor schob den Rollstuhl erneut vor die Linde, wo der alte Herr sich sofort beruhigte.

Ich dagegen wurde unruhig: »Er starrt immer auf die Linde …«, sagte ich leise, und mir kam ein Verdacht. Handelte es sich hier um den Johann, der vor Jahrzehnten das Herz in den Stamm geritzt hatte?

Da mir der Gedanke nicht mehr aus dem Kopf ging, wollte ich mit Alexandra darüber sprechen.

»Die Demenz hat zwar die meisten Erinnerungen des alten Herrn gelöscht, aber die Liebe zu Marika ist unkaputtbar. Deswegen drängt es ihn immer wieder zu dieser Linde«, analysierte ich am Telefon und war gespannt auf ihre Meinung.

»Auch wenn deine Geschichte sehr erfunden klingt, ist sie sehr schön!«

»Denkst du, ich habe sie mir ausgedacht?«

»Vielleicht schreibst du an einer neuen Fernsehserie?«, erwiderte sie frech.

»Aber nein! Die Indizien sprechen doch für diese Story: Der Mann heißt Johann, und von seinem Alter her passt es auch. Er könnte tatsächlich derjenige sein, der 1965 seiner Marika das Herz in die Linde geritzt hat! Ist das nicht Wahnsinn?«

»Ich wundere mich wirklich über dich. So engagiert ...«

»Wäre es nicht schön, wenn Johann seine Marika wiedersehen würde?«, fragte ich plötzlich und staunte selbst über meine neu entdeckte emotionale Ader.

»Hallo? Es ist nicht bewiesen, ob es sich um denselben Johann handelt«, warf die Juristin Alexandra ein, die Fakten sehen wollte.

»Natürlich spekuliere ich. Es kann auch alles der totale Quatsch sein. Aber es lohnt sich, dieser alten Geschichte nachzugehen. Ich werde es zumindest versuchen!«, kündigte ich entschlossen an.

»Hast du einen Plan?«

Den hatte ich.

Als Erstes sprach ich Igor an, als er wieder einmal mit Johann vor der Linde stand. »Ich brauche deine Hilfe. Es geht um Joe.«

Der kleine Ex-Dealer hörte sich mit großem Interesse meine Theorie an. »Cool! Dann hat Joe als junger Typ also mit seiner Flamme hier gestanden?«

»Das weiß ich nicht. Aber ich würde es gerne erfahren. Weißt du, ob er Verwandte hat?«

»Hat er nicht. Besuch kriegt er auch nie.«

»Kannst du für mich Sherlock Holmes spielen und mehr über ihn herausfinden?«

»Wer ist Sherlock Holmes?« Bei »Wer wird Millionär?« wäre Igor sicher an der 500-Euro-Frage gescheitert.

»Dann eben James Bond, den kennst du doch, oder?«

»Logo! Agent 008!«, lachte er wissentlich und landete unterhalb der 300-Euro-Frage.

»Genau. Ich brauche Informationen. Wie hieß seine Frau? Wo hat er zuletzt gewohnt? Kann ich mich auf dich verlassen?«

»Wird erledigt, Chef!«, sagte er und salutierte. Igor mochte mich und würde mir jeden Wunsch erfüllen.

Wie sich herausstellte, kam er aber nicht weit. Obwohl er sein Bestes versucht hatte, konnte er nur Johanns Nachnamen und sein Geburtsdatum in Erfahrung bringen.

»Warum hast du den armen Jungen so überfordert? Jetzt bist du genauso schlau wie vorher«, meinte Alexandra, als ich ihr am Telefon von meinem Misserfolg berichtete.

»Immerhin weiß ich nun, dass der Mann Johann Strupp heißt!«

»Wieso bist du nicht auf die Idee gekommen, mich um Hilfe zu bitten?«

»Weil ich dich mit der Lösung des Rätsels überraschen wollte?«

»Ach komm! Wieder mal egoistisch vorpreschen, typisch für dich.«

»Hallo?! Ich bin nicht egoistisch! Außerdem, wie hättest du mir schon helfen können?«

»Also, in dieser Hinsicht bist du wirklich noch der Alte! Du glaubst immer, alles besser zu wissen!«

»Und du musst immer alles kritisieren und persönlich nehmen!«, konterte ich.

»Charmant wie ein Eisblock, der Herr. Willkommen in der Realität, Alexandra«, sagte sie wie zu sich selbst und lachte bitter. Dann legte sie auf.

Waren ihre Vorwürfe berechtigt? Hatte ich wirklich egoistisch gehandelt? Erst wollte ich noch einmal mit ihr darüber sprechen, aber dann ließ ich es sein. Ich nahm ihr übel, dass sie einfach aufgelegt hatte. Unser Revival, das so verheißungsvoll begonnen hatte, erhielt einen Dämpfer.

Darüber hinaus war ich keinen Millimeter weitergekommen, da Johanns Nachname mir nicht wirklich half. Aufgeben wollte ich nicht, aber wie sollte ich etwas über die Vergangenheit des alten Herrn erfahren? Ich war am Ende meines Lateins.

Da kam Rettung von unerwarteter Seite.

Alexandra klang sehr ernst, als sie mich anrief. »Ich muss mit dir sprechen!«

»Was ist denn?«

»Es ist dienstlich. Nichts Privates!«, schnarrte sie.

»Willst du mich veräppeln, oder wie?«

»Morgen um zehn Uhr in meiner Kanzlei. Sei bitte pünktlich, und lass dich nicht von den Elstern ablenken.«

Ich sagte ihr zu, obwohl ich ihren Anruf völlig albern fand. Was hatten wir beide dienstlich zu besprechen? Andererseits klang sie nicht so, als ob sie Witze machen würde.

Neugierig betrat ich am nächsten Tag zusammen mit Pippa Alexandras Kanzlei.

»Okay, Frau Anwältin, was liegt gegen mich vor?«, scherzte ich.

»Mir ist absolut nicht nach Witzemachen zumute, Emil. Ich habe hier einen Schriftsatz, vielleicht wirfst du mal einen Blick darauf«, sagte sie mit versteinerter Miene und reichte mir einen Aktenordner.

Nun war ich doch etwas irritiert. Worauf lief das alles hinaus? Als ich den Ordner aufschlagen wollte, nahm sie ihn mir plötzlich wieder ab.

»Gib her, das darfst du doch gar nicht sehen«, rief sie lachend und blätterte selbst darin. »Hier stehen alle Fakten, die du wissen wolltest. Wo Herr Strupp gewohnt hat und mit wem er verheiratet war!« Sie warf mir einen überlegenen Blick zu. Ich muss wohl ziemlich blöd aus der Wäsche geschaut haben, denn sie grinste bis über beide Ohren. »So weit zum Thema Recherche!«

Endlich fand ich die Sprache wieder. »Woher hast du das alles?«

»Ich habe Kontakt zu seinem Betreuer aufgenommen, von Anwalt zu Anwalt sozusagen«, erklärte sie, während sie genüsslich die Akte durchblätterte. »Ich habe ihm gesagt, dass ich Herrn Strupp wegen einer familiären Angelegenheit suche.«

»Ja, und? Raus mit der Sprache!« Ich wurde langsam ungeduldig.

»Wie heißt noch mal das Zauberwort?«

»Bitte, bitte. Und ja, natürlich entschuldige ich mich und gelobe Besserung«, versicherte ich ihr und meinte es ernst.

»Aufgepasst: Johann Strupp hat bis zu seiner Einweisung ins Pflegeheim in Hassels gewohnt. Er war Anstreicher.«

»Und? War er mit einer Marika verheiratet?«

»Langsam … immer schön geduldig sein.«

Ich seufzte tief und blieb ruhig, obwohl ich meine Neugier kaum unterdrücken konnte. Sollte Alexandra doch ihren Sieg auskosten, ich gönnte es ihr. Und sie kostete ihren Sieg in der Tat aus, indem sie die wertvollen Informationen nur stückeweise preisgab.

»Er war zweiunddreißig Jahre verheiratet und ist seit sechs Jahren Witwer. Die Ehe blieb kinderlos.«

»Jetzt verstehe ich. Er trauert seiner Marika nach …«

Alexandra schüttelte den Kopf. »Du bist zu ungeduldig! Wieder so eine Unart von dir. Warum lässt du mich nicht ausreden?«

Ich rief mich zur Ordnung und versuchte, ruhig zu bleiben.

»Seine Frau hieß nicht Marika, sondern Ursula!« Sie legte den Aktenordner auf den Schreibtisch zurück.

Ich begann zu kombinieren: »Daraus folgt, dass er gar nicht seiner Ehefrau nachtrauert, sondern einer Frau namens Marika, die er vor seiner Ehe gekannt haben muss, und zwar 1965.«

»Immer vorausgesetzt, dass es sich bei Johann Strupp um den besagten Johann handelt«, erinnerte mich Alexandra.

»Daran besteht kein Zweifel!« Ich hatte mich derart in dieser Geschichte festgebissen, dass ich mir hundertprozentig sicher war.

Alexandras skeptischer Blick sprach eine andere Sprache.

»Natürlich kann ich es nicht beweisen, aber meine innere Stimme sagt es mir«, legte ich nach.

»Und diese Stimme sagt dir auch, dass Marika noch lebt?«, fragte sie streng wie bei einem offiziellen Verhör.

»Nein, was das angeht, bin ich unsicher«, gab ich unumwunden zu. Erste Zweifel kamen auf, hielten sich aber nicht lange: »Sicher ist, dass es seine große Liebe gewesen sein muss. Größer als die Liebe zu seiner Frau, mit der er über dreißig Jahre verheiratet war.«

»Das ist aber eine sehr gewagte Spekulation!«

»Bleiben wir bei den Fakten. Seine Liebe zu Marika muss sehr stark gewesen sein, sonst würde das Herz ihn nicht magnetisch anziehen!«

»Das zumindest sehe ich auch so«, sagte Alexandra.

»Es wäre sehr schön, wenn Johann seine Marika wiedersehen würde. Wäre das nicht die perfekte Überraschung für seinen Lebensabend?«

Wir schauten uns in die Augen und lächelten versonnen.

Aber dann schüttete Alexandra Wasser in den Wein: »Stell dir vor, wir finden Marika tatsächlich, aber die will gar nichts von ihm wissen und ist schlecht auf ihn zu sprechen.«

»Das wäre der Super-GAU.«

»Deswegen sollten wir lieber einen Schlussstrich unter die Geschichte ziehen«, resümierte sie nachdenklich.

»Du hast jedenfalls prima Arbeit geleistet. Großes Kompliment.« Ich belohnte sie mit einem Kuss.

»Jetzt kennen wir uns schon so lange, und noch nie hast du mich in der Kanzlei geküsst.«

»Wenn du heute zum Abendessen zu mir kommst, gibt es noch einen Nachschlag.« Ich hoffte inständig, dass sie meine Einladung annehmen würde.

»Ich schätze, dann würde es nicht beim Küssen bleiben …«

»Wäre das so schlimm?«

»Nein, aber noch zu früh.«

»Wie du meinst«, erwiderte ich ein wenig pikiert und machte Anstalten aufzubrechen.

»Warum berührt dich die Geschichte von Marika und Johann so sehr?«, wollte sie zum Abschied von mir wissen.

»Wenigstens für die beiden soll es ein Happy End geben!«

»Du bist zu ungeduldig, Emil. Gib uns noch ein wenig Zeit!«

Von Bäumen und Menschen

Im Unterschied zu Alexandra wollte ich Johanns und Marikas Geschichte nicht zu den Akten legen. Mein Gefühl sagte mir, dass Marika noch lebte und Johann sie noch liebte. Natürlich konnte ich das nicht belegen, und wahrscheinlich war auch mehr der Wunsch Vater des Gedankens. Der Schlüssel zu diesem Rätsel war Marika, doch wie sollte ich einen Menschen finden, von dem ich nur den Vornamen kannte – das Einwohnermeldeamt schied ja als Quelle schon mal aus.

In meiner Not fragte ich meinen älteren Nachbarn Herrn Schröder, der schon seit Jahrzehnten in dieser Straße wohnte. Aber er kannte weder einen Johann Strupp noch eine Marika.

»Warum wollen Sie wissen, ob ich diese Leute kenne?«

»Nur aus Neugierde. Die beiden müssen sich als junges Liebespaar hier im Park getroffen haben.«

»Wenn sie in unserem kleinen Park waren, dann gibt es jemanden, der sie kannte«, sagte Herr Schröder und zwinkerte mir verschmitzt zu.

»Und der wäre?«, fragte ich gespannt.

»Na, die Trauerbuche!«, erwiderte Herr Schröder lachend. »Wenn Liebespaare früher ungestört sein wollten, dann ging das nur unter der Trauerbuche! So war es auch bei mir und meiner Frau, als ich sie kennengelernt habe.«

Ich wurde hellhörig.

»Man stellte eine Sitzbank vor den Baumstamm und war dort ungestört. Kein Mensch konnte sehen, was man auf der Bank trieb, weil die Zweige wie ein Vorhang herabhingen.«

»Heute ist das auch nicht viel anders. Wer etwas zu verbergen hat, geht unter die Trauerbuche«, sagte ich lachend. Ich war sicher, dass auch Johann und Marika damals unter der Trauerbuche gesessen hatten. Leider half mir das nicht weiter.

Einige Tage später sah ich Igor im Park. Diesmal fuhr er eine ältere Dame mit dem Rollstuhl spazieren. Als er mich sah, winkte er mir zu.

»Hallo, Igor, wie geht's?«

»Ganz gut. Das ist Frau Popp.«

Frau Popp, eine freundliche Dame mit grauen und lebhaften Augen, schüttelte mir die Hand.

»Wo ist Johann?«, fragte ich.

»Ihm geht es nicht gut. Er hat eine Lungenentzündung und muss das Bett hüten. Hoffentlich kommt er wieder auf die Beine«, erklärte Igor besorgt.

»Das hoffe ich auch, grüß ihn von mir«, bat ich und wollte meine Gassirunde mit Pippa fortsetzen.

»Warten, Sie!« Igor kam uns hinterhergelaufen. »Ich muss Ihnen was sagen«, flüsterte er dann, »aber das muss unter uns bleiben.«

»Sicher.«

»Als ich gestern Joes Spind aufgeräumt habe, habe ich das in seiner Brieftasche gefunden.« Igor reichte mir ein zusammengefaltetes Stück Papier. »Aber denken Sie nicht, dass ich auf sein Geld aus war, er hat sowieso keins.«

»Nein, das denke ich nicht«, beruhigte ich ihn und faltete

das Papier auseinander. Es handelte sich um einen alten Zeitungsausschnitt.

»Vielleicht hilft Ihnen das. Aber jetzt wartet Frau Popp auf mich.«

Während Igor zurück zu seiner Seniorin eilte, überflog ich den Artikel. Ich las ihn einmal, ich las ihn zweimal, dann rief ich sofort Alexandra an.

»Können wir uns treffen? Am besten vor der Linde!«

Noch am selben Nachmittag traf ich Alexandra im Park.

»Gibt es Neuigkeiten zu deiner Lovestory?«, fragte sie zur Begrüßung.

»Hör mal bitte zu.« Ich holte den alten Zeitungsausschnitt hervor und las: »In der Reisholzstraße in Hassels hat eine neue Kneipe eröffnet. Sie heißt *Bei Marika* und wurde nach ihrer neuen Wirtin benannt.«

Ich gab Alexandra den Ausschnitt. »Den habe ich von Igor. Hat er in der Brieftasche von Johann gefunden.«

»Von wann ist der Artikel?«

»Weiß nicht. Dürfte aber einige Jahre her sein.« Leider war der Artikel so ausgeschnitten worden, dass man das Datum am oberen Rand nicht sehen konnte.

»Und? Bist du schon zu der Kneipe gefahren?«

»Nein. Ich werde keinen Schritt ohne dich unternehmen«, versicherte ich Alexandra und wurde mit einem Kuss belohnt.

»Wenn Johann diesen Zeitungsausschnitt aufbewahrt hat, könnte es tatsächlich sein, dass seine Jugendliebe Marika die Kneipe aufgemacht hat. Auf jeden Fall sollten wir uns die mal näher anschauen«, sagte sie.

»Das ist nicht so einfach. Ich habe gegoogelt, aber es gibt anscheinend keine Kneipe mit diesem Namen in Hassels.«

»Dann fahren wir eben dorthin und suchen so lange, bis wir sie finden!«, schlug Alexandra vor.

Und das taten wir auch.

Die Reisholzstraße in Hassels war zum Glück überschaubar, aber es gab dort keine einzige Kneipe. Dafür erregte ein griechischer Imbiss namens Akropolis Alexandras Aufmerksamkeit.

»Siehst du den Imbiss? Das ist der einzige Laden, in dem früher eine Kneipe gewesen sein könnte.«

Das klang einleuchtend, und so suchten wir die Akropolis auf.

Nachdem wir Gyros bestellt hatten, kamen wir mit dem dicken Wirt ins Gespräch. Er erzählte uns stolz, dass er den Laden seit siebzehn Jahren betrieb. Seiner Ansicht nach machte er das beste Gyros im Viertel, außerdem seien Krautsalat und Tsatsiki hausgemacht. Ich als frischgebackener Vegetarier würde mich natürlich nur daran halten.

Auch wenn wir die Informationen des Wirts sehr interessant fanden, brannte uns doch eine andere Frage auf den Nägeln.

»Befand sich früher hier eine Kneipe?«

»Eine Kneipe? Ja, aber ich habe alles umgebaut und meine Akropolis darauf errichtet«, erwiderte der Grieche lachend.

»Und können Sie sich an den Namen der Kneipe erinnern?«

»Nein. Zu lange her.«

Zum Glück half uns ein älterer Stammgast im Trainingsanzug weiter, der auf sein Gyros wartete. »›Bei Marika‹ hieß der Laden.«

Alexandra und ich waren wie elektrisiert, als wir das hörten. »Und die Pächterin? Wissen Sie noch deren Namen?«, hakte Alexandra nach.

»Schneider ... Hoffmann ... Müller ... irgendein typischer Name ...«, brummte der Mann, bevor er mit seinem Gyros den Imbiss verließ.

»Schmitz!«, warf plötzlich der griechische Wirt in den Raum, während er ein halbes Pfund Zaziki auf den Pommes eines anderen Gastes deponierte.

»Marika Schmitz also?«, fragte ich.

»Nein, ich meinte, Schmitz ist auch ein typischer deutscher Name«, stellte der Wirt klar.

In diesem Moment wurde die Tür aufgerissen, und der Stammgast steckte noch einmal seinen Kopf in den Raum: »Sie hieß Salvatore! Marika Salvatore!«

»Das soll ein typisch deutscher Name sein?«, fragte Alexandra irritiert.

Der Mann grinste. »Nein, aber ein typisch italienischer!«

Der Mann hatte sich nicht geirrt. Gleich am nächsten Morgen erkundigte ich mich beim Einwohnermeldeamt und erfuhr, dass eine Marika Salvatore in der Stadt wohnte. Was stand jetzt als Nächstes an, wie sollten wir vorgehen?

Alexandra meldete wieder Bedenken an: »Nehmen wir mal an, und alles spricht ja dafür, dass wir die Jugendfreundin von Johann, mit der er vor über fünfzig Jahren zusammen war, gefunden haben. Können wir sie einfach so darauf ansprechen? Wie wird ihr Mann reagieren?«

Alexandras Fragen beleuchteten einen wichtigen Aspekt, der tatsächlich problematisch sein konnte. Jetzt, da wir Marika gefunden hatten, bekam auch ich Skrupel.

»Du hast recht, Alexandra. Wir dürfen uns nicht in Angelegenheiten einmischen, die uns eigentlich gar nichts angehen. Ich habe mich da in etwas reingeritten, ohne an die Folgen für die Betroffenen zu denken«, gab ich selbstkritisch zu.

»Was sagen deine Elstern dazu?«, fragte mich Alexandra unvermittelt.

»Ich weiß es nicht. Die haben solche Probleme nicht, da sie ihr Leben lang zusammenbleiben. Aber ich kann dir sagen, wie Pippa reagieren würde: Sie wäre bei einem solchen Wiedersehen völlig aus dem Häuschen. Hunde sind nicht nachtragend. Sie erinnern sich nur an die guten Momente, die man zusammen erlebt hat.« Ich kraulte Pippa.

Meine Antwort inspirierte Alexandra. »Wenn wir uns sensibel genug anstellen, wird kein emotionales Porzellan zerschlagen werden. Ich habe da eine Idee!«

Gespannt wartete ich auf ihren Vorschlag.

»Wir werden der Dame erst einmal nur das Foto mit dem Herzen auf der Linde zeigen und fragen, ob sie sich daran erinnert. Mal sehen, wie sie reagiert.«

»Das ist ein sehr guter Vorschlag. Wenn sie sich nicht daran erinnert, lassen wir sie einfach wieder in Ruhe.«

Ich war Feuer und Flamme.

Die diskrete Trauerbuche

Am Wochenende fuhren wir zu Marika. Natürlich waren wir sehr nervös. Würden wir mit unserer Mission Schiffbruch erleiden oder für ein Happy End sorgen?

Marika wohnte in einer Siedlung am Stadtrand. Wir parkten nicht direkt vor ihrem Haus, sondern gut einhundert Meter davon entfernt. Zunächst wollten wir uns als Spaziergänger mit Hund einen Überblick verschaffen. Als wir das Grundstück erreichten, fiel uns eine agile ältere Dame auf, die mit der Gartenarbeit beschäftigt war. Wir ahnten, dass es sich um Marika handelte. Da sie alleine war, nutzten wir die Gelegenheit und sprachen sie vom Zaun aus an.

»Guten Tag. Dürfen wir Sie einen Moment stören?«, fragte Alexandra.

»Ja, bitte?«, sagte die Frau.

»Mein Name ist Alexandra Sante, und das ist Emil König. Wir suchen eine Frau Marika Salvatore!«

»Das bin ich!«

»Ich würde Ihnen gerne etwas zeigen.« Alexandra holte das Foto mit dem Herzen aus ihrer Handtasche. »Vielleicht werfen Sie einmal einen Blick auf dieses Bild.«

Die alte Dame nahm neugierig das Foto an sich und betrachtete es.

»Neben dem Herzen sind zwei Namen in den Stamm geritzt. Einer davon ist ›Marika‹«, erklärte Alexandra.

Die Frau betrachtete das Bild nun genauer.

»Ich habe das Foto letzte Woche gemacht. Das Herz befindet sich an einer Linde, und wir glauben, dass Sie es kennen könnten …« Ich beschränkte mich auf Andeutungen, weil ich nicht mit der Tür ins Haus fallen wollte.

Offenbar erkannte sie das Herz tatsächlich, denn ein leises melancholisches Lächeln huschte über ihr Gesicht. »Wie die Zeit vergeht …« Sie schloss die Augen und schien ganz in Gedanken versunken.

Alexandra und ich schauten uns betreten an. War es doch ein Fehler gewesen, Marika das Bild zu zeigen? Sie wirkte traurig. Auch Pippa spürte, dass etwas Besonderes in der Luft lag. Sie winselte leise, und ihr Schwanz zeigte nach unten. Doch unsere Angst war unbegründet. Erleichtert sahen wir, dass Marika sich wieder gefasst hatte. Sie lächelte uns an.

»Ich kann mich noch ganz genau an den Tag erinnern. Ich hatte Johann gesagt: Lass doch den Baum in Ruhe, nimm lieber die Bank. Aber er wollte nicht auf mich hören. Der Baum steht ewig, sagte er und ritzte das Herz in den Stamm.«

»Ja, der Baum steht immer noch.« Alexandra nickte und bekam leuchtende Augen.

In diesem Moment trat ein etwa dreißigjähriger, südländisch aussehender Mann aus dem Haus und kam in den Garten.

»Mutter, ich gehe jetzt … brauchst du was aus der Stadt?«, rief er der alten Dame zu.

»Nein, danke«, antwortete sie leise.

Als der Mann uns am Zaun stehen sah, kam er neugierig näher.

»Das ist mein Sohn Tonio, er unterstützt mich manchmal, wenn was zu erledigen ist«, erklärte sie.

»Kann ich Ihnen helfen?«, fragte er misstrauisch. Vermutlich hielt er uns für Zeugen Jehovas oder Vorwerk-Vertreter.

»Schon gut, Toni, die beiden Herrschaften haben nur etwas vorbeigebracht«, sagte seine Mutter beschwichtigend.

»Was ist das für ein Foto?« Tonio nahm ihr das Bild aus der Hand.

»Nur das Bild einer Linde«, antwortete sie ausweichend.

»Sind Sie etwa von einer Gartenbaufirma? Wir brauchen nichts«, stellte er klar und gab ihr das Bild zurück.

Der alten Dame schien sein forscher Ton unangenehm. »Schon gut, Tonio, mach dir keine Sorgen, ich kaufe nichts.«

Halbwegs beruhigt gab er ihr einen Kuss auf die Wange und ging, ohne uns eines weiteren Blickes zu würdigen.

Alexandra und ich waren ihm nicht böse, weil wir seine Unfreundlichkeit nicht persönlich nahmen. Er sorgte sich eben um seine Mutter. Die wiederum war froh, dass ihr Sohn ihr Geheimnis nicht entdeckt hatte. Erst als Tonio mit seinem Wagen aus der Garage fuhr, kam sie wieder auf das Thema zurück: »Entschuldigen Sie, aber wollen Sie nicht hereinkommen? Bei einer Tasse Kaffee lässt sich über all das besser sprechen.«

Das war natürlich ein Angebot, das wir nicht ablehnen konnten. Am liebsten wären Alexandra und ich uns vor Freude um den Hals gefallen, aber wir wollten die alte Dame nicht irritieren.

Es wurde ein sehr langer Nachmittag. Und »Bei Marika« gab es nicht nur Kaffee und Plätzchen, sondern auch eine Menge Geheimnisse, die gelüftet wurden.

Aber der Reihe nach.

Marika berichtete, dass sie seit dem Tod ihres Mannes alleine lebte. Gelegentlich schauten ihre Söhne vorbei, um nach dem Rechten zu sehen.

Als sie von uns erfuhr, dass Johann trotz seines geistigen Handicaps das Herz auf der Linde nicht vergessen hatte, war sie sehr gerührt. »Und er lebt jetzt im Altersheim?«

»Ja. Er ist ganz alleine. Seine Frau ist vor Jahren gestorben, sie haben keine Kinder. Der Einzige, der sich noch um ihn kümmert, ist ein junger Pfleger!«

»Das ist so traurig«, sagte Marika leise. Und dann begann sie von ihrer Zeit mit Johann zu erzählen, ohne dass wir sie dazu aufgefordert hätten.

»Johann und ich waren zwei Jahre zusammen. Meinen Ehemann Luca habe ich später kennengelernt. Er kam als Gastarbeiter aus Neapel und arbeitete hier in Deutschland als Schlosser. Nach seinem Arbeitsunfall haben wir die Kneipe eröffnet. Luca hat mich sehr geliebt. Er wollte sie unbedingt nach mir benennen: ›Bei Marika‹.«

»Und Johann wusste davon …« Alexandra zeigte ihr den Zeitungsausschnitt.

»Ich war eben seine große Liebe! Er hat mich nie vergessen …«, sagte Marika seufzend und gab uns den Zeitungsausschnitt zurück. Sie überlegte kurz, dann stand sie auf und ging zum Wohnzimmerschrank.

»Ich möchte Ihnen etwas zeigen, was ich noch keinem Menschen gezeigt habe«, sagte sie, während sie einen Schuhkarton aus einer der Schrankschubladen holte. In dem Karton befand sich ein kleiner Pack Briefe, die mit einer Kordel zusammengebunden waren.

»Diese Briefe hatte ich Johann geschrieben, aber nie weggeschickt«, verriet sie uns mit leiser Stimme, als fürchte sie, dass die Wände Ohren haben könnten. »Er war auch meine große Liebe.«

Ich bekam eine Gänsehaut, und Alexandra schien es nicht anders zu gehen.

»Ich habe meinen Ehemann Luca auch sehr gemocht, er war ein wunderbarer Mann und ein guter Vater, aber Johann war …«

Ihr versagte die Stimme aus Angst, etwas zu sagen, was sie nicht sagen durfte. Aus Respekt vor ihrem verstorbenen Ehemann wollte sie ihre große Liebe Johann nicht allzu sehr erhöhen. Das alles schien Marika sehr aufzuwühlen, und schließlich verlor sie den Kampf gegen die Tränen.

Alexandra, die ebenfalls feuchte Augen hatte, nahm sie tröstend in den Arm. Wir sagten nichts. Man hörte nur leises Schluchzen und das Ticken der Wanduhr. Ich bekam ein schlechtes Gewissen, weil ich nicht wollte, dass alte Wunden aufgerissen wurden, aber irgendwann seufzte Marika erleichtert.

»Es ist gekommen, wie es gekommen ist. So ist das Leben nun einmal.«

Die alte Dame lächelte uns tapfer an und verspürte das Bedürfnis, uns von der wichtigsten Phase ihres Lebens zu erzählen. Es war auch eine Geschichte des kleinen Parks:

Kaum einer weiß wohl, dass der kleine, unscheinbare Park ein Überbleibsel einer repräsentativen Gartenanlage war, die zu einer herrschaftlichen Villa gehörte. Die Besitzer, eine Fabrikantendynastie, liebten es eben großzügig und protzig. Während des Zweiten Weltkriegs wurde die Villa zerbombt, und die Besitzer zogen in den Süden. Die Stadt erwarb die Grünanlage und machte sie der Öffentlichkeit zugänglich. Nach Kriegsende weckte der halbwegs intakte Park Begehrlichkeiten bei der Bevölkerung. Die Menschen froren und hatten Hunger. Die kleinen Bäume eigneten sich für Brennholz, und viele von ihnen fielen dem Kahlschlag zum Opfer. Es überlebten nur einige Linden, Eichen und die Trauerbuche. Auch die Anzahl der Tiere wurde arg dezimiert, denn wenn Menschen Hunger haben, essen sie nicht nur Kaninchen, sondern auch Igel, Eichhörnchen und Singvögel. Nicht einmal die Elstern wurden verschont. Um die Grünfläche zu schützen, entschied sich die Stadtverwaltung schließlich zu drastischen Schritten und stellte Parkwächter ab. Der Park sollte nicht als Brachfläche enden, sondern der Erholung dienen. Dann wurden neue Bäume und Sträucher gepflanzt und ein Spielplatz gebaut. Dass die Pflege des Parks mit der Zeit nachließ, weil man sich lieber auf repräsentativere Grünanlagen konzentrierte, steht auf einem anderen Blatt. In den Fünfzigerjahren jedenfalls machte die kleine Anlage eine *bella figura*.

Besonders beliebt war der kleine Park als Treffpunkt für junge Leute. Bei Liebespaaren galt er als Hotspot. Hier konnten sie ungestört sein. Wo sollten die Liebenden auch hin? Kneipen waren Mangelware und teuer und die wenigen Tanzlokale noch teurer. Zu Hause bei den Eltern durften sich die jungen Frauen und Männer auch nicht treffen, und das hatte nicht nur mit den beengten Wohnverhältnissen zu tun, sondern auch mit dem sogenannten Kuppelparagrafen. Will heißen: Wenn jemand ein unverheiratetes Paar in seiner Wohnung übernachten ließ, machte er sich strafbar und musste sogar mit einer Haftstrafe rechnen. So gesehen bot der kleine Park abends und in der Nacht prima Alternativen. Der begehrteste Ort für Liebespaare war die Trauerbuche, deren hängende Zweige Schutz vor fremden Blicken boten. Im Frühling, wenn die Hormone kochten, standen die Liebespaare Schlange vor dem knorrigen Baum, und so manches Kind wurde unter seinen verschwiegenen Blättern gezeugt.

Eines der Liebespaare im kleinen Park waren Marika und Johann. Sie teilte sich mit ihrer Mutter eine kleine Einzimmerwohnung in der Nachbarschaft, er hatte einen Schlafplatz in einem Lehrlingsheim gefunden. Die beiden lernten sich ganz romantisch kennen, als er ihr während eines heftigen Regenschauers selbstlos seinen Mantel anbot und sie danach nach Hause brachte. Es war Liebe auf den ersten Blick. Er, ganz Kavalier, fuhr sie von da an immer mit dem Rad zur Arbeit, weil sie kein Geld für die Straßenbahn hatte. Dafür nahm er einen Umweg durch die halbe Stadt in Kauf – auch bei Regen oder Schnee. Auf Johann konnte sich Marika stets verlassen. Dass sie grundverschieden waren, machte ihnen nichts aus. Die temperamentvolle Marika beispielweise konnte sehr aufbrausend werden, wenn etwas nicht nach ihren Vorstellungen lief. Sie war eine Macherin, entschlossen und voller Tatendrang. Ganz anders Johann, ein introvertierter und nachdenklicher junger Mann, der alles langsamer anging. Er konnte sehr höflich und zärtlich sein und las ihr jeden Wunsch von den Augen ab. Das kam zwar bei Marika gut an, aber nicht bei ihrer Mutter. Sie mochte ihn nicht. »Du wirst ihn nicht mehr treffen!«, befahl sie Marika, als sie von Johann erfuhr, denn sie wünschte sich für ihre Tochter eine bessere Partie und hätte lieber einen Angestellten oder Beamten als Schwiegersohn gesehen. Vergeblich versuchte Marika, ihre Mutter von Johanns Qualitäten zu überzeugen. »Der kommt mir nicht ins Haus!«, hieß es immer wieder, und sie drohte: »Wenn du ihn noch mal triffst, schicke ich dich ins Fürsorgeheim!« Marika traf Johann trotzdem weiter, heimlich und regelmäßig. Die beiden verbrachten ihre freie Zeit am liebsten unter der Trauerbuche im kleinen Park. Während die anderen Liebespaare ihre Herzen in die Bänke ritzten, wählte Johann die Linde aus. Er wollte ein Herz für die Ewigkeit! Die beiden schmiedeten sogar Pläne für die Zukunft, wollten heiraten und eine Familie gründen. Daraus aber sollte nichts werden, das Schicksal machte ihnen einen Strich durch die Rechnung. Johann bekam ein sehr gutes Angebot für eine Stelle als Vorarbeiter in München. Marika wollte ihn unbedingt begleiten und hätte notfalls auch ihre Mutter verlassen, doch bevor es dazu kommen konnte, erlitt diese einen Schlaganfall und war fortan auf Pflege angewiesen. Vergeblich versuchte Marika nun, Johann zu überreden, in Düsseldorf zu bleiben.

»Wer weiß, ob und wann ich wieder so ein Angebot bekomme. Ich werde dort eine richtige Wohnung haben und muss nicht länger in einem Wohnheim leben. Außerdem verdiene ich dann viel mehr! Komm mit, Marika, uns wird es gut gehen«, versicherte er ihr.

»Und was soll aus meiner kranken Mutter werden?«

Johann sah ein, dass Marika ihre Mutter nicht im Stich lassen konnte, wollte auf seine neue Stelle jedoch nicht verzichten.

»Ich werde dir täglich schreiben«, versprach er ihr und zog nach München.

Doch mit der Zeit kamen immer seltener Briefe von ihm, und seine Zeilen darin wurden spärlicher. Marika, die ihm seinen Umzug verübelte, fühlte sich gekränkt und schrieb ihrerseits auch immer seltener. Bald vermutete sie, dass er sie mit einer anderen Frau betrog, und schrieb ihm einen wütenden Brief. Er reagierte beleidigt und verlangte eine Entschuldigung von ihr, doch damit biss er bei Marika auf Granit. Sie schrieb ihm zwar, schickte die Briefe aber nicht ab, weil sie eigentlich nicht nachgeben wollte. Ein Gespräch hätte vielleicht alles geklärt, aber Marika konnte ihre Mutter nicht alleine lassen. Außerdem fehlte ihr für eine Fahrkarte nach München das Geld. Obendrein gab es kein Telefon, geschweige Internet. Die so verheißungsvoll begonnene Beziehung versandete. Erst Monate später, als sie ihren Johann zu vermissen begann, machte sie sich wegen ihrer Sturheit Vorwürfe. Da er sich aber auch nicht mehr gemeldet hatte, beschloss sie, das Kapitel zu beenden.

Zwei Jahre später lernte Marika ihren späteren Ehemann kennen, einen netten und gut aussehenden Gastarbeiter aus Neapel. Mit ihm gründete sie eine Familie. Aber tief in ihrem inneren Tresor schlummerte Johann, den sie unter der Trauerbuche immer für sich alleine hatte. An die gemeinsame Zeit erinnerte nur noch die tätowierte Linde.

Das respektlose Eichhörnchen

»Es ist absurd. Im Kino mag ich keine Filme mit Happy End, weil sie nichts mit dem wirklichen Leben zu tun haben. Im wirklichen Leben hingegen bestehe ich auf einem Happy End«, vertraute ich Alexandra an, nachdem wir uns von Marika verabschiedet hatten. Diese traurige Liebesgeschichte machte mich richtig traurig.

»Ich würde Marika und Johann auch ein schönes Ende ihrer unvollendeten Liebesgeschichte gönnen«, pflichtete Alexandra mir bei.

Doch wie das Happy End zwischen einer rüstigen älteren Dame und einem dementen alten Mann aussehen sollte, stand in den Sternen.

Des einen Leid, des andern Freud, heißt es im Volksmund, und obwohl ich mit solchen Alltagsweisheiten nichts anfangen konnte, passte dieser Spruch haargenau zu Alexandras und meiner Situation: Ausgerechnet die traurigste Liebesgeschichte der Welt sorgte dafür, dass wir einen sehr harmonischen Abend zusammen verbrachten – ohne Streit und ohne doppelten Boden, ohne Sticheleien, ohne gegenseitige Kritik. Stattdessen lagen wir völlig tiefenentspannt auf meinem Sofa und ließen die schönsten Szenen aus unserer gemeinsamen Zeit Revue passieren, ganz nach dem Motto: Weißt du noch?

Es wurde ein langer Abend, und Alexandra schlief in meinen Armen ein. Sie protestierte auch nicht, als ich sie gegen Mitternacht wie ein kleines Kind in mein Bett trug und fürsorglich zudeckte. Mein Rundum-sorglos-Service ging am nächsten Morgen weiter. Ich besorgte uns frische Brötchen und deckte den Tisch auf dem Balkon. Für die musikalische Untermalung sorgte ein vorlautes Amselmännchen, dass sehr engagiert sein Revier absteckte.

»Was machen wir denn nun mit Marika und Johann? Hast du eine Idee, wie diese Geschichte glücklich enden kann?«, wollte Alexandra schließlich von mir wissen.

»Es wäre schön, wenn sich die beiden wiedersehen würden! Der erste Schritt müsste aber von Marika ausgehen, Johann ist leider nicht in der Lage dazu.«

Kaum hatte ich den Satz beendet, klingelte das Telefon. Es war Marika! Der gestrige Nachmittag war nicht spurlos an ihr vorübergegangen.

»Ich würde Johann gerne noch mal wiedersehen. Glauben Sie, dass das möglich wäre?«, fragte sie ganz direkt.

»Ich denke schon, und ich bin mir sicher, dass er sich freuen würde«, antwortete ich mit einem Blick auf Alexandra, die mich fragend anschaute.

»Das ist schön. Und ginge es auch vor der Linde, ich meine, vor unserem Herzen?«

»Das lässt sich bestimmt arrangieren! Geben Sie mir ein paar Tage Zeit«, bat ich die alte Dame und legte auf.

»Du errätst nie, wer gerade angerufen hat«, sagte ich, als ich wieder raus auf den Balkon trat.

»Mach es bitte nicht so spannend!«

Natürlich gefiel Alexandra die Idee eines Wiedersehens,

und so machte ich mich sofort daran, das Treffen zu organisieren. Ich bat Igor, am Wochenende mit Johann – der zum Glück wieder gesund war – die Linde aufzusuchen.

»Und das ist eine echte Lovestory?«, fragte er ungläubig. Offenbar kannte er Liebesgeschichten nur aus dem Fernsehen.

»Und was für eine. Dein Freund Joe wird seine allererste Flamme wiedersehen! Ich hoffe nur, dass ihn das nicht zu sehr aufregt.«

»Kein Problem! Ich werde ihm morgens ein kleines Pfeifchen zur Beruhigung stopfen«, sagte Igor, und ich war mir nicht sicher, ob das wirklich ein Scherz gewesen war. Egal, Hauptsache, die beiden würden kommen.

Die zwei Tage bis zum Samstag erschienen Alexandra und mir wie eine Ewigkeit. Unsere Gespräche kreisten nur um das Wiedersehen zwischen Marika und Johann.

»Glaubst du, dass er sie wiedererkennen wird?«, fragte Alexandra mindestens ein Dutzend Mal.

Ich bejahte immer. Ich war optimistisch. Aber schließlich kamen mir doch noch Bedenken: »Was ist, wenn er sie zwar erkennt, aber nichts von ihr wissen will?«

»Ich bitte dich! Er schaut doch immer voller Sehnsucht auf das Herz!«, erinnerte sie mich, und damit hatte sie natürlich recht.

Ein weiteres Thema, um das unsere Gespräche kreisten, war die Schuldfrage der unglücklichen Liebesgeschichte.

»Sag mal, wer ist deiner Ansicht nach verantwortlich dafür, dass es mit den beiden nicht geklappt hat?«, fragte Alexandra.

»Marikas Stolz war bestimmt nicht gerade förderlich«, antwortete ich vorsichtig.

»Und warum musste er unbedingt nach München, wenn er sie doch so geliebt hat?«, konterte sie.

»Das stimmt. Andererseits hätte sie ihm nicht gleich mit der Eifersuchtskeule kommen sollen.«

»Das ist doch logisch, dass sie so reagiert, oder?«, ereiferte sich Alexandra. »Er verspricht, ihr jeden Tag zu schreiben, und dann meldet er sich kaum noch!«

»Weil er viel gearbeitet hat«, sprang ich für Johann in die Bresche. »Oder weil ihre Mutter seine Briefe abgefangen hat. Was weiß ich. Sie hätte Geduld haben müssen.«

»Du gibst also ihr die Schuld?!«

»Nein, so kann man das auch nicht sagen. Beide haben ihren Teil dazu beigetragen.«

»Sie hätten beide über ihren Schatten springen sollen …«, urteilte Alexandra salomonisch.

»Kommt mir irgendwie bekannt vor«, ergänzte ich. Wir wussten beide, was ich damit meinte.

»Ich würde alles für ein Happy End geben!«

»Für Marika und Johann oder auch zwischen uns?«

»Für uns alle vier!«

Wir nahmen uns in den Arm und hatten uns in diesem Moment ganz schön lieb, um es einmal profan auszudrücken.

Endlich brach der Samstag an. Alexandra und ich warteten nervös am Eingang des Parks auf Marika.

»Ist das nicht komisch? Ich bin so nervös, als ob es mein eigenes Date wäre«, gab sie zu.

»Mir geht es nicht anders«, pflichtete ich ihr bei und steckte meine feuchten Hände in die Taschen, um sie zu trocknen.

Marika tauchte pünktlich auf die Minute auf. Die Spannung stieg.

»Entschuldigen Sie, aber ich bin etwas aufgeregt!«, gestand sie uns und reichte uns ihre leicht zittrige Hand.

Sogar Pippa ahnte, dass etwas Besonderes bevorstand und ignorierte die nervigen Tauben auf dem Trafohäuschen.

In aller Ruhe, aber beschwingt machten wir uns auf den Weg zur Linde. Als wir die Trauerbuche passierten, blieb Marika für einige Sekunden stehen und betrachtete den alten Baum. Dem kecken Eichhörnchen, das sich wie ein kleiner Tarzan von Ast zu Ast hangelte, galt ihre Aufmerksamkeit jedoch nicht. »Die Trauerbuche steht immer noch da«, sagte sie gedankenversunken und mit einem sanften Lächeln auf den Lippen, bevor wir unseren Weg fortsetzten. Marika hatte den Park seit Jahrzehnten nicht mehr betreten.

Am Ende unseres Weges sahen wir Igor mit Johann im Rollstuhl vor der Linde stehen. Ich stutzte, als ich Johann sah, denn er trug einen hellen Anzug und eine rote Rose am Revers. Außerdem duftete es unter der Linde stark nach Rasierwasser. Igor grinste, als er mein erstauntes Gesicht sah. Ich fragte mich, wo Igor diesen Anzug aufgetrieben hatte, der seinem älteren Freund so gut stand.

Alexandra und ich blieben stehen und ließen Marika den Vortritt. Auch Igor trat respektvoll zur Seite – dieser Moment sollte nur Marika und Johann gehören. Zunächst bemerkte der alte Mann seine Marika nicht, denn er schaute wie immer gebannt auf die Linde. Erst als sie seine Hand nahm und zu streicheln begann, wurde er etwas unruhig. Sie strich ihm zärtlich über den Kopf und flüsterte ihm etwas ins Ohr, was wir nicht hören konnten und auch nicht wollten. Johann drehte seinen Kopf leicht zu ihr und lächelte. Daraufhin ging Marika in die Knie, damit sie ihn umarmen konnte. Für einen Moment herrschte Ruhe im Park, die Zeit blieb stehen, ein Engel flog vorbei.

Alexandra holte ergriffen ein Taschentuch aus ihrer Tasche und wischte sich die Tränen weg. Auch Igor bekam feuchte Augen. Und ich, der wahrlich nicht nah am Wasser gebaut war, schloss mich den beiden an.

Nur einer schien gänzlich unbeeindruckt von dem bewegenden Moment zu sein. Das freche Eichhörnchen war wieder aufgetaucht und kletterte nun am Stamm der Linde hoch, wo es auf halbem Wege respektlos verharrte und mit seinem buschigen Schwanz das Herz-Tattoo verdeckte.

Pippa warf ihre andächtige Zurückhaltung über Bord und begann laut zu kläffen. War sie wütend, weil das Eichhörnchen sich despektierlich verhielt? Nun, ich vermute eher, dass sie es der Evolution übel nahm, nicht klettern zu können. Wie dem auch sei. Das Bellen zeigte Erfolg, und der vorwitzige Nager setzte seinen Weg nach oben fort, am Herzen vorbei, das zwei Menschen wieder zusammengeführt hatte.

»Krass, die beiden, echt krass!«, flüsterte Igor anerkennend. Als Zeichen seiner Wertschätzung bekamen Alexandra und ich eine Gettofaust. Auch Pippa, die Männchen machte, kam in diesen Genuss. Als Marika Igor fragte, ob sie mit Johann eine halbe Stunde allein sein dürfte, hatte er natürlich nichts dagegen. Und so luden Alexandra und ich den kleinen Ex-Dealer zu einer Cola in der nahen Tankstelle ein. »Ich werde mir auch eine Freundin zulegen«, verkündete er ernst, und wir bestärkten ihn in diesem Vorhaben.

Danach, als Alexandra und ich wieder alleine waren, sagte ich: »Ich möchte dich heute Abend zum Essen ausführen!«

»Gerne!«

»Wie wäre es mit der Blauen Palme?«

Mein Vorschlag sorgte für Verblüffung. »Du magst doch den Laden nicht. Der ist dir doch viel zu schickimicki!«

»Das stimmt. Aber wir sollten da weitermachen, wo wir aufgehört haben«, erklärte ich.

Da Alexandra das nicht anders sah, verbrachten wir den Abend wieder im hässlichsten Restaurant der Stadt.

Diesmal ignorierte ich die geschmacklose Einrichtung und das gestelzte Publikum. Meine ganze Konzentration galt Alexandra. Ich wollte endlich mit ihr ins Reine kommen. Ihr schien es nicht viel anders zu gehen, denn sie sandte ein besonderes Signal in Richtung endgültige Versöhnung: »Ich werde heute mal keine Gänsestopfleber bestellen!«

»Und ich keine gequälten Algen.«

Es funkte heftig zwischen uns. Wie von Amors Pfeilen durchlöchert, beugten wir uns über den Tisch und küssten uns wie zwei verliebte Teenager. Dabei kippten die vollen Weingläser um, und der Rotwein ergoss sich über die weiße Tischdecke. »Oh, wie schön! Das sieht wie ein rotes Herz aus«, sagte Alexandra strahlend, und mit etwas Fantasie erkannte ich es auch. Weniger romantisch war, dass der Kellner herbeieilte und das Symbol unserer neu erwachten Liebe mit einem ordinären Putzlappen eliminierte.

»Soll ich dir mal was verraten? Eigentlich mag ich den Laden gar nicht«, flüsterte Alexandra so laut, dass der Ober spitze Ohren bekam.

»Schade. Ich war gerade dabei, mich an ihn zu gewöhnen«, antwortete ich.

»Sollen wir nicht zum Akropolis-Imbiss? Dorthin, wo wir die erste Spur von Marika gefunden haben?«

Eine halbe Stunde später verputzten wir den Gyros-Teller für zwei (ich gönnte mir eine Ausnahme vom fleischlosen Allerlei) und machten Nägel mit Köpfen. Wir wollten einen zweiten Versuch starten, die Egos hintenanstellen und lieber unsere Gemeinsamkeiten betonen.

»Wenn wir zu Hause sind, musst du mir mehr über die Elstern erzählen«, bat mich Alexandra.

Das tat ich auch – gleich, nachdem wir im Schlafzimmer übereinander hergefallen waren.

Unserer neuen Liebe stand nun nichts mehr im Wege, und das wollten wir mit einem großen Picknick auf der Wiese im Park feiern. Wir organisierten Decken, Proviant und Getränke und freuten uns über den strahlend blauen Himmel, der jedes noch so kleine Wölkchen vertrieb.

Unter den Gästen waren natürlich auch Grabowski und Jojo, die sich wirklich über unsere Versöhnung freuten. Nicht minder freuten sie sich allerdings über das Gras, das Igor mit ihnen im Horrorwald rauchte. Grabowski, sonst ein potenzieller Kandidat für Alkoholismus, fand Gefallen an dem leichten Rausch, und Jojo fühlte sich wie Buddha kurz vor der Erleuchtung. Als Igor auch mir einen Joint anbot, nahm ich ihn beiseite und las ihm die Leviten: »Ich dachte, du kiffst nicht mehr. Hör auf mit dem Shit!« Da er mich immer noch als Respektsperson betrachtete, beförderte er das Gras umgehend in den Mülleimer.

Ansonsten war es das schönste Picknick der Welt, obwohl die Elstern kein Essen stibitzten. Ich hätte es ihnen von ganzem Herzen gegönnt.

Während der Feier bat mich Alexandra plötzlich um einen Gefallen. »Willst du nicht eine kleine Sightseeing-Tour für uns durch den Park machen?«

Die übrigen Gäste hielten das für einen Scherz, was mich aber nicht davon abhielt, eine Lanze für meine Grünfläche zu brechen: »Wer jetzt einen Park im Stil des französischen Klassizismus mit Alleen und gepflegten Promenaden erwartet, ist fehl am Platz; und der Rasen mit seinen zahlreichen Schlaglöchern ist alles andere als englisch. Aber jetzt folgt mir bitte!« Und so führte ich die erstaunte Gästeschar durch die Anlage, als wäre sie Sanssouci, und präsentierte sämtliche Attraktionen und Höhepunkte, darunter die Pissblumen-Gasse oder den Brennnessel-Boulevard. Natürlich erklärte ich meinen Zuhörern auch die einzelnen Baumarten, woraufhin ich beeindruckte Aaahs und Ooohs erntete. Die Komplimente gingen runter wie warm gepresstes Olivenöl.

Trotz allem waren Alexandra und ich froh, als wir abends wieder alleine waren. Schließlich mussten und wollten wir etwas nachholen, was wir lange vernachlässigt hatten … Es war weit nach Mitternacht, als wir endlich einschliefen.

Der Schimmel der Apokalypse

Der Schlaf war nicht von langer Dauer, weil uns Pippa sehr früh weckte. Die arme Hündin bellte wie von Sinnen und flüchtete schließlich unter das Sofa – sie fürchtete sich vor dem Sturm, der draußen tobte!

Alexandra und ich eilten ins Wohnzimmer. Auf dem Balkon sah es wüst aus: Tisch und Stühle waren umgekippt, die Blumentöpfe demoliert. Es herrschten derart starke Böen, dass ich mich nicht traute, die Balkontür zu öffnen. Heftiger Regen peitschte gegen die Scheiben und zwang uns, die Fenster zu schließen, die gekippt waren. Die Geräuschkulisse erinnerte an einen Horrorfilm. Obwohl wir in der Wohnung sicher waren, bekamen wir es mit der Angst zu tun und versuchten uns gegenseitig zu beruhigen. Wir atmeten erst auf, als der Spuk endlich vorbei war.

Draußen herrschte gespenstische Stille. Ich warf einen Blick auf die Straße und sah nichts als Chaos. »Ich muss mir ansehen, was passiert ist!«, rief ich und zog mir wahllos etwas über. Alexandra wollte mich nicht alleine lassen und begleitete mich.

Unten auf der Straße herrschte tatsächlich Chaos: umgekippte Mülltonnen, herabgefallene Äste und Dachziegel. Autos, die unter umgestürzten Bäumen begraben waren.

Fahrräder mit verdrehten Rahmen mitten auf der Straße. Eine Ampel, die aus der Verankerung gerissen worden war, lag quer über dem Gehweg und blinkte ununterbrochen gelb. Wir konnten es nicht fassen. Solche Bilder kannten wir nur aus den Nachrichten, aus Städten, in denen Krieg herrschte oder wo Hurrikans oder Taifune wüteten. Ich hätte mich nicht gewundert, wenn jetzt ein Schimmel mit dem ersten Reiter der Apokalypse vorbeigaloppiert wäre, um die Szene perfekt zu machen.

Immer mehr Menschen strömten aus den Häusern und irrten umher. Von Weitem ertönten Martinshörner. »Lass uns wieder hochgehen«, bat mich Alexandra, die sich sehr unbehaglich fühlte. Als ich die vielen abgebrochenen Äste und umgekippten Bäume sah, musste ich an die Tiere im Park denken und machte mir Sorgen. Aber ich wollte Alexandra nicht alleine lassen und kehrte mit ihr in die Wohnung zurück.

Im Radio hörten wir, dass ein Orkan in der Stadt gewütet hatte. Man sollte sich nicht ins Freie begeben, da noch Gefahr durch herabstürzende Trümmer oder defekte Oberleitungen bestand. Und man sollte die öffentlichen Grünanlagen meiden. Wir legten uns wieder hin und versuchten zu schlafen. Zum Glück hatte sich Pippa allmählich beruhigt und seufzte nun immer wieder erleichtert. Ausnahmsweise durfte sie die restliche Nacht im Bett verbringen. Sie nahm mein Angebot dankbar an und legte sich, rücksichtsvoll, wie sie war, nicht zwischen Alexandra und mich, sondern ans Fußende.

Als ich am nächsten Morgen aufwachte, lauteten meine ersten Worte: »Ich muss nach den Elstern sehen!«

»Hast du die Warnungen im Radio nicht gehört? Man soll Grünanlagen meiden!«, mahnte mich Alexandra besorgt.

»Ich werde schon aufpassen«, sagte ich und zog mich an. Alexandra wollte mich nun doch begleiten, genau wie Pippa, die auf keinen Fall alleine in der Wohnung bleiben wollte.

Jetzt, wo es hell war, konnten wir das ganze Ausmaß des Orkans erkennen. Die Polizei hatte alles abgesperrt, weil die Straße nicht befahrbar war und umfangreiche Aufräumungsarbeiten im Gange waren. Soweit wir sehen konnten, waren Dutzende Bäume und Laternenmasten umgefallen und hatten zahlreiche Autos geschrottet. Die Ampel auf dem Boden blinkte immer noch gelb. Wir sahen zwar viele Menschen, besorgte Autobesitzer und Schaulustige, aber zum Glück keinen Krankenwagen.

Ein Laternenpfahl hatte mein Auto wie eine Axt gespalten. Ich nahm es mit Galgenhumor: »Besser eine Laterne geht drauf als ein Baum!« Meine Trauer über das Auto hielt sich tatsächlich in Grenzen, mich zog es stattdessen in den Park.

Direkt am Eingang sah ich, dass ein umgestürzter Straßenbahn-Mast das Trafohäuschen demoliert hatte. Emsige Männer von den Stadtwerken versuchten bereits, das Chaos zu richten. Trotzdem begrüßten uns die unverwüstlichen Tauben mit ihrem Gurren, was mich diesmal gar nicht nervte. Wir setzten unseren Weg fort. Die Wiese war unter den zahlreichen abgebrochenen Ästen und dem herbeigewehten Laub kaum zu erkennen. Einige kleinere Bäume waren umgeknickt. Der Brennnessel-Boulevard sah kahl rasiert aus, zahlreiche Sträucher waren förmlich gerupft worden. Nur im Horrorwald sah es aus wie immer, dort hatte ja schon zuvor das Chaos regiert, und den unverwüstlichen Eiben konnte nichts etwas anhaben. Der alte Baumbestand zeigte sich unbeeindruckt wie ein Fels in der Brandung: Die mächtige Platane und ihre Freunde hatten nur Äste verloren, auf die sie verzichten konnten. Die Trauerbuche hatte zwar etwas mehr abbekommen – ihre Zweige hingen nun noch trauriger herab, aber sie stand noch!

Die Parkbänke hatte es aus ihren Verankerungen gerissen, sie standen jetzt kopf und ähnelten Kunstobjekten. Und wo war der Spielplatz geblieben? Die Kletterkombination bestand nur noch aus Kleinholz, das überall wie Mikado-Stäbe verstreut lag. Der Sand war vom Winde verweht. Die Abfalleimer hatten sich wie von Geisterhand geleert, und leere Joghurtbecher, Plastikteller und offene Konservendosen suchten verzweifelt eine gelbe Tonne. Neben all der Verwüstung entdeckte man auch absurde Poesie: Eine kleine pinke Damentasche schaukelte lustig an einem Ast, ein intakter roter Ballon zierte eine dürre Fichte wie eine fette Weihnachtskugel.

Der Sturm hatte dafür gesorgt, dass das eine oder andere Geheimnis ans Tageslicht gezerrt worden war, zum Beispiel das verborgene Nest des Rotkehlchens. Wir fanden es auf der Wiese, ein kleines, kunstvoll mit weißem Hundehaar ausgekleidetes Rondell. Pippa schnupperte daran und erkannte ihr Fell. Hoffentlich lebte das Rotkehlchen noch.

»Ich muss wissen, was mit den Elstern los ist!«, rief ich plötzlich und drängte zum Ahorn.

Wir stiegen über unzählige Äste und allerlei Grünzeug, und ich kam mir vor wie jemand, der sich einen Weg durch den tropischen Dschungel bahnte, nur ohne Machete. Der hintere Teil des Parks war unpassierbar geworden, weil eine entwurzelte Kastanie mit ihren ausladenden Ästen den Weg versperrte. Während wir uns durch den Park kämpften, wechselten Alexandra und ich kein Wort miteinander; nicht einmal Pippa gab einen Laut von sich. Der Anblick hatte uns allen die Sprache verschlagen.

Endlich standen wir vor dem Ahorn. Das Nest, eigentlich wind- und witterungsbeständig erbaut, hatte dem Orkan nicht standgehalten und lag vor uns auf dem Boden. Was war aus seinen Erbauern geworden?

»Sie werden schon überlebt haben«, sagte Alexandra, die mich trösten wollte.

Ein vorlautes *Schnack-schnack-schnack* gab ihr recht. Die Elstern, die sich offensichtlich vom Orkan erholt hatten, kreisten zunächst über uns wie zwei Geier, nur um dann geradewegs auf einen umgekippten Abfalleimer zuzufliegen. Aufgeweckt begannen sie mit der Futtersuche: The show must go on!

»Sie sind unverwüstlich«, lautete Alexandras Kommentar dazu.

Mir fiel ein dicker Stein vom Herzen. Die beiden hatten zwar ihr Nest verloren, lamentierten aber nicht herum, sondern genossen stattdessen lieber ein ausgiebiges Frühstück.

Erleichtert kehrten wir um. Auf dem Weg nach Hause traf ich einige Bekannte.

»Was ist nur aus dem schönen Park geworden. Es ist eine Katastrophe!«, jammerte meine Nachbarin Maria, die sich erst jetzt, nachdem ein Sturm gewütet hatte, zum ersten Mal in den Park bequemte. Sie machte unzählige Fotos und erinnerte mich an Unfall-Gaffer, die nur auf Sensationen aus sind.

Ganz anders Igor. Auf dem Weg zur Arbeit hatte er einen Abstecher zum Park gemacht und klagte jetzt, dass die Wege für die Rollstühle seiner Senioren vorerst unpassierbar waren.

Zum Glück konnte Igor seinen betagten Freunden den Park ein paar Tage später wieder präsentieren. Mithilfe von niederländischen Gartenbaufirmen waren zunächst die gröbsten Schäden beseitigt worden. Die Anzahl der entwurzelten Bäume hielt sich glücklicherweise in Grenzen – der kleine Park war einfach nicht kleinzukriegen.

Die Schäden in den anderen Grünanlagen hingegen stellten das städtische Gartenamt vor ganz andere Herausforderungen. Der repräsentative Hofgarten war schwer zerstört worden, die Stadt bekam sogar den Spitznamen Dschungeldorf verpasst. Angesichts der Tatsache, dass ein Drittel der 69 000 Straßenbäume schwere Schäden davongetragen hatte, fand ich das allerdings nicht allzu witzig.

Der kleine Park ist überall!

Alexandra und ich wollen wieder das Kopfkissen teilen. Ich werde wieder zu ihr in unsere ehemalige Wohnung ziehen, die ja deutlich größer ist als meine jetzige.

Alles auf Anfang, sagen die Leute vom Film dazu.

Insofern werden Pippa und ich in Zukunft nicht mehr vom Begrüßungskomitee der Tauben empfangen werden. Das ist schade, obwohl meine Abneigung gegenüber diesen fliegenden Bazillenbombern geblieben ist. Man kann sich eben seine Freunde, in diesem Fall die unkaputtbaren Tauben, nicht immer aussuchen. Unverwüstlich ist auch der Park, der sich längt von den Folgen des Orkans – den die Meteorologen übrigens *Ela* getauft haben – erholt hat.

Ich werde diese kleine, vernachlässigte Grünfläche vermissen, obwohl sich Kaninchen, Igel, unsichtbare Füchse und natürlich die Elstern wohl auch in jedem anderen Park ein Stelldichein geben. Genauso wie Kastanien, Eiben, Eichen und – nicht zu vergessen – die Brennnesseln. Auch Linden mit Herz-Tattoos und verschwiegene Trauerbuchen werde ich woanders finden, da bin ich mir sicher. Augen auf, Leute!

Mir jedenfalls hat es viel gebracht, dass ich nun einige Bäume auseinanderhalten kann und das Singen der Nachtigall erkenne. Und ich freue mich, dass ich mich nicht mehr vor Raupen ekele.

Ich bedaure keineswegs, dass ich den Fuchs nicht vor die Linse bekam, weil ich immerhin die Ehe meiner nervigen Ex-Nachbarn retten konnte. Halt, ich will mich nicht mit fremden Federn schmücken – das waren ja eigentlich die Elstern.

Überhaupt die Elstern. Es wird Zeit, dass Psychologen das Zusammenspiel der Elstern als funktionierendes Paarmodell propagieren. Sogar Alexandra mag sie mittlerweile – sie hat es mir neulich erst wieder beim Abendessen versichert, während sie ihre Gänsestopfleber achtelte.

Apropos Gänse. Die Nilgans hätte mir ja fast eine Ministerlaufbahn in Afrika beschert. Was wohl König Michael macht?

Auch vom freundlichen Bollywood-Trio habe ich nichts mehr gehört. Dabei würde mich interessieren, ob nun Millionen von indischen Kleinbauern den kleinen, hässlichen Park für das neue Sanssouci halten. (Hoffentlich haben die drei den preisbewusst einkaufenden Hitler noch aus dem Film geschnitten.)

Ewa pflegt übrigens wieder fremde Füße, unter anderem die von Alexandra. Sie ist jetzt schuldenfrei und betreibt einen kleinen Salon namens »Hasenpfote«.

Mein junger Freund Igor kümmert sich weiter um seine Senioren und träumt davon, eines Tages ein Altenheim zu eröffnen, mit vielen hellen Zimmern und einem schönen Garten mit Rosen, Tulpen und natürlich der ein oder anderen Hanfpflanze. Seinen Joe braucht er übrigens nicht mehr vor die Linde zu fahren – Marika pflegt ihn bei sich zu Hause, das nennt man »Pflegestufe Liebe«.

Habe ich jemanden vergessen? Ach ja. Amsel und seine allmächtige Mutter. Ehrlich gesagt, möchte ich diesen beiden keine weitere Zeile widmen.

Mein kleiner Park hat mir Appetit auf mehr gemacht. Immer, wenn ich beruflich unterwegs bin, und das kommt oft vor, suche ich vernachlässigte Grünanlagen auf. Warum gerade die? Weil in den von ambitionierten Gartenarchitekten angelegten Parks meiner Ansicht nach gepflegte Langeweile herrscht. Man flaniert und posiert mit überlangen Selfiesticks vor monotonen Blumenformationen, die fantasielos da hingepflanzt wurden. Und wenn die Natur sich anmaßt, am künstlichen Idyll zu kratzen, schlägt die Stadtverwaltung mit der chemischen Keule zu. Brennnesseln, Löwenzahn oder Schafgarben haben Hausverbot! Deswegen mache ich einen weiten Bogen um die Hofgärten dieser Welt und lieber den unscheinbaren Grünflächen meine Aufwartung, sei es in Berlin, Athen oder Tiflis, immer da, wo ich beruflich gerade zu tun habe. Und stets begegne ich dort auch interessanten Menschen – aber davon zu erzählen, würde eindeutig den Rahmen dieses Buches sprengen.

Nicht immer treffe ich auf Elstern, dafür aber auf ihre Verwandten, die pechschwarze Krähe etwa, die dunkle Dohle oder den bunten Eichelhäher. Ganz schön clevere Vögelchen, kann ich nur sagen … Vergessen wir nicht die Tauben. Neulich fiel mir ein Bildband in die Hände, der meine Ansichten über Tauben etwas revidierte. Dutzende Taubenarten waren darin abgebildet, von denen ich vorher nie etwas gehört hatte – die Fruchttaube, die Buchstabentaube oder die Spitzschopftaube, um nur einige zu nennen. Wunderschöne Vögel, farbenfroh und bunter als Papageien.

Warum hatte ich es bisher nur mit der grauen Version zu tun bekommen? Aber dann sagte ich mir, dass die wiederum ganz gut zu unseren Städten passte, die ja alles andere als farbenfroh waren.

Grabowski würde jetzt sagen: »Komm zum Punkt, Alter, die Geschichte ist zu Ende, und wir wollen endlich Skat spielen!«

Jojo würde ihm wie immer widersprechen und noch mehr hören wollen.

Schließen möchte ich mit einem Happy End.

Koko lebt doch. Ich habe mich noch einmal in den Streichelzoo gewagt und mich davon überzeugt. Sie ist ganz glücklich dort und legt weiterhin Eier im Akkord. Ich vermute auch, dass sie ein heimliches Verhältnis mit einem Gänserich pflegt, ich gönne es ihr. Rania hatte also tatsächlich ein Hähnchen aus dem Supermarkt in den Bräter geschoben.

Trotzdem bleibe ich Vegetarier. (Na ja, von einigen Ausnahmen abgesehen.)

PS: Der kleine Park ist überall!